narr studienbücher

Karin Pittner / Judith Berman

Deutsche Syntax

Ein Arbeitsbuch

3., aktualisierte Auflage

gnV Gunter Narr Verlag Tübingen

Karin Pittner, Prof. Dr. phil., und **Judith Berman**, Dr. phil., lehren am Germanistischen Institut der Ruhr-Universität Bochum.

Bibliografische Information der Deutschen Nationalbibliothek

Die Deutsche Nationalbibliothek verzeichnet diese Publikation in der Deutschen National-bibliografie; detaillierte bibliografische Daten sind im Internet über <http://dnb.d-nb.de> abrufbar.

3., aktualisierte Auflage 2008
2., durchgesehene Auflage 2007
1. Auflage 2004

© 2008 · Narr Francke Attempto Verlag GmbH + Co. KG
Dischingerweg 5 · D-72070 Tübingen

Internet: http://www.narr.de
E-Mail: info@narr.de

Satz: Informationsdesign D. Fratzke, Kirchentellinsfurt
Druck: Gulde, Tübingen
Verarbeitung: Nädele, Nehren
Printed in Germany

ISSN 0941-8105
ISBN 978-3-8233-6450-4

Inhalt

Vorwort zur ersten Auflage

Das vorliegende Buch ist als Begleitlektüre zu Einführungskursen in die deutsche Syntax gedacht, kann jedoch auch zum Selbststudium benutzt werden.

Die Einführung ist weitgehend theorieneutral und nicht als Einführung in eine bestimmte Grammatiktheorie gedacht, obwohl gelegentlich Hinweise auf Auffassungen gegeben werden, die im Rahmen bestimmter Grammatikmodelle vertreten werden.

Wir haben uns bemüht, weitgehend mit traditioneller Grammatikterminologie zu arbeiten, deren Beherrschung unserer Auffassung nach die Grundlage für jede weitere Beschäftigung mit Syntax und Syntaxtheorien ist. Unser Dank geht an Hans Altmann, der unser Verständnis von Syntax entscheidend geprägt hat.

Die einzelnen Kapitel wurden verfasst von:

Karin Pittner: Kapitel 1, 2, 3, 4, (außer 4.4), 6, 10, Glossar
Judith Berman: Kapitel 4.4, 5, 7, 8, 9

Da wir jedoch die Kapitel jeweils gegengelesen und aufeinander abgestimmt haben, liegt die Gesamtverantwortung bei beiden Autorinnen.

Zum Entstehen des Buches haben eine Reihe von Leuten beigetragen. Bei Daniela Elsner und Harald Borkott möchten wir uns für ihre Unterstützung bei der Erstellung des Manuskripts bedanken und bei den Studierenden für ihre Hinweise, die an vielen Stellen zu einer klareren Darstellung geführt haben. Unser besonderer Dank aber gilt Frau Bochnig, die mit großer Geduld die Korrekturen ausgeführt hat und bei technischen Pannen stets die Ruhe bewahrte.

Bochum, im April 2004   Karin Pittner und Judith Berman

Vorwort zur dritten Auflage

Um die Darstellung und das Literaturverzeichnis auf dem neuesten Stand zu halten, haben wir für die dritte Auflage kleinere Korrekturen, Ergänzungen und Aktualisierungen vorgenommen. Allen, die uns Hinweise auf Verbesserungsmöglichkeiten gegeben haben, möchten wir herzlich danken.

Bochum, im Juli 2008   Karin Pittner und Judith Berman

Abkürzungen

Adj	Adjektiv	N	Nomen
AdjP	Adjektivphrase	NF	Nachfeld
Adv	Adverb	NOM	Nominativ
Advb	Adverbial	NP	Nominalphrase
AdvP	Adverbphrase	NS	Nebensatz
AKK	Akkusativ	Pers	Person
Art	Artikel	Pl	Plural
DAT	Dativ	PP	Präpositionalphrase
Det	Determinator	Präp	Präposition
DO	Direktes Objekt	PRÄP	Präpositionalkasus
FP	Fokuspartikel	Pron	Pronomen
HMV	Halbmodalverb	Reladv	Relativadverb
HS	Hauptsatz	Relpron	Relativpronomen
HV	Hilfsverb	Res	Resumptivum
IO	Indirektes Objekt	RK	rechte Klammer
Konj	Konjunktion	S	Satz
KOOR	Koordinationsposition	Sg	Singular
Korr	Korrelat	V1	Verberststellung
KV	Kopulaverb	V2	Verbzweitstellung
LK	linke Klammer	VE	Verbendstellung
LV	Linksversetzung	VF	Vorfeld
MF	Mittelfeld	VK	Verbalkomplex
MP	Modalpartikel	VP	Verbalphrase
MV	Modalverb	VV	Vollverb

1 Einführung

Das Wort *Syntax* geht auf ein griechisches Verb zurück, das soviel wie ‚zusammenstellen, zusammenordnen' bedeutet. Allgemein bezeichnet Syntax die Regeln für die Kombination von Zeichen in einem Zeichensystem. So gibt es z.B. in Computerprogrammen eine Befehlssyntax, die genau festlegt, in welcher Reihenfolge bestimmte Zeichen eingegeben werden müssen, damit das Programm den Befehl richtig interpretieren kann. In Bezug auf natürlich-sprachliche Zeichensysteme werden die Regeln für die Kombination von sprachlichen Zeichen, und zwar insbesondere die Regeln für die Kombination von Wörtern zu größeren Einheiten, als Syntax bezeichnet.

Die Syntax ist ein Teil der Grammatik einer Sprache, die die folgenden Komponenten umfasst:

- Phonologie
- Morphologie
- Syntax
- Semantik

Die Syntax kann nicht völlig losgelöst von den anderen Komponenten der Grammatik beschrieben werden, da es vielfältige Beziehungen zwischen den einzelnen Ebenen der grammatischen Beschreibung gibt. Die Syntax ist insbesondere eng verknüpft mit dem Teilgebiet der **Morphologie**, das sich mit der Flexion („Beugung", „Veränderung" von Wörtern), befasst, der sogenannten Flexionsmorphologie. Die lexikalische Morphologie dagegen beschäftigt sich mit dem Aufbau von Wortstämmen, wobei „Wortstamm" grob gesagt den unveränderlichen Teil der Wörter bezeichnet.

Die **Phonologie** beschäftigt sich mit dem Lautinventar einer Sprache und den Regeln, wie diese Laute zu größeren Einheiten kombiniert werden. Bei der Beschreibung der Syntax werden wir gelegentlich auf lautliche Erscheinungen stoßen, die über die einzelnen Laute hinausgehen, wie Akzente und Tonhöhenbewegungen.

Die **Semantik** beschäftigt sich mit der Bedeutung der einzelnen Wörter und der Bedeutung von Sätzen, die sich aus der Bedeutung der einzelnen Wörter und der Art ihrer Zusammensetzung ergibt. Daher ist auch der Bereich der Semantik eng mit der Syntax verknüpft und wir werden auf die Semantik eingehen, soweit sie für eine Beschreibung der syntaktischen Regeln nötig ist.

Damit ein Satz grammatisch ist, müssen die Wörter nicht nur in einer nach den Syntaxregeln möglichen Abfolge erscheinen, sondern auch jeweils in der richtigen Form, soweit es sich um flektierbare (veränderliche) Wörter handelt. Vgl. dazu die beiden folgenden „Sätze":

(1)   a. *Ente Hans die seinen Kindern geschenkt hat.
     b. *Hans wirfst dem Buch in der Ecke.

Alle kompetenten Sprecher und Sprecherinnen des Deutschen werden zugeben, dass es sich bei diesen Wortfolgen nicht um korrekte Sätze des Deutschen handelt (*steht für ‚ungrammatisch‘). Obwohl lauter bekannte Wörter vorkommen, liegen ganz offensichtlich keine grammatischen Sätze des Deutschen vor, denn die Mittel zum Aufbau von syntaktischen Strukturen sind nicht richtig eingesetzt. (1a) lässt sich dadurch, dass die Abfolge der einzelnen Elemente verändert wird, zu einem korrekten Satz machen. Die **Abfolge** der einzelnen Elemente ist eines der Mittel zum Aufbau syntaktischer Strukturen.

In (1b) ist der Fall dagegen anders gelagert. Hier erscheinen die einzelnen Wörter zwar in einer möglichen Abfolge, jedoch nicht in ihrer richtigen Form. Statt *wirfst* müsste es *wirft* heißen, statt *dem das* usw. Die Wahl der richtigen Flexionsformen ist ein weiteres Mittel, syntaktische Strukturen zu bilden. Mit Hilfe der Flexion können an Wörtern bestimmte Merkmale angezeigt werden. Wir nennen dieses Mittel daher auch **morphologische Markierung**.

Da die Syntax eng mit der Flexionsmorphologie verknüpft ist und die konkrete Wortform durch syntaktische Regeln bestimmt wird, beschreiben Grammatiken einer Sprache, z.B. des Deutschen, diese beiden Teile der Grammatik, die auch unter dem Begriff „Morphosyntax" zusammengefasst werden.

Neben diesen beiden syntaktischen Mitteln – Abfolge und morphologische Markierung – gibt es noch ein drittes, das weniger augenfällig ist, da es nur in der gesprochenen Sprache vorkommt, nämlich die **Intonation**. Die beiden Sätze

(2)   a. Er kommt.
     b. Kommt er?

unterscheiden sich nicht nur in der Abfolge der Elemente, sondern auch in der Art, wie sie ausgesprochen werden. In (2a) geht der Sprecher mit der Stimmtonhöhe gegen Ende des Satzes deutlich nach unten, in (2b) dagegen deutlich nach oben. Das ist offensichtlich dadurch bedingt, dass es sich in (2a) um einen Aussagesatz, in (2b) dagegen um einen Fragesatz handelt. Die Tonhöhenbewegung hat hier also die Funktion, den Satztyp zu kennzeichnen. Auch weitere intonatorische Eigenschaften wie Pausen und Akzente spielen eine Rolle für die Syntax. In der geschriebenen Sprache wird die Intonation – bis zu einem gewissen Grad – durch die Interpunktion angedeutet.

Halten wir also fest, dass es im Wesentlichen drei Mittel zum Aufbau syntaktischer Strukturen gibt:

- die Abfolge der einzelnen Elemente
- die morphologische Markierung (Flexion)
- die Intonation/Interpunktion

1.1 Übungsaufgaben

➲ 1. Überlegen Sie, wo in folgenden Sätzen beim Sprechen Pausen (bzw. in der geschriebenen Sprache Kommas) möglich sind und wie sich dann jeweils die Interpretation des Satzes ändert.

a) Gott vergibt Django nie
b) Der Lehrer sagt Hans beherrscht die deutsche Grammatik nicht

2 Syntaktische Kategorien

Was in diesem Kapitel behandelt wird:
- Wortarten: deklinierbare, konjugierbare, unflektierbare Wortarten
- Arten von Wortgruppen (Phrasentypen)
- Konstituente, Konstituententests

Für die Syntax ist der Begriff der Struktur zentral. Dieser Begriff impliziert zweierlei:

- Eine Struktur setzt sich aus einzelnen Elementen („Bausteinen") zusammen, die sich aufgrund ihrer Eigenschaften in bestimmte Kategorien einordnen lassen.
- Die einzelnen Elemente sind so miteinander verknüpft, dass sie bestimmte Funktionen in der Struktur übernehmen.

Wie schon erwähnt, setzt sich eine Struktur aus „Bausteinen" zusammen, die sich aufgrund ihrer Eigenschaften in bestimmte Kategorien einteilen lassen. Offensichtlich müssen die Kombinationsregeln nicht für jedes einzelne Wort festgelegt werden, sondern es gibt Klassen von Elementen, die sich weitgehend gleich verhalten. Solche Elemente, die gleiche oder ähnliche grammatische Eigenschaften aufweisen, gehören zur gleichen **syntaktischen Kategorie**.

Die elementaren Bausteine der Syntax sind die Wörter, die sich zu Wortarten gruppieren lassen. Die Wortarten werden auch **lexikalische Kategorien** genannt, weil sie im Lexikon einer Sprache verzeichnet sind. Daneben lassen sich auch bestimmte Wortgruppen (oder Phrasen) identifizieren, die sich aufgrund von bestimmten Eigenschaften bestimmten **Phrasenkategorien** zuordnen lassen.

> Elemente, die gleiche oder ähnliche grammatische Eigenschaften aufweisen, gehören zur gleichen syntaktischen Kategorie. Man unterscheidet
> - Wortarten (lexikalische Kategorien) und
> - Typen von Wortgruppen (Phrasenkategorien)

2.1 Wortarten

Zunächst aber zu den Wortarten. Aufgrund ihrer Eigenschaften ist es uns z.B. möglich, die unbekannten Wörter aus folgendem Satz aus einem Nonsense-Text bestimmten Wortarten zuzuordnen.

(1)   Der Benziplauk prümst das Wenzipül.

Benziplauk und *Wenzipül* können aufgrund ihrer Position im Satz als Substantive identifiziert werden, denn sie erscheinen nach einem Artikel, was eine für Substantive typische Position ist. Man könnte an dieser Stelle im Satz andere zur Klasse der Substantive gehörige Wörter einsetzen. Hier haben wir ein **distributionelles Kriterium** zur Identifizierung eingesetzt. Unter der Distribution eines Elements versteht man die Positionen im Satz, in denen ein Element auftreten kann.

Auch das Wort *prümst* lässt sich aufgrund seiner Position im Satz einer Wortart, nämlich den Verben, zuordnen. Hier kommt allerdings noch ein weiteres Merkmal hinzu: *-t* ist als Flexionsendung eines Verbs erkennbar. Hier haben wir also ein **morphologisches Kriterium** für die Zuordnung zu einer Wortart.

Wörter können also aufgrund von zweierlei Kriterien Wortarten zugeordnet werden, nämlich syntaktisch-distributionellen und morphologischen Kriterien.

Semantische Kriterien spielen dagegen eher eine untergeordnete Rolle. Dies liegt zum einen daran, dass es sehr schwer ist, eine gemeinsame Semantik z.B. für alle Substantive oder alle Verben zu definieren, die nicht wegen ihrer Allgemeinheit eine bloße Leerformel ist. Zum anderen sind natürlich morphologische und distributionelle Eigenschaften leichter zu beobachten und zu überprüfen als semantische. Bei dem folgenden Überblick über die Wortarten werden daher vor allem die ersten beiden Kriterien berücksichtigt.

Anhand morphologischer Eigenschaften lassen sich Wörter zunächst in **flektierbare** (veränderbare) und **unflektierbare** (unveränderbare) einteilen. Bei den flektierbaren ergeben sich anhand der Flexion wieder zwei Gruppen, nämlich deklinierbare und konjugierbare Wörter.

Nach morphologischen Kriterien erhalten wir also folgende Klassifikation:

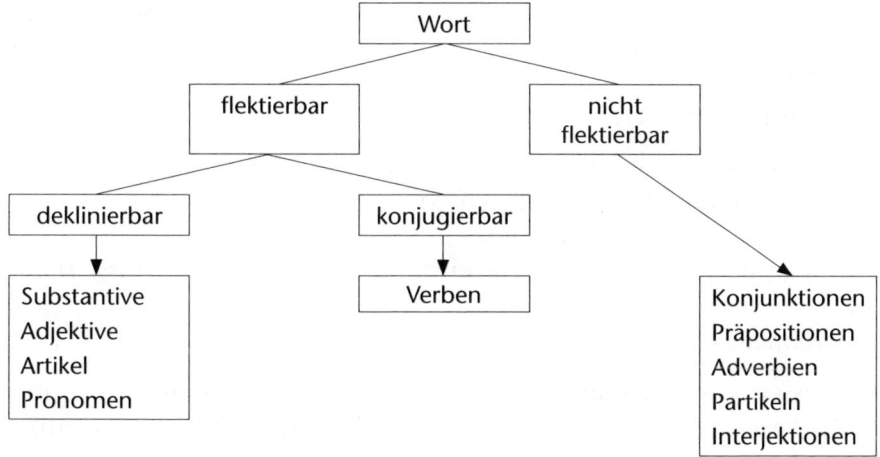

Abb.: Einteilung in Wortarten nach morphologischen Kriterien

Deklinierbar sind alle Wörter, die Kasus-, Genus- und Numerusmarkierungen tragen können. Dazu gehören Substantive, Adjektive, Pronomen und Artikel, die im Deutschen folgende Merkmale aufweisen können:

Kasus: Nominativ, Genitiv, Dativ, Akkusativ
Numerus: Singular, Plural
Genus: Maskulinum, Femininum, Neutrum

Konjugierbar sind alle Wörter, die Person-, Numerus-, Tempus-, Modus- und Genus verbi-Kennzeichnungen tragen können. Die konjugierbaren Wörter sind alle Verben. Verben können im Deutschen folgende Merkmale tragen:

Person: 1., 2., 3.
Numerus: Singular, Plural
Tempus: Präsens, Präteritum, Perfekt, Plusquamperfekt, Futur I und II
Modus: Indikativ, Konjunktiv, Imperativ
Genus verbi: Aktiv, Passiv

Verbformen, die Person- und Numerusmarkierungen tragen, sind **finite Verbformen**. Partizipien und Infinitivformen fehlen diese Merkmale, sie stellen **infinite Verbformen** dar.

2.1.1 Deklinierbare Wortarten

Für eine weitere Unterteilung der deklinierbaren Wörter müssen nun vor allem distributionelle Kriterien herangezogen werden.

2.1.1.1 Substantive
Substantive (auch: Nomina) unterscheiden sich von allen anderen deklinierbaren Wortarten dadurch, dass ihr Genus unveränderlich ist. Sie treten in der Regel zusammen mit einem Artikel oder Pronomen auf, die die Referenz des Substantivs festlegen.
    Man kann unterscheiden zwischen

* Appellativa (Gattungsnamen): *Löwe, Kind, Vase, Tisch, ...*
* Stoffsubstantiven: Sie bezeichnen Mengen, die ihrer Natur nach nicht zählbar sind: z.B. *Mehl, Reis, Holz, ...*
* Abstrakta: bezeichnen Nicht-Gegenständliches wie *Liebe, Hass, Hoffnung, Tod, ...*
* Eigennamen: z.B. *Peter, Eva, Struppi, Meier, ...*

Diese Klassen von Substantiven verhalten sich in Bezug auf das Auftreten eines Artikels unterschiedlich. Stoffsubstantive, Abstrakta und Eigennamen können oft ohne Artikel stehen.

Bei einigen Substantiven treten Genusschwankungen auf:
der/das Teller, die/der Butter, der/das Radio (dialektale bzw. regionale Variation)

Der Genuswechsel kann mit einer Bedeutungsveränderung verbunden sein: *der/das Band, die/das Steuer, der/das Tor.*

Nicht alle Substantive können Pluralformen bilden, manche treten nur im Singular auf, wie bestimmte Stoffsubstantive (z.B. *Reis, Mehl, Sand*), Eigennamen und manche Abstrakta (z.B. *Hass, Wut, Eifersucht*). Umgekehrt können einige Substantive nur im Plural erscheinen (z.B. *Geschwister, Alpen*).

2.1.1.2 Adjektive

Adjektive sind größtenteils komparierbar, d.h. zu ihnen können ein Komparativ und ein Superlativ gebildet werden (z.B. *groß – größer – am größten*).

Adjektive sind deklinierbare Wörter, die zwischen Artikel und Substantiv stehen (attributive Verwendung) und als Teil des Prädikats zusammen mit einem Kopulaverb auftreten (prädikative Verwendung). Bei prädikativer Verwendung bleibt das Adjektiv stets unflektiert.

der gute Wein – der Wein ist gut

Bestimmte Adjektive sind auf eine dieser beiden Verwendungsweisen festgelegt:

der gestrige Tag – *der Tag ist gestrig (nur attributiv*)*

die Freunde sind quitt – *die quitten Freunde (nur prädikativ)

Die Adjektive, die nur prädikativ auftreten können, sind stets unflektiert und können daher streng genommen gar nicht zu den deklinierbaren Wörtern gerechnet werden. Engel (2004:421f.) bezeichnet sie als „Kopulapartikel".

Neben ihrer attributiven und prädikativen Verwendungsweise lassen viele Adjektive auch eine adverbiale Verwendungsweise zu:

der Wein schmeckt gut, er fühlt sich schlecht

In dieser Verwendungsweise bleiben Adjektive stets unflektiert.

2.1.1.3 Artikel

Artikel treten stets zusammen mit einem Substantiv auf. Zwischen Artikel und Substantiv können nur Adjektive und ihre Erweiterungen treten. Die Funktion der Artikel ist es, die Referenz des Substantivs festzulegen. Man unterscheidet den bestimmten (*der, die, das* etc.) und den unbestimmten Artikel (*ein, eine* etc.). Der bestimmte Artikel kennzeichnet eindeutig identifizierbare Größen, die häufig im situativen oder sprachlichen Kontext präsent sind. Der unbestimmte Artikel kennzeichnet dagegen (noch) nicht eindeutig identifizierte Größen.

Häufig lässt sich auch der Kasus nicht am Nomen, sondern nur am Artikel erkennen.

2.1.1.4 Pronomen

Pronomen treten entweder anstelle eines Artikels auf,

z.B. *dieses Buch* (Demonstrativpronomen)

oder sie stehen anstelle von Artikel + Substantiv:

sein Kind – es, der Mann – er (Personalpronomen).

Eine Reihe von Pronomen können sowohl in Artikelposition wie auch anstelle von Artikel + Substantiv auftreten:

(1) Das ist mein Buch/meines.

Die Unterscheidung von Artikel und Pronomen ist schwierig, manche Grammatiken fassen sie in einer Klasse zusammen (etwa als „Stellvertreter und Begleiter des Nomens"). Die Grammatiken, die eine Unterscheidung machen, legen unterschiedliche Kriterien zugrunde. Darüber hinaus lassen sich die Artikel und die artikelartigen Pronomen zu einer Klasse zusammenfassen, den sog. Determinatoren (da sie die Referenz des Substantivs „determinieren").

Zu den Pronomen gehören:

- Personalpronomen: *ich, du, er, sie, es, wir, ihr*
- Possessivpronomen: *mein, dein, sein*
- Demonstrativpronomen: *dieser, jener*
- Indefinitpronomen: *alle, einige, manche, etwas, jemand, man*
- Negationspronomen: *kein, niemand, nichts*
- Reflexivpronomen: *sich*
- Fragepronomen: *wer, was, welcher*
- Relativpronomen: *der, die, das*

2.1.2 Konjugierbare Wortarten

Zu den konjugierbaren Wörtern gehören alle Verben. Aufgrund ihrer Semantik und ihrer Kombinatorik unterscheidet man traditionell folgende Gruppen von Verben:

2.1.2.1 *Vollverben*
Vollverben sind alle diejenigen Verben, die ohne Hilfe eines anderen Verbs das Prädikat bilden können. Vollverben heißen sie u.a. deswegen, weil sie eine eigene vollständige Semantik besitzen. Dies ist die weitaus größte Klasse von Verben.

Alle übrigen Arten von Verben sind demgegenüber sehr eingeschränkte Klassen.

2.1.2.2 *Hilfsverben*
Hilfsverben (auch Auxiliare genannt) werden zur Bildung von bestimmten Tempus- und Modusformen und zur Bildung der Passivformen eingesetzt.

Mit Hilfe von Hilfsverben gebildete Tempora (= analytische Tempora):

- Perfekt (gebildet aus der Präsensform von *haben* oder *sein* + Partizip II): *er hat geschlafen, sie ist gekommen*

- Plusquamperfekt (gebildet aus der Präteritumform von *sein* oder *haben* + Partizip II): *er hatte geschlafen, sie war gekommen*
- Futur I (gebildet aus der Präsensform von *werden* + Infinitiv Präsens): *sie wird kommen*
- Futur II (gebildet aus der Präsensform von *werden* + Infinitiv Perfekt): *sie wird gekommen sein*

Der Konjunktiv wird häufig mit Hilfe von *würde* gebildet:

(2)   Ich würde es verstehen, wenn es besser erklärt wäre.

Passivformen werden im Deutschen generell mit Hilfsverben und dem Partizip II gebildet:

- Vorgangspassiv (gebildet mit *werden* + Partizip II): *Anna wird von Otto bewundert.*
- Zustandspassiv (gebildet mit *sein* + Partizip II): *Das Fenster ist geöffnet.*
- Rezipientenpassiv (gebildet mit *kriegen/bekommen* + Partizip II): *Sie bekommt das Buch geschenkt.*

2.1.2.3 Modalverben

Modalverben sind diejenigen Verben, die eine Möglichkeit, Notwendigkeit, Erlaubnis, Fähigkeit u.ä. bezeichnen. Zu den Modalverben gehören im Deutschen *können, dürfen, müssen, sollen, wollen, mögen.* Diese Verben treten in Verbindung mit infiniten Vollverben oder Kopulaverben (im reinen Infinitiv ohne *zu*) auf:

(3)   a. Er kann warten.
       b. Sie musste arbeiten.
       c. Morgen dürfte Hans da sein.

Außerdem weisen diese Verben eine Besonderheit bei der Perfektbildung auf. Sie bilden ihr Perfekt nicht mit dem Partizip II, sondern mit dem Infinitiv (daher auch als „Ersatzinfinitiv" bezeichnet):

(4)   Er hat kommen müssen/*gemusst.

In semantischer Hinsicht unterscheidet man zwei Verwendungsweisen der Modalverben.

- Das Modalverb bezeichnet eine Beziehung zwischen dem Subjekt des Satzes und dem Sachverhalt, wie Verpflichtung, Notwendigkeit, Erlaubnis, Fähigkeit, Möglichkeit (subjektbezogene Modalität, auch deontische Modalität genannt):

(5)   Eva muss/kann/darf arbeiten.

- Das Modalverb bezeichnet eine Einschätzung der Wahrscheinlichkeit seitens des Sprechers (sprecherbezogene, auch epistemische oder inferentielle Modalität genannt):

(6) Hans muss/kann/könnte in der Bibliothek sitzen.

In semantischer Hinsicht eng verwandt mit den Modalverben sind die sog. **Halbmodalverben**.

(7) a. Petra scheint zu schlafen.
    b. Das Wetter verspricht schön zu bleiben.
    c. Die Sache drohte ihm aus der Hand zu gleiten.

Ein klarer Unterschied zu den Modalverben besteht jedoch darin, dass sich diese Verben nicht mit dem reinen Infinitiv, sondern mit dem *zu*-Infinitiv verbinden.

2.1.2.4 Kopulaverben

Eine kleine Gruppe von Verben dienen als **Kopulaverben**. Sie sind selbst relativ bedeutungslos, bezeichnen lediglich einen Zustand (*sein*) oder das Eintreten bzw. die Fortdauer eines Zustands (*werden, bleiben*). Sie bilden das Prädikat zusammen mit anderen Elementen wie Adjektivphrasen, Nominalphrasen im Nominativ, u.a. (*Hans ist/wird/bleibt gesund/ein guter Fußballer*). Durch diese erhält das Prädikat erst seine volle Bedeutung. Den Kopulaverben kommt vor allem eine verbindende Funktion zu, daher ihre Bezeichnung (lat. *copulare* ‚verbinden‘).

2.1.3 Unflektierbare Wortarten

2.1.3.1 Überblick über die Unflektierbaren

Zu den unflektierbaren Wörtern gehören Adverbien, Präpositionen, Konjunktionen, Partikeln und Interjektionen. Während Adverbien alleine eine Phrase darstellen können, die in der Regel die syntaktische Funktion eines Adverbials ausübt, ist das für alle anderen unflektierbaren Wortarten nicht möglich. Konjunktionen verbinden Phrasen oder Sätze, Präpositionen verbinden sich in der Regel mit einer Nominalphrase, deren Kasus sie regieren. Partikeln können aufgrund ihrer Stellungs- und Betonungseigenschaften weiter differenziert werden in Modal-, Fokus-, Steigerungs- und Antwortpartikeln.

Unflektierbare Wortarten werden in älteren Grammatiken auch unter dem Begriff **Partikeln** zusammengefasst (Achtung: Als grammatischer Terminus ist das Wort feminin: die Partikel!)

Da morphologische Kriterien hier zur weiteren Unterscheidung natürlich entfallen, können diese Wörter nur nach distributionellen und semantischen Kriterien weiter subklassifiziert werden.

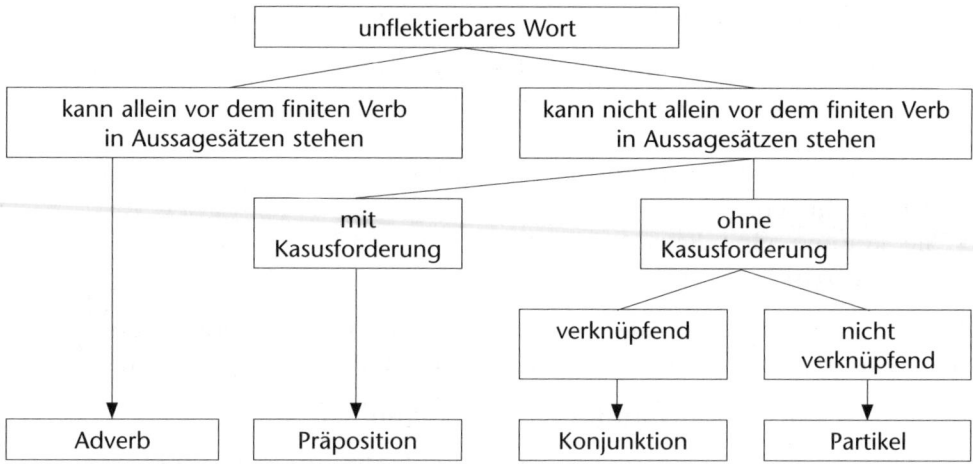

Zu den **Partikeln** im engeren Sinn werden hier alle unflektierbaren Wörter gerechnet, die nicht vorfeldfähig sind, d.h. nicht alleine die Stelle vor dem finiten Verb in Aussagesätzen füllen können, keinen Kasus regieren und keine verknüpfende Funktion haben. Dazu gehören Fokus-, Modal-, Steigerungs- und Antwortpartikeln, die aufgrund ihres Stellungsverhaltens und aufgrund semantischer Eigenschaften unterschieden werden können.

2.1.3.2 Adverbien

Die größte Klasse der Unflektierbaren sind die **Adverbien**, die ihrerseits wieder eine recht heterogene Menge darstellen. Als Adverbien werden traditionell solche Wörter bezeichnet, die Ort, Zeit und Art und Weise eines Geschehens näher kennzeichnen können. Dementsprechend unterscheidet man

- temporale Adverbien: *heute, gestern, morgen, oft, manchmal* usw.
- lokale Adverbien: *dort, hier, unten, dorthin* usw.
- modale Adverbien: *eilends, flugs, gerne* usw.
- kausale Adverbien: *deswegen, daher, umständehalber* usw.

Aufgrund einer distributionellen Eigenschaft unterscheiden sich die Adverbien im Deutschen von allen anderen unflektierbaren Wortarten. Sie können nämlich allein vor dem finiten Verben in Aussagesätzen auftreten. Es ist ein einfach anwendbares Kriterium zur Identifizierung von Adverbien, sie an dieser Position im Satz einzusetzen:

(8) _____ kommt Hans.

Diese Position kann auch von unflektierbaren Wörtern wie *leider, hoffentlich* eingenommen werden. Diese gehören somit zu den Adverbien, lassen sich jedoch keiner der oben genannten Gruppen zuordnen. Im Gegensatz zu diesen stellen sie einen Kommentar des Sprechers zu dem ganzen Satz dar, weswegen sie auch **Satzadverbien** (oder Modalwörter) genannt werden.

Semantisch fallen die Satzadverbien in verschiedene Gruppen:

- Sie können eine emotionale Stellungnahme des Sprechers zum bezeichneten Sachverhalt geben, wie z.B. *leider, hoffentlich, glücklicherweise, wünschenswerterweise* u.a.
- Sie können eine Bewertung der Wahrscheinlichkeit des bezeichneten Sachverhalts geben, wie *vielleicht, möglicherweise* u.a.
- Sie können eine Bewertung anderer Art ausdrücken wie *dummerweise, schlauerweise, arroganterweise* u.a.

Eine weitere Gruppe von Adverbien hat die Funktion, Beziehungen zum Vortext herzustellen, weswegen sie auch **Konjunktionaladverbien** genannt werden.

(9)   Trotzdem/deshalb/infolgedessen kommt er.

Diese Adverbien haben eine ganz ähnliche Funktion wie Konjunktionen, sie unterscheiden sich aber von jenen dadurch, dass sie alleine die Position vor dem finiten Verb in Aussagesätzen besetzen können.

Als **Pronominaladverbien** werden solche Adverbien bezeichnet, die – ähnlich wie Pronomen – stellvertretend für andere, vollsemantische Elemente stehen. Im Gegensatz zu Pronomen sind die Pronominaladverbien unflektierbar. Sie werden gebildet aus den Adverbien *da*, *hier* und *wo* und einer Präposition:

$$\left.\begin{array}{l} da \\ hier \\ wo \end{array}\right\} \text{(r) + Präposition}$$

Darauf, darüber, hierauf, worunter etc. gehören also zu dieser Wortart.

2.1.3.3 *Präpositionen*
Eine weitere Gruppe der Unflektierbaren sind die **Präpositionen**. Sie treten zusammen mit einer Nominalphrase auf, deren Kasus sie festlegen (regieren). Der Terminus „Prä-position" suggeriert dabei, dass diese Wörter vor ihrer Ergänzung stehen. Dies trifft für einen Großteil zu, in einigen Fällen zeigen sie jedoch ein anderes Stellungsverhalten. Nach ihrer Position kann man unterscheiden zwischen:

- Präpositionen: *auf, über, unter, neben, ...*
- Postpositionen: *halber, hinaus, hinauf, zuliebe, ...*
- Zirkumpositionen: *um ... willen, um ... herum, ...*
- Ambipositionen (entweder vor- oder nachgestellt): *wegen, nach* (*wegen der Kinder, der Kinder wegen*)

Alle diese Wörter werden gelegentlich unter dem hinsichtlich der Position unspezifizierten Begriff der „Adposition" zusammengefasst. Gebräuchlicher ist es jedoch, sie alle als Präpositionen zu bezeichnen.

Eine ganze Reihe von Präpositionen können mehrere Kasus regieren. Folgendes Schema gibt einen Überblick über die Kasusrektion von Präpositionen:

GENITIV	DATIV	AKKUSATIV	DAT/GEN	DAT/AKK
kraft	*aus*	*für*	*trotz*	*an*
seitens	*bei*	*durch*	*wegen*	*auf*
infolge	*zu*	*bis*	*statt*	*in*
dieseits	*von*	*gegen*	*während*	*neben*
aufgrund	*seit*	*ohne*	*längs*	*hinter*
zugunsten	*mit*	*um*	*mittels*	*vor*
	nach	*per*	*laut*	*unter*
	gegenüber	*pro*		*über*

Die Variabilität der Kasusrektion ist im Fall der Präpositionen mit Dativ oder Genitiv stilistisch bedingt. Der Genitiv gilt als korrekter und tritt in der Schriftsprache fast ausschließlich auf. Umgangssprachlich wird stattdessen häufig der Dativ verwendet.

Bei den Präpositionen mit Dativ- oder Akkusativrektion ist die Variation vor allem semantisch bedingt. Mit dem Akkusativ haben diese Präpositionen einen direktionalen Charakter, während bei Dativrektion die lokal-statische Komponente gekennzeichnet wird:

(10) a. Der Affe sitzt auf dem Baum. (lokal)
      b. Der Affe klettert auf den Baum. (direktional)

2.1.3.4 *Konjunktionen*
Als **Konjunktionen** bezeichnet man unflektierbare Wörter, die Sätze oder Satzteile miteinander verknüpfen.

Koordinierende Konjunktionen verknüpfen gleichrangige Sätze oder Satzteile:

(11) a. Hans und Peter gehen in den Zirkus.
      b. Der Tag geht, und Johnny Walker kommt.
      c. Otto soll arbeiten, aber/doch er hat keine Lust.

Subordinierende Konjunktionen leiten untergeordnete (subordinierte) Sätze ein. Formal erkennt man das daran, dass in dem Satz, den sie einleiten, das finite Verb am Ende steht.

(12) a. Hans weiß, dass Anna kommt.
      b. Otto weiß nicht, ob sie kommt.
      c. Während Anna schläft, arbeitet Otto.

2.1.3.5 Modalpartikeln

Modalpartikeln haben keine eigenständige lexikalische Bedeutung, sondern sie drücken in Kombination mit dem Satzmodus und der Intonation spezifische Sprechereinstellungen aus, weswegen sie auch Abtönungspartikeln genannt werden. Sie sind meist unbetont und treten fast ausschließlich im Mittelfeld eines Satzes auf. Ihr Auftreten ist jeweils auf bestimmte Satzmodi beschränkt:

(13) a. Er hat ja/doch/einfach keine Zeit.
　　　 b. Wo bist du denn/überhaupt/eigentlich gewesen?
　　　 c. Komm mal/bloß/nur/ruhig her!

Die Wirkungsweise von Modalpartikeln soll an folgendem Beispiel veranschaulicht werden:

(14) a. Komm her! (Imperativsatz, Sprechabsicht: Befehl)
　　　 b. Komm ruhig her! (Imperativsatz, Sprechabsicht: Erlaubnis)
　　　 c. Komm bloß her! (Imperativsatz, Sprechabsicht: Drohung)

Der im Imperativsatz ausgedrückte Befehl kann durch entsprechende Modalpartikeln entweder zu einer Erlaubnis oder zu einer Drohung abgewandelt werden.

Mit wenigen Ausnahmen sind Modalpartikeln stets unbetont. Zu diesen Ausnahmen gehören die Modalpartikeln *ja, bloß, nur* in Drohungen (*Komm ja/ bloß/ nur her!*).

Die meisten Elemente, die als Modalpartikeln auftreten, treten auch in anderen Wortarten auf:

- als Adjektiv: *ruhig, eben, bloß*
- als Adverb: *eben, schon, vielleicht*
- als Konjunktion: *denn, aber, doch*
- als Fokuspartikel: *auch, nur*
- als Antwortpartikel: *ja, doch*

2.1.3.6 Fokuspartikeln

Gradpartikeln/Fokuspartikeln sind relativ frei im Satz verschiebbar und haben dann jeweils einen anderen semantischen Bezug.

(15) a. Nur Peter ging gestern ins Kino.
　　　 b. Peter ging nur gestern ins Kino.
　　　 c. Peter ging gestern nur ins Kino.

Im ersten Satz bezieht sich *nur* besonders auf *Peter*, im zweiten Satz auf *gestern* und im dritten auf *ins Kino*. Es fällt auf, dass die Konstituente nach der Gradpartikel jeweils einen starken Akzent trägt und in besonderer Weise hervorgehoben ist, d.h. fokussiert wird. Sie enthält die wichtigste Information im Satz. Wegen dieser besonderen Beziehung zur fokussierten Konstituente werden diese Partikeln auch **Fokuspartikeln** genannt. Sie treten in der Regel direkt vor der fokussierten Konstituente auf, in seltenen Fällen auch danach (16a) oder in Distanzstellung (16b).

(16) a. Die Tochter nur entkam den Flammen.
     b. Peter konnte diese Frage leider auch nicht beantworten. (ambig!)

Satz (16b) ist ambig, weil sich die Fokuspartikel entweder auf *Peter* oder auf *diese Frage* beziehen kann.

Die prototypischen Vertreter der Fokuspartikeln sind *auch, nur* und *sogar*. Sie interagieren in verschiedener Weise mit der fokussierten Konstituente, die einen Bezug zu Alternativen herstellt:

(17) Auch/nur/sogar Peter kommt.

Auch schließt mindestens eine Alternative ein (es kommt noch jemand außer Peter), *nur* schließt die Alternativen aus (niemand außer Peter kommt) und *sogar* bezeichnet eine Bewertung dahingehend, dass es in irgendeiner Weise besonders oder unerwartet ist, dass Peter kommt. Hier liegt also in gewisser Weise ein wertender Vergleich mit den möglichen Alternativen vor.

2.1.3.7 Steigerungspartikeln
Steigerungspartikeln (auch Intensitätspartikeln genannt) treten in der Regel zusammen mit graduierbaren Adjektiven auf (selten auch mit Verben und Adverbien) und legen einen bestimmten Grad einer Eigenschaft oder eines Geschehens fest:

(18) a. zu/sehr/ungemein dumm
     b. Er liebt sie sehr.

2.1.3.8 Antwortpartikeln
Antwortpartikeln können als Antwort auf Entscheidungsfragen (ja/nein-Fragen) dienen. Sie ersetzen vollständige Sätze, weswegen sie auch „Satzäquivalente" genannt werden.

(19) a. Kommst du? Ja./Nein.
     b. Geht sie? Vielleicht./Hoffentlich./Leider.

Die Beispiele zeigen, dass auch Satzadverbien teilweise als Antwort auf Entscheidungsfragen auftreten können. Sie unterscheiden sich jedoch von den Antwortpartikeln dadurch, dass sie alleine vor dem finiten Verb in Aussagesätzen vorkommen können.

2.1.3.9 Interjektionen
Interjektionen wie *mmh, na ja, brr, gell* haben neben rein expressiven (*igitt*) teilweise gesprächsgliedernde Funktionen, und werden daher auch Gesprächs-

oder Diskurspartikeln genannt. Sie sind in der Regel syntaktisch isoliert, indem sie auch intonatorisch von Sätzen abgegrenzt sind und über eigene Intonationskonturen verfügen. Ihr Wortstatus ist umstritten, da sie auch phonologisch ungewöhnlich sind, weil sie z.B. im Deutschen sonst nicht auftretende Silbenstrukturen aufweisen (*brr, mmh*). Trotzdem sind sie sprachspezifisch und damit zum Wortschatz einer Sprache zu rechnen.

2.2 Phrasenkategorien

Die elementaren Bausteine der Syntax sind die Wörter, die wir aufgrund bestimmter Eigenschaften lexikalischen Kategorien zugeordnet haben.

Nun setzt sich aber ein Satz nicht unmittelbar aus Wörtern zusammen, sondern es lassen sich Gruppen von Wörtern identifizieren, die enger zusammengehören und zusammen eine **Phrase** bilden. Intuitiv ist es zunächst einsichtig, dass in dem Satz

(20) Die Katze schläft gemütlich auf dem Sofa.

z.B. die Wörter *die Katze* enger zusammengehören als etwa *Katze schläft* und die Wörter *auf dem Sofa* enger zusammengehören als etwa *gemütlich auf. Die Katze* und *auf dem Sofa* bilden Phrasen, die aufgrund ihrer grammatischen Eigenschaften bestimmten **Phrasenkategorien** zugeordnet werden können, nämlich den Nominalphrasen bzw. Präpositionalphrasen. Wie die einzelnen Wörter können auch Phrasen gegeneinander ausgetauscht werden, über ähnliche grammatische Eigenschaften verfügen und damit zur gleichen Kategorie gehören.

Die Phrasenstruktur von Sätzen lässt sich in einem sogenannten Baumdiagramm darstellen:

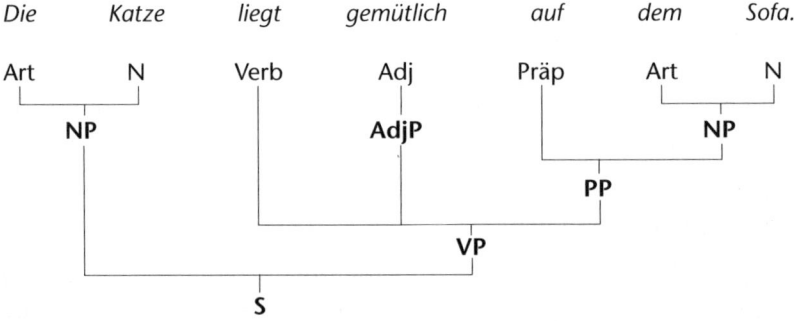

Abb.: Baumdiagramm

Eine alternative Darstellungsweise der Konstituentenstruktur, die weniger Platz beansprucht, ist die indizierte Klammerung, die für diesen Satz wie folgt aussieht:

(21) $_S$[$_{NP}$[Die Katze] $_{VP}$[liegt $_{AdjP}$[gemütlich] $_{PP}$ [auf $_{NP}$ [dem Sofa]]]].

Die Phrasenkategorien werden jeweils nach einem Wort benannt, das eine zentrale Rolle in ihnen spielt, dem **Kern** (oder **Kopf**) der Phrase.

Die wichtigsten Phrasenkategorien sind:

- **Nominalphrase (NP)**: Sie enthält mindestens ein deklinierbares Wort (in der Regel ein Substantiv oder Pronomen) als Kopf, z.B. *die Katze, sie*.
- **Präpositionalphrase (PP)**: Sie enthält eine Präposition als Kopf, z.B. *auf dem Sofa, neben dem Haus, der Kinder wegen*.
- **Verbalphrase (VP)**: Sie enthält ein Vollverb oder Kopulaverb als Kopf, z.B. *gerne Bananen essen, am Strand liegen, faul sein*.
- **Adjektivphrase (AdjP)**: Sie enthält ein Adjektiv als Kopf, z.B. *sehr gut, ziemlich sauer auf ihn*.
- **Adverbphrase (AdvP)**: Sie enthält ein Adverb als Kopf, z.B. *unten am Bach, dort oben*.

2.2.1 Nominalphrasen

Nominalphrasen enthalten ein Substantiv oder ein Pronomen als Kopf. Zu einem Substantiv tritt in der Regel noch ein Artikel hinzu.

Erweiterungen sind möglich durch

(22) a. Adjektive: die <u>fette, faule</u> Katze
      b. Genitiv-NP: die Katze <u>des Nachbarn</u>
      c. PP: die Katze <u>vom Nachbarn</u>
      d. Sätze (z.B. Relativsätze): die Katze, <u>die gerade eine Maus gefressen hat</u>

Diese Erweiterungen einer NP werden traditionell Attribute genannt, je nach Art des erweiternden Elements spricht man daher von einem Adjektiv-Attribut, Genitiv-Attribut, PP-Attribut und einem Attributsatz.

Die Phrasen in (22) können gegeneinander ausgetauscht werden, verfügen also über dieselbe Distribution und gehören somit zur selben Kategorie, nämlich NP. Anstelle von diesen Phrasen könnte jedoch auch lediglich das Pronomen *sie* auftreten. Auch dieses Pronomen ist somit eine – wenn auch vergleichsweise inhaltsleere – NP.

Nun sind aber nicht beliebige Kombinationen der genannten Elemente, z.B. Artikel + Adjektiv + Substantiv NPs. So z.B. ist **das dicken Katze* keine korrekte NP. Artikel, Adjektiv und Substantiv einer NP müssen in einer ganz bestimmten Relation zueinander stehen, sie müssen nämlich in Genus, Kasus und Numerus übereinstimmen. Eine solche Übereinstimmungsrelation in bestimmten grammatischen Merkmalen nennt man **Kongruenz**.

> Unter Kongruenz versteht man eine regelhafte Übereinstimmung zwischen Elementen in bestimmten grammatischen Merkmalen.

Artikel, Adjektiv und Substantiv kongruieren also in Kasus, Genus, Numerus. Das Genus wird vom Substantiv vorgegeben, da Substantive über ein unveränderliches Genus verfügen. In Bezug auf Kasus und Numerus sind alle diese Wortarten veränderbar und müssen in übereinstimmenden Formen auftreten.

2.2.2 Präpositionalphrasen

Präpositionalphrasen enthalten eine Präposition als Kopf und in der Regel eine NP. Die Präposition spielt eine zentrale Rolle in der Phrase, indem sie nämlich den Kasus der NP festlegt oder regiert. Unter **Rektion** versteht man traditionell, dass ein Element ein grammatisches Merkmal eines anderen festlegt.

> Rektion liegt vor, wenn ein Element ein grammatisches Merkmal eines von ihm abhängigen Elements festlegt.

In der Regel handelt es sich bei diesem Merkmal um eine bestimmte Kasusform.

Mit einer Präposition können alle Phrasen auftreten, die eine NP sind:

(23)   a. auf [dem Sofa]$_{NP}$
       b. auf [dem alten, wackligen Sofa]$_{NP}$
       c. auf [dem Sofa, das noch aus Großmutters Zeiten stammt]$_{NP}$
       d. auf [ihm]$_{NP}$

Auch bei der PP gibt es wieder die Möglichkeit, sie durch eine relativ inhaltsleere Proform zu ersetzen, nämlich durch entsprechende Pronominaladverbien: *auf dem Sofa – darauf*.

Bei einigen Präpositionen können statt einer NP auch andere Elemente auftreten:

(24)   a. bis [auf den heutigen Tag]$_{PP}$
       b. ab [morgen]$_{AdvP}$

2.2.3 Verbalphrasen

Verbalphrasen enthalten ein Vollverb oder ein Kopulaverb als Kopf. Vollverben spielen insofern eine zentrale Rolle in der Phrase, als sie bestimmte Leerstellen haben, die durch bestimmte Arten von Ergänzungen gefüllt werden (s. Kap. 4). Diese Ergänzungen müssen eine bestimmte Form aufweisen, man nennt sie daher auch Akkusativ-, Dativ-, Genitiv-, Präpositionalergänzung oder -objekt.

Der Nominativergänzung (traditionell: Subjekt) eines Verbs wird von vielen Grammatikmodellen eine Sonderrolle zugebilligt. Sie gilt als relativ unabhängig vom Verb und wird deshalb häufig als außerhalb der Verbalphrase (dem unmittelbaren Einflussbereich des Verbs) stehend dargestellt. Dafür gibt es verschiedene Gründe.

Der Nominativ, der Kasus des Subjekts, gilt als vom Verb unregierter Kasus, während Akkusativ, Dativ, Genitiv vom Verb regiert sind. (Schon die antiken Grammatiker betrachteten den Nominativ als „casus rectus", den „aufrechten" Kasus, im Gegensatz zu den „casus obliqui").

Dass Subjekte in einer grundsätzlich anderen Relation zum Verb stehen, sieht man auch daran, dass sie bei infiniten Verben nicht auftreten können:

(25) a. *Die Katze auf dem Sofa schlafen
     b. *Affen gerne Bananen essen

Das Subjekt beeinflusst außerdem die Form des finiten Verbs. Das finite Verb muss mit dem Subjekt in Person und Numerus kongruieren.

(26) a. *Die Katze schlafen. (keine Kongruenz im Numerus)
     b. *Du geht. (keine Kongruenz in der Person)

Die Existenz einer Verbalphrase ist für das Deutsche sehr umstritten, insbesondere besteht auch keine Einigkeit darüber, was alles dazuzurechnen ist. Neben der Auffassung, dass das Subjekt nicht dazugehört, wird auch die Auffassung vertreten, dass das Subjekt dazugehört, so dass dann die Verbalphrase praktisch den ganzen Satz umfasst, mit Ausnahme von einleitenden Konjunktionen und bestimmten Adverbialen.

2.2.4 Adjektivphrasen

Adjektivphrasen enthalten ein Adjektiv als Kopf. Zu dem Adjektiv können graduierende Elemente hinzutreten, außerdem können manche Adjektive ähnlich wie Verben bestimmte Ergänzungen zu sich nehmen.

(27) a. sehr weit/ziemlich groß/höchst seltsam
     b. auf ihn sauer (PP-Ergänzung)
     c. ihrer Schwester ähnlich (Dativergänzung)
     d. zwanzig Euro wert (Akkusativergänzung)
     e. des Englischen mächtig (Genitivergänzung)

2.2.5 Adverbphrasen

Adverbphrasen enthalten ein Adverb als Kopf. Ähnlich wie zu Adjektiven können auch zu Adverbien graduierende Elemente hinzutreten:
ganz weit oben
Außerdem können Adverbien durch PPs oder andere Adverbien modifiziert werden:
unten am Bach/dort auf dem Hügel/hier oben

2.3 Konstituententests

Bislang sind wir davon ausgegangen, dass man intuitiv erkennen kann, welche Wörter enger zusammengehören und somit eine Phrase bilden. Um diese Urteile aber überprüfbar zu machen, braucht man Verfahren, die diese Urteile stützen. Zu diesem Zweck gibt es eine Reihe von Tests, die nachweisen können, dass bestimmte Wörter enger zusammengehören, also eine **Konstituente** bilden.

Einer dieser Tests ist der **Fragetest**. Wörter oder Phrasen, die eine Konstituente bilden, können zusammen erfragt werden. Wenn wir diesen Test auf den Satz

(28) Die Katze liegt gemütlich auf dem Sofa.

anwenden, so ergibt sich, dass *die Katze* (wer?), *gemütlich* (wie?) und *auf dem Sofa* (wo?) Konstituenten sind.

Ein weiterer Test ist der **Pronominalisierungstest**. Eng zusammengehörige Elemente können durch ein Pronomen oder eine andere Pro-Form (Pro-Adverb etc.) ersetzt werden.

Bezüglich unseres Beispielsatzes ergeben sich hier wieder *die Katze* (*sie*), *gemütlich* (*so*) und *auf dem Sofa* (*darauf*) als Konstituenten, darüber hinaus jedoch auch *dem Sofa*, da es durch *ihm* pronominalisierbar ist.

Eine wichtige Rolle bei der Identifikation von Konstituenten spielt auch der **Verschiebetest** (auch: **Permutationstest**). Gemeinsame Verschiebbarkeit von Elementen im Satz ist ein Hinweis auf enge Zusammengehörigkeit.

Nicht alle Konstituenten erfüllen jedoch alle diese Kriterien in gleicher Weise. Es fällt auf, dass es relativ selbstständige Konstituenten gibt, die alleine verschiebbar sind. Andere jedoch, die nach den Kriterien der Erfragbarkeit und der Pronominalisierbarkeit Konstituenten sind, sind nicht frei verschiebbar, sondern relativ platzfest.

In Bezug auf unseren Beispielsatz lassen sich mit dem Verschiebetest wieder *die Katze*, *gemütlich* und *auf dem Sofa* als Konstituenten ermitteln.

(29) a. **Die Katze** liegt gemütlich auf dem Sofa.
b. **Gemütlich** liegt die Katze auf dem Sofa.
c. **Auf dem Sofa** liegt gemütlich die Katze.

Eine besondere Rolle spielt auch die Position vor dem finiten Verb in Aussagesätzen (das Vorfeld). Was zusammen im Vorfeld stehen kann, ist eine Konstituente. Auch mit Hilfe des **Vorfeldtests** kann man also Konstituenten ermitteln.

Hier wird bereits sichtbar, dass nicht alle Konstituenten allen Tests genügen. In unserem Beispiel war nicht alles, was erfragbar und pronominalisierbar war, auch verschiebbar (nämlich *dem Sofa*).

Neben diesen drei Tests gibt es noch einige weitere Verfahren zur Ermittlung von Konstituenten, die jedoch „mit Vorsicht zu genießen" sind, da sie leicht zu falschen Ergebnissen führen können, wenn man ihre Tücken nicht kennt.

Zu diesen Tests gehört zum einen der **Koordinationstest**, der darauf basiert, dass sich nur Konstituenten koordinieren lassen. Hierbei ist jedoch zu beachten, dass bei der Koordination von Konstituenten identisches Material weggelassen werden kann, und zwar entweder im linken Konjunkt oder im rechten.

(30) a. Hans sah, dass Eva zu ihm sehr nett ~~war~~ und zu seinem Freund unmöglich war.

b. Anna hat eine Vorliebe für reiche Männer und Eva ~~hat eine Vorliebe~~ für schöne ~~Männer~~.

Ebenso problematisch ist der **Tilgungstest**, der darauf basiert, dass nur Konstituenten getilgt werden können. Hier darf nicht übersehen werden, dass auch mehrere Konstituenten getilgt werden können.

(31) Otto hat ~~gestern die Klausur~~ bestanden.

Außerdem sind viele Konstituenten obligatorisch und können gar nicht getilgt werden.

(32) *Eva erwartet ~~ein blendendes Ergebnis~~.

Aufgrund der besonderen Probleme der letzten beiden Tests ist es ratsam, zunächst einmal mit den ersten vier Tests zu arbeiten.

Die Konstituenten, die diesen vier Tests genügen, die also nicht nur pronominalisierbar und erfragbar sind, sondern auch alleine verschiebbar und insbesondere auch vorfeldfähig sind, werden traditionell **Satzglieder** genannt.

> Konstituenten lassen sich mit Hilfe der folgenden Tests ermitteln:
>
> • Fragetest
> • Pronominalisierungstest
> • Verschiebetest
> • Vorfeldtest
> • Koordinationstest
> • Tilgungstest

Nicht alle Konstituenten erfüllen alle diese Testbedingungen.

2.4 Übungsaufgaben

➲ 2. Bestimmen Sie die Wortarten der folgenden Wörter (Kleinschreibung ist beabsichtigt) und begründen Sie Ihre Entscheidungen kurz. Mehrfachnennungen sind möglich!

während und blau sucht übermorgen möglicherweise unter sein pech kein unser dörflich heute sicher oft fit laut denn überaus

⮕ 3. Bestimmen Sie die Wortarten in folgendem Satz:

Als er nach Hause kam, war seine Schwester schon da.

⮕ 4. a) Geben Sie eine kurze Definition von dem Begriff „finites Verb".
   b) Wählen Sie aus den folgenden Verbformen diejenigen aus, die finite
   Verbformen sind. Welche können (je nach Kontext) sowohl finite als
   auch infinite Formen sein?

   *gehst – laufen – gegangen – lache – sang – umgekehrt – achtet – zu
   arbeiten – pfeifend – gelebt haben – kichern*

⮕ 5. Pronomen treten sowohl als Stellvertreter von NPs auf („Pro-NPs") wie
   auch anstelle des Artikels (= Determinatoren). Untersuchen Sie, wie sich
   die folgenden Pronomen verhalten:

   Personalpronomen: *ich, du, er, sie, es* etc.
   Possessivpronomen: *mein, dein, sein, ihr* etc.
   Reflexivpronomen: *sich*
   Demonstrativpronomen: *dieser, jener* etc.
   Interrogativpronomen: *wer, was, welcher* etc.

⮕ 6. Folgende Wörter ließen sich aufgrund einer gemeinsamen semantischen
   Eigenschaft als a) „Negationswörter" bzw. b) „Zahlwörter" (Numeralia)
   zusammenfassen. Zeigen Sie, dass diese Wörter aufgrund von morpholo-
   gischen und syntaktisch-distributionellen Kriterien ganz verschiedenen
   Wortarten angehören. Geben Sie jeweils die Wortart an und begründen
   Sie Ihre Entscheidungen!

   a) *nirgends, nichts, niemand, nie, nirgendwo, niemals, kein*
   b) Kardinalzahlen: *ein(s), zwei, drei, vier, ...*
      Ordinalzahlen: *erster, zweiter, dritter, ...*
      Iterativa: *einmal, zweimal, dreimal, ...*
      Multiplikativzahlen: *einfach, zweifach, dreifach, ...*

⮕ 7. Bestimmen Sie die Wortart von *schon, besonders, eben* und *doch* in den
   folgenden Beispielen:

   a. Komm schon her!
   b. Schon dein Opa wusste das.
   c. Was hat er hier schon zu sagen!
   d. Kaum habe ich ihn gerufen, schon kommt er.
   e. Schon nahten die Reiter.

f. Besonders gut haben mir ihre Gedichte gefallen.

g. Besonders haben mir ihre Gedichte gefallen.

h. Besonders die Gedichte sind spitze.

i. Die Straße ist eben.

j. Eben ist er hereingekommen.

k. Männer sind eben so.

l. Der hat sich doch glatt verplappert.

m. Doch er wusste nichts davon.

n. Doch wusste er nichts davon.

o. Er wusste doch nichts davon.

8. Ist *werden* in den folgenden Sätzen Hilfsverb oder Kopulaverb? In welchem Tempus stehen die Sätze?

a. Es wird kommen.

b. Es wird gelesen.

c. Es wird krank.

9. Bestimmen Sie die Wortart der kursiv gedruckten Wörter (Auxiliar, Kopulaverb, Modalverb, Vollverb) in den folgenden Beispielen.

a. Er *ist* krank.

b. Er *ist erkrankt.*

c. Er *will* wieder gesund *sein.*

d. Er *wird* wieder gesund *sein.*

e. Er *wird* wieder gesund.

f. Das Buch *wird* oft *gelesen.*

g. Das Buch *ist* ein Bestseller *gewesen.*

h. Hans *hat* kein Geld *gehabt.*

10. Bestimmen Sie jeweils den Kopf und die Kategorie der in Klammern gesetzten Phrasen (das Fehlen der Satzzeichen ist beabsichtigt).

a. [Alle drei Beschäftigten] haben gekündigt

b. Hans ist [ganz wild auf Snowboardfahren]

c. [Die Behauptung ihn noch nie gesehen zu haben] ist bodenlos

d. [Der der das gemacht hat] ist ganz schön gewieft

e. Der Sohn ist [seinem Vater ähnlich]

f. Der [bei vielen unbekannte] Autor schreibt großartig

g. [Genau hinter der Brücke] liegt der Bauernhof

h. [Bis zur Haustür] hat er sie verfolgt

⮕ 11. Zerlegen Sie die folgenden komplexen Nominalphrasen in ihre Teilphrasen und bestimmen Sie deren Kategorie (NP, PP, AdjP, AdvP). Stellen Sie dabei die Struktur der komplexen NP mithilfe der indizierten Klammerung dar.

    a. der Wettbewerb um finanzielle Unterstützung

    b. die von friedlichen Fans begleiteten Bochumer

    c. Meyers einziger Trost

    d. der gegenwärtige Präsident der Vereinigten Staaten von Amerika

    e. das rege Interesse des Handels an billigen Produkten aus China

    f. das Treffen damals

⮕ 12. Ermitteln Sie in dem folgenden Satz die Konstituenten anhand des Permutationstests:

Heutzutage kann man an fast allen Bahnhöfen Fahrkarten am Automaten kaufen.

⮕ 13. Der folgende Satz ist strukturell ambig, d.h. man kann ihm zwei Konstituentenstrukturen zuordnen. Zeigen Sie diese Ambiguität anhand des Permutationstests und des Pronominalisierungstests.

Er hat den Studenten mit dem teuren Auto beeindruckt.

📖 Literaturtipps zum Weiterlesen

Ausführliche Darstellungen der Wortarten finden sich in allen Grammatiken. Aus der Fülle der Literatur zu den Wortarten kann hier nur weniges genannt werden. Eine umfassende Darstellung der Wortarten im Deutschen findet sich in Bergenholtz/Schaeder (1977), Reflexionen über die Kriterien für die Wortarteneinteilung in Hentschel/Weydt (1995). Ausführliche Artikel zu den einzelnen Wortarten enthält der Sammelband von Hoffmann (2007).

Ein Prototypenkonzept für die Wortart der Determinatoren wird in der IDS-Grammatik vorgestellt (Zifonun et al. 1997:1926ff.). Eine zusammenfassende Darstellung der deklinierbaren Wortarten findet sich bei Eisenberg (2006) in Kapitel 5, eine eingehende Behandlung von Konjunktionen und Präpositionen in Kapitel 6.

Die Kriterien für die Einteilung der unflektierbaren Wortarten finden sich bei Hartmann (1994), Altmann (1978) mit Schwerpunkt auf den Grad- bzw. Fokuspartikeln und bei Thurmair (1989), die die Modalpartikeln umfassend abhandelt. Einen guten Überblick über die Eigenschaften der Satzadverbien gibt die Einleitung zu Helbig/Helbig (1990). Ob eine Wortart „Konjunktion" notwendig ist, wird von Pasch (1994) untersucht.

Darstellungen der Konstituententests und Grundlagen der Konstituentenstruktur finden sich bei Grewendorf/Hamm/Sternefeld (1999) und Ramers (2007), ebenso eine Darstellung von Phrasenstrukturen im Modell der generativen Grammatik.

3 Syntaktische Funktionen

Was in diesem Kapitel behandelt wird:
- Satzgliedfunktionen: Subjekt, Objekt, Adverbial, Prädikativ
- Satzgliedteile (Attribute)

Die Konstituenten, die wir im vorigen Kapitel anhand von Tests identifiziert haben, übernehmen unterschiedliche Funktionen in einem Satz. In dem Satz *Peter trifft einen alten Freund* sind zwei NPs enthalten, die jedoch in einer unterschiedlichen Relation zum Verb stehen. *Peter* ist Subjekt, *einen alten Freund* Objekt des Satzes.

3.1 Satzgliedfunktionen

Zunächst sollen die syntaktischen Funktionen der Einheiten in einem Satz besprochen werden, die traditionell **Satzglieder** genannt werden. Wie im vorigen Abschnitt schon erwähnt, lassen sich die Satzglieder durch folgende Tests ermitteln:

- **Pronominalisierungstest:** Satzglieder lassen sich durch ein Pronomen oder eine andere Proform ersetzen
- **Fragetest:** Satzglieder lassen sich erfragen
- **Permutationstest:** Satzglieder lassen sich als Gesamtheit verschieben
- **Vorfeldtest:** Satzglieder können alleine die Position vor dem finiten Verb in Aussagesätzen einnehmen

Der Pronominalisierungs- und der Fragetest sind gleichzeitig eine einfache Methode, die Funktionen der Satzglieder zu ermitteln.

Satzglieder treten in folgenden vier Funktionen auf:

- Subjekt
- Objekt
- Adverbial
- Prädikativ

Die Satzglieder nehmen diese Funktionen in Bezug auf das Voll- oder Kopulaverb eines Satzes ein. Begriffe wie Subjekt, Objekt, Adverbial usw. sind also relationale Begriffe, eine NP ist nicht für sich alleine Subjekt oder Objekt, sondern immer in Bezug auf ein bestimmtes Verb.

3.1.1 Subjekt

Subjekte sind die am häufigsten auftretenden Ergänzungen zu Verben. Praktisch fast jedes Verb hat ein Subjekt als Ergänzung, es gibt nur wenige Verben, die kein Subjekt fordern. Subjekte stehen im Nominativ und sind mit *wer?* oder *was?* erfragbar.

Die wichtigste syntaktische Eigenschaft des Subjekts ist, dass es mit dem finiten Verb in Person und Numerus kongruiert:

Hans (3. Pers. Sg.) *schläft* (3. Pers. Sg.).
Sie (3. Pers. Pl.) *schlafen* (3. Pers. Pl.).

Der Kasus des Subjekts, der Nominativ, wird allerdings nicht in gleicher Weise vom Verb regiert wie die anderen Kasus. Subjekte treten nicht (oder nur in seltenen Fällen) mit infiniten Verben und Partizipien auf und nur sehr eingeschränkt mit Verben in der Imperativform. Das Subjekt ist also nicht wie die anderen Ergänzungen verbabhängig, sondern vielmehr **verbformabhängig**, da es in der Regel nur mit finiten Verben auftritt.

(1)   a. Sie verspricht, dass **sie** kommt.
      b. Sie verspricht, zu kommen.

Auch in Imperativsätzen fehlt das Subjekt in der Regel, ist jedoch nicht völlig ausgeschlossen:

(2)   Geh (du) nach Hause!

3.1.2   Objekte

Nach der Form der Objekte unterscheidet man:

- **Akkusativobjekt** (auch Akkusativergänzung): *Hans mag kleine Kinder.*
- **Dativobjekt** (auch Dativergänzung): *Sie hilft ihm.*
- **Genitivobjekt** (auch Genitivergänzung): *Wir gedachten seiner.*
- **Präpositionalobjekt** (auch Präpositionalergänzung): *Otto wartet auf seine Tante.*

Der Kasus der Objekte wird vom Verb regiert. Bei Präpositionalobjekten wird die Präposition vom Verb regiert.

3.1.2.1   *Akkusativobjekt*

Das Akkusativobjekt ist im Deutschen das am häufigsten auftretende Objekt. Da es im Akkusativ steht, kann es mit *wen?* oder *was?* erfragt werden. Es wird häufig auch als „direktes Objekt" bezeichnet, da es den von einer Handlung oder einem Vorgang am stärksten betroffenen Mitspieler bezeichnet.

Eine wichtige syntaktische Eigenschaft des Akkusativobjekts ist, dass es bei Passivierung zum Subjekt werden kann.

(3)   a. Alle lobten ihn.
      b. Er wurde von allen gelobt.

(4)   a. Er öffnet die Tür.
      b. Die Tür wird geöffnet.

3.1.2.2 Dativobjekt

Das Dativobjekt wird häufig auch als „indirektes Objekt" bezeichnet, da es einen von einer Handlung oder einem Vorgang nur mittelbar betroffenen Mitspieler bezeichnet. Das Dativobjekt bezeichnet häufig eine Person, seltener eine Sache. Es kann mit *wem?* oder *was?* erfragt werden.

Beim Vorgangs- und beim Zustandspassiv bleibt das Dativobjekt als solches erhalten. Es gibt jedoch eine Form der Passivierung, durch die auch das Dativobjekt zum Subjekt werden kann, nämlich das mit Hilfe von *kriegen* oder *bekommen* gebildete „Rezipientenpassiv".

(5) a. Er hat ihr ein Buch geschenkt.
     b. Sie bekam von ihm ein Buch geschenkt.

3.1.2.3 Genitivobjekt

Das Genitivobjekt tritt vergleichsweise selten auf. Es lässt sich mit *wessen?* erfragen. Sprecher des Deutschen tendieren dazu, Verben mit einem Genitivobjekt zu vermeiden. Diese Verben werden daher zunehmend weniger verwendet, oder aber es bildet sich ein alternatives Muster mit einem anderen Objekt.

(6) a. Wir gedachten seiner.
     b. Wir dachten an ihn. (Präpositionalobjekt)

(7) a. Sie erinnerten sich ihrer.
     b. Sie erinnerten sich an sie. (Präpositionalobjekt)

Das Genitivobjekt wird also mehr und mehr durch andere Objektarten wie das Präpositionalobjekt verdrängt.

Das Genitivobjekt bleibt bei allen Formen der Passivierung als solches erhalten.

3.1.2.4 Präpositionalobjekt

Im Gegensatz zu den anderen Objektarten wird beim Präpositionalobjekt vom Verb nicht ein bestimmter Kasus, sondern eine bestimmte Präposition regiert. Die Präposition hat hier eine ganz ähnliche Funktion wie eine Kasusform, weswegen häufig auch von „Präpositionalkasus" die Rede ist.

Präpositionalobjekte können nicht wie die anderen Objektarten durch ein bestimmtes Fragewort erfragt werden. In Fragen nach Präpositionalobjekten tritt stets die vom Verb geforderte Präposition auf, entweder als selbstständiges Wort oder als Teil eines Pronominaladverbs.

(8) a. Er wartet auf seine Tante/auf den Zug.
     b. Auf wen/worauf wartet er?

Auch bei der Ersetzung von Präpositionalobjekten durch Proformen bleibt die Präposition erhalten.

(9) Er wartet auf sie/darauf.

Bei den Präpositionalobjekten wird die Präposition – ganz ähnlich wie der Kasus der anderen Objektarten – vom Verb regiert. Die Präpositionen von Präpositionalobjekten sind daher gar nicht oder nur sehr beschränkt austauschbar. Nur wenige Verben lassen Präpositionalobjekte mit verschiedenen Präpositionen zu, z.B. *sich freuen auf/über, sprechen über/von.*

Die Präpositionen sind zudem semantisch leer, d.h. sie weisen nicht ihre übliche temporale oder lokale Semantik auf. Vgl. etwa

(10) a. Otto wartet auf dem Bahnhof.
 b. Otto wartet auf seine Tante.

In (10a) hat die PP die Funktion eines Adverbials. Die Präposition ist austauschbar und hat eine spezifische lokale Semantik. In (10b) dagegen, wo die PP die Funktion eines Präpositionalobjekts hat, ist die Präposition nicht austauschbar und besitzt keine eigene Semantik.

Bei den Adverbialen lassen sich die Präpositionen austauschen, da sie nicht vom Verb regiert sind, sondern nur mit dem Adverbialtyp kompatibel sein müssen:

(11) Er wohnt in Berlin/unter der Brücke/auf dem Berg/neben einem Nacht-lokal etc.

3.1.3 Adverbial

Adverbiale kennzeichnen eine lokale, temporale, modale oder kausale Situierung des bezeichneten Sachverhalts. Sie können entsprechend ihrem Adverbialtyp erfragt und durch Proformen ersetzt werden:

Adverbialklasse	Semantische Untergruppe	erfragbar durch	ersetzbar durch
Lokal-adverbiale	lokal i.e. S.	*wo?*	*dort, hier, da*
	direktional	*woher?, wohin?*	*dorthin, dorther*
Temporal-adverbiale	Zeitpunkt	*wann?*	*dann*
	durativ	*wie lange?*	*so lange*
	iterativ	*wie oft?*	*so oft*
Modal-adverbiale	modal i.e. S.	*wie? auf welche Weise?*	*so*
	graduierend	*wie sehr?*	*so*
	komitativ	*mit wem?*	*mit* + Pers. Pron.
	instrumental	*womit?*	*damit*
Kausal-adverbiale	kausal i.e. S.	*warum? weshalb?*	*deshalb, deswegen*
	konditional	*in welchem Fall?*	*in diesem Fall*
	final	*wozu? zu welchem Zweck?*	*dazu*
	konzessiv	(nur schlecht erfrag-bar): *trotz was?*	*trotzdem*

Als Adverbiale können auftreten:

> (12) a. Otto sitzt <u>auf dem Baum</u>. (PP)
>   b. <u>Dort</u> steht Anna. (AdvP)
>   c. Otto schläft <u>schlecht</u>. (AdjP)
>   d. Sie warteten <u>den ganzen Tag</u>. (Akkusativ-NP)
>   e. <u>Eines Tages</u> kam sie. (Genitiv-NP)
>   f. Otto schläft, <u>während Anna arbeitet</u>. (Satz)

3.1.4 Prädikativ

Subjektsprädikative treten in Kombination mit Kopulaverben auf und bilden mit ihnen zusammen das Prädikat. Das Prädikativ bezieht sich hier stets auf das Subjekt, es gibt eine Eigenschaft, eine Rolle oder einen Aufenthaltsort des Subjektsreferenten wieder (daher auch: Subjektsprädikativ).

Ein Subjektsprädikativ kann in verschiedenen Formen auftreten:

> (13) a. Ich bin <u>müde</u>. (AdjP)
>   b. Hans wird <u>Lehrer</u>. (Nominativ-NP)
>   c. Otto ist <u>von adliger Herkunft</u>. (PP)
>   d. Die Mühe war <u>umsonst</u>. (AdvP)
>   e. Bist du <u>anderer Meinung</u>? (Genitiv-NP)

Daneben gibt es jedoch auch Prädikative, die sich auf ein Objekt beziehen und daher **Objektsprädikative** genannt werden.

> (14) a. Sie nannte ihn <u>einen Idioten</u>.
>   b. Man hielt ihn <u>für ein Genie</u>.

Freie Prädikative treten unabhängig von bestimmten Verben auf. Sie beziehen sich auf das Subjekt oder Objekt eines Satzes und benennen einen temporären Zustand:

> (15) a. Sie kam *krank* aus dem Urlaub zurück.
>   b. Der Kellner trägt die Suppe *heiß* herein.

3.2 Das Prädikat als Satzglied?

Bezüglich der Frage, ob das Prädikat eines Satzes als Satzglied zu werten ist, nehmen die Grammatiken unterschiedliche Positionen ein. Unserer Auffassung nach stellt das Prädikat kein Satzglied in dem oben definierten Sinn dar. Dafür gibt es verschiedene Gründe:

Das Prädikat (bestehend aus den verbalen Teilen im Satz) ist nicht wie die anderen Satzglieder verschiebbar. Verschiebt man ein oder mehrere Verben, so ändert sich meist der Satztyp (aus einem Aussagesatz kann z.B. ein Fragesatz werden) oder der Satz wird ungrammatisch. Es ist auch kaum möglich, das Prädikat durch ein Wort zu erfragen oder es zu pronominalisieren.

Zum Prädikat gehört in Sätzen mit Kopulaverben auch das Prädikativ, das ein eigenständiges Satzglied ist. Dies spricht dagegen, das Prädikat zu den Satzgliedern zu rechnen. Die Verben und insbesondere die Vollverben spielen eine zentrale Rolle im Satz, da sie quasi vorgeben, welche Satzglieder auftreten können. Auch aus diesem Grund werden wir das Prädikat nicht zu den Satzgliedern rechnen.

3.3 Attribut

Attribute sind solche Elemente, die zu einem Substantiv hinzutreten und dieses näher bestimmen. Attribute sind keine Satzglieder, sondern Teile von Satzgliedern (daher auch: Gliedteile). Sie können in der Regel nicht alleine verschoben werden, sondern sind positionsfest bei ihrem Bezugselement und bilden mit diesem zusammen eine Konstituente.

Als Attribute können auftreten:

(16) a. die <u>faule</u> Katze (Adjektiv-Attribut)
     b. die Katze <u>des Nachbarn</u> (Genitiv-Attribut)
     c. die Katze <u>vom Nachbarn</u> (PP-Attribut)
     d. die Katze, <u>die gerade eine Maus gefressen hat</u> (Attributsatz)

Adjektiv-Attribute stehen in der Regel vor ihrem Bezugsnomen. Einige Adjektive können auch nachgestellt auftreten, sie bleiben dann unflektiert, z.B. *Polemik pur, Skispaß total*.

Genitivattribute stehen meist direkt nach ihrem Bezugsnomen. Sie können vorangestellt werden, wenn es sich um Eigennamen, Personenbezeichnungen oder pronominale Genitivattribute handelt. Die Voranstellung von Genitivattributen mit Artikel ist nur in gehobenem Stil zu finden:

(17) a. Goethes Gedichte
     b. Omas Häuschen
     c. ... dessen Auto
     d. meines Vaters Haus

Bei Mengen- und Maßsubstantiven steht im heutigen Deutsch statt eines Genitivattributs häufig eine Nominalphrase, die im Kasus mit dem Bezugswort kongruiert, als Apposition:

(18) a. ein Glas kühles Wasser/kühlen Wassers
     b. drei Liter teurer Wein/teuren Weines

PP-Attribute treten fast immer nach ihrem Bezugsnomen auf, dazwischen kann ein Genitivattribut treten.

(19) der [[Hund meines Nachbarn] im Garten]

Die einzigen Attribute, die **im Satz** verschiebbar sind, sind die Attributsätze. Attributsätze können von ihrem Bezugselement weg nach rechts bewegt werden. Sie können jedoch nicht alleine die Position vor dem finiten Verb in Aussagesätzen besetzen, sondern nur zusammen mit ihrem Bezugselement. Dies zeigt, dass Attributsätze keine Satzglieder sind.

(20) a. Sie hat neulich einen Film gesehen, den sie sehr gut fand.
       b. *Den sie sehr gut fand, hat sie neulich einen Film gesehen.
       c. Einen Film, den sie sehr gut fand, hat sie neulich gesehen.

3.4 Übungsaufgaben

⮕ 13. Bestimmen Sie anhand einschlägiger Tests in folgenden Sätzen die Satzglieder und ihre Funktionen! Welche Elemente fungieren als Attribute?

   a. Hans hat gestern im Kino einen tollen Film gesehen.
   b. Der Verkauf ihrer Wohnungen an einen unberechenbaren Spekulanten schockierte die Mieter der Neuen Heimat zutiefst.
   c. Die grausame Ermordung von Walter Sedlmayr beschäftigte die Münchner Boulevardzeitungen monatelang.
   d. Otto hat seiner Tante einen schönen Blumenstrauß geschenkt, der aus Nachbars Garten stammt.

⮕ 15. Zeigen Sie anhand einschlägiger Tests, ob die unterstrichenen Phrasen in folgenden Sätzen die Funktion von Objekten oder von Adverbialen haben!

   a. Otto hofft auf besseres Wetter.
       Anna steht auf dem Bahnhof.
   b. Anna hängt an Otto.
       Das Bild hängt an der Wand.
   c. Alle rechneten mit Eva.
       Hans rechnet mit dem Taschenrechner.
   d. Er isst den ganzen Tag.
       Eva isst den ganzen Apfel.
   e. Wir gedachten dieses Tages.
       Eines Tages kam er.

⮕ 16. Geben Sie die syntaktischen Funktionen der Präpositionalphrasen in den folgenden Sätzen an:

   a. Vor der Reise hatte er Angst vor dem Flug.
   b. Das Haus vor der Kirche gehört dem Bürgermeister.
   c. Er fährt nach Stuttgart.
   d. Er bringt seiner Frau Marzipan aus Lübeck mit.
   e. Er wohnt in München.
   f. Er träumt von großen Tigern.
   g. Er rannte im Morgenmantel zum Bäcker.
   h. Er ist zur Zeit in Rom.

⮑ 17. a) Geben Sie die syntaktischen Funktionen aller Genitiv-NPs in folgendem Textabschnitt aus Goethes „Die Leiden des jungen Werthers" an!

b) Wo finden sich bei der Verwendung der Genitiv-NPs Unterschiede zum heutigen Sprachgebrauch? Beschreiben Sie diese!

Ich bin allein und freue mich meines Lebens in dieser Gegend. Wenn ich das Wimmeln der kleinen Welt zwischen Halmen, die unzähligen, unergründlichen Gestalten der Würmchen, der Mückchen näher an meinem Herzen fühle, fühle ich die Gegenwart des Allmächtigen, der uns nach seinem Bilde schuf.

Wie ich mich im Anfang zu ihnen gesellte, sie freundschaftlich fragte über dies und das, glaubten einige, ich wollte ihrer spotten, und fertigten mich wohl gar grob ab.

Warum ich dir nicht schreibe? – Fragst du das und bist doch auch der Gelehrten einer?

Die zwei Herren Audran und ein gewisser N.N. – wer behält alle die Namen! –, die der Base und Lottens Tänzer waren, empfingen uns am Schlage, bemächtigten sich ihrer Frauenzimmer, und ich führte das meinige hinauf.

Und nennen Sie mir den Menschen, der übler Laune ist und so brav dabei, sie zu verbergen, sie allein zu tragen!

Des Abends konnte ich nicht umhin, in der Freude meines Herzens den Vorfall einem Manne zu erzählen, dem ich Menschensinn zutraute, weil er Verstand hat.

📖 **Literaturtipps zum Weiterlesen**

Eine zusammenfassende Darstellung von Satzgliedfunktionen findet sich bei Eisenberg (2006) in Kapitel 9 über Subjekte und Objekte, in Kapitel 7 über Adverbiale und in Kapitel 8 über Attribute.

Der Subjektbegriff wird von Reis (1982) und (1986) und von Oppenrieder (1991) eingehend behandelt. Zu den einzelnen Objektarten gibt es jeweils ausführliche Abhandlungen: Wegener (1985) zum Dativobjekt, Bausewein (1990) zum Akkusativobjekt und zu Objektsprädikativen und Breindl (1989) zum Präpositionalobjekt. Eine neuere Überblicksdarstellung der Adverbiale findet sich bei Pittner (1999). Die Unterscheidung verschiedener Arten von Prädikativen behandeln Helbig (1984) und Pütz (1988). Zu Attributen s. Lauterbach (1993).

4 Verben: Valenz, Argumentstruktur

Was in diesem Kapitel behandelt wird:
- Valenz: valenzgebundene vs. freie Satzglieder (Ergänzung vs. Angabe)
- Tests zur Unterscheidung von Ergänzungen und Angaben
- Ebenen der Valenz: logische, semantische, morphosyntaktische Valenz
- Valenzgebundene vs. freie Dative

4.1 Verben und ihre Ergänzungen

Bislang haben wir festgestellt, dass in einem Satz Subjekt, Objekte, Adverbiale usw. auftreten können. Woran liegt es jedoch, dass in einem Satz ein Objekt auftreten muss oder kann, in einem anderen dagegen nicht? Offensichtlich spielt das Verb hier eine zentrale Rolle.

Vollverben und Kopulaverben erfordern das Auftreten von bestimmten Satzgliedern. Diese Eigenschaft von Verben wurde von einem Linguisten namens Tesnière (1959) in Anlehnung an die Bindungsfähigkeit chemischer Elemente als **Valenz** bezeichnet. Ein Verb eröffnet Leerstellen für bestimmte Satzglieder.

Tesnière bemüht eine Metapher, um sein Konzept der Valenz zu verdeutlichen. Er vergleicht den in einem Satz beschriebenen Sachverhalt mit einer auf der Bühne dargestellten Szene eines Dramas. An dieser Szene sind bestimmte Schauspieler beteiligt, die innerhalb dieser Szene eine bestimmte Rolle übernehmen. Diesen Schauspielern entsprechen in einem Satz die Ergänzungen, die wegen ihrer Beteiligung am Geschehen auch **Mitspieler** oder **Aktanten** genannt werden. Diese Szene wird durch „**circonstants**", die quasi die Kulissen dieser Szene bilden, räumlich, zeitlich oder in anderer Hinsicht näher bestimmt. Die circonstants geben also die näheren Umstände des Geschehens an und werden daher auch als **Angaben** bezeichnet.

Die Satzglieder, die die Valenzstellen eines Verbs füllen, haben die Funktion von **Ergänzungen** (auch: **Komplemente**) des Verbs. Nach der Zahl der geforderten Ergänzungen kann man 1-, 2-, 3- und 4-wertige Verben unterscheiden.

1-wertige Verben: *schlafen, niesen, aufblühen*

| *Petra* | niest. |

| *Hans* | schläft. |

| *Die Blume* | blüht auf. |

2-wertige Verben: *trinken, lesen, beruhen*

| Er | trinkt | ein Glas Wein |

| Anna | liest | Gespensterromane |

| Sein Erfolg | beruht | auf harter Arbeit |

3-wertige Verben: *geben, sagen, stellen*

| Das Mädchen | gibt | dem Verkäufer | das Geld |

| Sie | sagte | ihm | nicht | die Wahrheit |

| Hans | stellt | das Bier | in den Kühlschrank |

4-wertige Verben: *bringen, liefern*

| Die Mutter | bringt | dem verwöhnten Jungen | das Frühstück | ans Bett |

| Die Firma | lieferte | dem Kunden | das Paket | ins Haus |

Neben der Zahl legen die Verben auch die Art der Ergänzungen fest, ob also die betreffende Ergänzung im Nominativ steht oder in einem anderen Kasus. Fast alle Verben erfordern eine Nominativergänzung (Subjekt), transitive Verben erfordern eine Akkusativergänzung (Akkusativobjekt) und eventuell weitere Ergänzungen, deren Zahl und Art vom Verb bestimmt wird.

Nach Tesnières Vorstellungen waren Subjekt und Objekte Aktanten, die alle in gleicher Weise vom Verb abhängig sind. Die traditionelle Sonderstellung des Subjekts war dabei aufgehoben. Er entwickelte die sog. Dependenzgrammatik, für die die Unterscheidung zwischen regierenden und davon abhängigen Elementen zentral ist. Das oberste Regens in einem Satz ist das Verb, von dem alle anderen Elemente abhängen. Artikel, Adjektive etc. hängen wiederum von dem zugehörigen Substantiv ab.

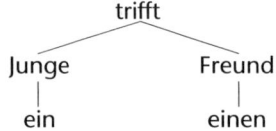

Abb.: Satzmodell der Dependenzgrammatik

Auf einem Satzmodell dieser Art baut z.B. die Grammatik von Engel (1990) auf. Der Begriff der Valenz und die zentrale Unterscheidung zwischen Elementen, die Leerstellen füllen und solchen, die (relativ) frei hinzugefügt werden können, wird aber, wenn auch in modifizierter Form und teilweise unter anderen Bezeichnungen, von den meisten Grammatikmodellen berücksichtigt.

Es gibt eine Reihe von Bezeichnungen für Ergänzungen und Angaben: So werden die Ergänzungen auch Komplemente, Aktanten, Mitspieler oder Valenzpartner genannt, die Angaben auch Adjunkte.

> Unter der Valenz eines Verbs versteht man die Leerstellen, die für eine bestimmte Zahl und Art von Ergänzungen (Aktanten, Komplementen) eröffnet werden.

4.2 Tests zur Unterscheidung von Ergänzungen und Angaben

Eine zentrale Frage der Valenztheorie ist, wie die Ergänzungen von den Angaben unterschieden werden können. Vorgeschlagen wurden u.a. der Weglasstest, die Umformungsmöglichkeit von Angaben in einen separaten Satz sowie der Nachtragstest.

4.2.1 Weglasstest

Zunächst einmal ist Tesnière davon ausgegangen, dass die Ergänzungen realisiert sein müssen, also nicht weggelassen werden können, ohne dass ein Satz ungrammatisch wird. Diese Auffassung hat sich jedoch als nicht haltbar erwiesen, da es auch fakultative Ergänzungen gibt, die in bestimmten Kontexten weglassbar sind. Damit kann der Weglasstest also kein Kriterium der Abgrenzung von Ergänzungen und Angaben sein, sondern kann allenfalls zur Ermittlung der obligatorischen Ergänzungen dienen: Lässt man obligatorische Ergänzungen weg, so entsteht ein ungrammatischer Satz:

(1)   a. *Hans beantwortet.
       b. *Eva stellt eine Vase.

Beim Weglasstest ist darauf zu achten, dass das Verb seine Bedeutung nicht ändern darf:

(2)   a. Hans steht (auf schnelle Wagen).
       b. Eva verspricht sich (ein gutes Ergebnis).

Hier ändert das Verb bei Weglassung der eingeklammerten Konstituente seine Bedeutung.

> Ein Satzglied, das sich nicht weglassen lässt, ohne dass der Satz ungrammatisch wird oder das Verb seine Bedeutung verändert, ist eine obligatorische Ergänzung.

Fakultative Ergänzungen sind unter bestimmten Bedingungen weglassbar. Die fehlenden Ergänzungen werden dann entweder automatisch mitverstanden (z.B. *wer gibt (den Spielern Karten)?*), oder es handelt sich um die Auslassung einer unbestimmten Ergänzung (*Frau Müller putzt (irgendetwas)*), oder aber die Ergänzung kann aus dem sprachlichen oder situativen Kontext ergänzt werden (*Paul hat (uns) (einen Brief) geschrieben*).

Die Weglassbarkeit ist jedoch ein stark kontextabhängiges, graduelles Phänomen, wie Helbig (1982) feststellt. Helbig demonstriert dies mit Hilfe dreier verschiedener Weglasstests. In dem ersten Test wird die Weglassbarkeit in einem einfachen Aussagesatz geprüft.

(3)   a. Er isst.
      b. *Er sieht.
      c. *Er wohnt.
      d. *Er versieht.
      e. *Er verwöhnt.

Meist sind auch bei obligatorischen Ergänzungen noch bestimmte Kontexte möglich, in denen die Ergänzung fehlen kann. Zu solchen Kontexten gehören z.B. Sätze mit Modalverben oder Kontrastierung: Im zweiten Test wird die Weglassbarkeit eines Aktanten getestet bei Veränderung der Bedeutung „von einem aktuellen in ein potentielles Geschehen" (*kann X Verb?*), d.h. es geht um die prinzipielle Fähigkeit, eine bestimmte Tätigkeit auszuführen.

(4)   a. Kann er essen?
      b. Kann er sehen?
      c. *Kann er wohnen?
      d. *Kann er versehen?
      e. *Kann er verwöhnen?

Im dritten Test wird die Weglassbarkeit eines Aktanten bei Kontrastierung getestet:

(5)   a. Er isst nicht, sondern er trinkt.
      b. Er sieht nicht, sondern er hört (nur).
      c. Er wohnt nicht, sondern er haust.
      d. *Er versieht nicht, sondern er befreit.
      e. Er verwöhnt nicht, sondern er wird verwöhnt.

Wie diese Tests zeigen, spielt für die Weglassbarkeit häufig der unmittelbare sprachliche Kontext, in dem ein bestimmtes Verb auftritt, eine wichtige Rolle. Helbig unterscheidet daher absolut-obligatorische Aktanten (die in allen genannten Kontexten auftreten müssen) von relativ-obligatorischen Aktanten, die in einigen der untersuchten Kontexte nicht auftreten müssen.

Schwierig ist die Abgrenzung der fakultativen Ergänzungen von den Angaben, die frei hinzugefügt werden können. Während fakultative Ergänzungen eine Leerstelle eines Verbs füllen, sind Angaben von bestimmten Verben völlig unabhängig und können daher im Prinzip zu jedem beliebigen Satz hinzugefügt werden. Allerdings können die Adverbiale nicht so pauschal als Angaben klassifiziert werden, wie Tesnière es sich vorstellte, da es durchaus auch Adverbiale gibt, die von Verben gefordert werden. Der Satz

(6)   Er hat den Fernseher aus dem Fenster geworfen.

würde als ungrammatisch oder zumindest sehr unvollständig empfunden werden, wenn das Direktionaladverbial fehlen würde. Es gibt also **valenzgebundene Adverbiale**, die den Status von Ergänzungen haben.

| Subjekt und Objekte sind immer Ergänzungen, Adverbiale können Ergänzungen oder Angaben sein.

Ein Verb kann also Valenzstellen für Subjekt, Objekte und valenzgebundene Adverbiale eröffnen. Direktionaladverbiale sind dabei stets valenzgebunden, sie haben nie den Charakter einer freien Angabe, da sie nicht zu beliebigen Verben hinzugefügt werden können.

Anders verhält es sich dagegen bei Lokaladverbialen und Modaladverbialen: Sie können sowohl valenzgebunden sein als auch freie Angaben. Als valenzgebunden gelten z.B. die Adverbiale in den folgenden Beispielen:

(7)   a. Er benimmt sich <u>wie ein Idiot</u>.
       b. Der Pullover sieht <u>gut</u> aus.
       c. Der Affe sitzt <u>auf dem Baum</u>.
       d. Sie wohnt <u>in München</u>.

Wie unterscheidet man in diesen Fällen zwischen valenzgebundenen und frei hinzugefügten Adverbialen? Das Kriterium der formalen Spezifizität kann hier nicht angewendet werden. Im Wesentlichen rekurriert man hier auf die Intuition, ob das Adverbial von der logischen Struktur des Verbs her erforderlich ist oder nicht, also auf den Grad seiner Beteiligung an der vom Verb bezeichneten Relation. So ist *wohnen* z.B. ein Verb, das eine Relation zwischen einer Person und einem Ort herstellt. Hier ist das Lokaladverbial also valenzgebunden. Dagegen bezeichnet das Verb *spielen* keine Relation, an der ein Ort zentral beteiligt ist, weswegen ein Lokaladverbial bei diesem Verb eine freie Angabe ist.

(8)   a. Sie wohnt <u>in München</u>. (adverbiale Ergänzung)
       b. Die Kinder spielen <u>im Hof</u>. (adverbiale Angabe)

Ergänzung (Komplement, Argument)			**Angabe (Adjunkt)**
valenzgebunden			frei
obligatorisch	obligatorisch oder fakultativ		fakultativ
Subjekt	Objekte		Adverbiale
vom Verb regiert		nicht vom Verb regiert	

Tabelle: Ergänzung vs. Angabe und die Satzgliedfunktionen

Wie wir gesehen haben, ist der Begriff „Adverbial" nicht mit freier Angabe gleichzusetzen, da Adverbiale auch Ergänzungen sein können. Was alle Adverbiale jedoch gemeinsam haben und was sie von den Objekten unterscheidet, ist, dass sie in ihrer Realisierungsform nicht durch das Verb festgelegt werden, d.h. nicht vom Verb regiert sind.

4.2.2 Umformung in einen separaten Satz

Als Testmöglichkeit zur Abgrenzung der Angaben von fakultativen Ergänzungen wurde von Helbig (1982) vorgeschlagen, dass freie Angaben stets in einem separaten Satz angefügt werden können, z.B.:

(9)   Die Kinder spielen (im Garten)/ und das geschieht im Garten.
(10) Paul wohnt in Berlin/*und das geschah in Berlin.

Dabei hält Helbig es nicht für entscheidend, in was für eine Art von Satz eine freie Angabe umgeformt werden kann, sondern dass dies überhaupt möglich ist. Dieser Test wirft jedoch einige Probleme auf, da Angaben nicht immer in einen separaten Satz umgeformt werden können und diese Sätze häufig nicht besser klingen, als wenn eine zweifelsfreie Ergänzung in einen separaten Satz umgeformt wird.

(11) Hans schrie lauthals. /?? und das geschieht lauthals.

4.2.3 Nachtragstest

Ein weiterer Test, der zur Abgrenzung zwischen fakultativen Ergänzungen und Angaben vorgeschlagen wurde, ist der sog. „Nachtragstest", bei dem mit *und zwar* die fragliche Konstituente nachgestellt wird. Auch dieser Test kann die gewünschte Abgrenzung nicht leisten, da für viele Sprecher/innen auch Sätze wie (12c) akzeptabel sind, in denen eine fakultative Ergänzung als Nachtrag steht.

(12) a. Die Kinder spielen, und zwar im Garten. (freie Angabe)
      b. *Hans wohnt, und zwar unter der Brücke. (obligatorische Ergänzung)
      c. Anna isst, und zwar Bananen. (fakultative Ergänzung)
      d. *Eva beantwortet, und zwar den Brief. (obligatorische Ergänzung)

Diese Beispiele zeigen, dass mit diesem Test letztlich obligatorische Ergänzungen herausgefunden werden, nicht aber fakultative Ergänzungen von freien Angaben unterschieden werden können.

Das Fazit ist, dass es kein brauchbares Unterscheidungskriterium zur Unterscheidung der fakultativen Ergänzungen von Angaben gibt. Wie schon erwähnt, muss gerade im Bereich der Adverbiale für die Unterscheidung zwischen Ergänzung und Angabe auf die logische Struktur des Verbs rekurriert werden, d.h. auf die Intuition darüber, ob das betreffende Adverbial an der Relation zentral beteiligt ist oder nicht.

Folgende Übersicht fasst die bisher gewonnenen Ergebnisse zusammen.

Ergänzungen Komplemente		Angaben Adjunkte
verbspezifisch/vom Verb selegiert: können nicht bei jedem Verb auftreten		frei hinzufügbar: können im Prinzip bei jedem Verb auftreten
obligatorisch	fakultativ	
nicht weglassbar, ohne dass der Satz ungrammatisch wird	unter bestimmten Bedingungen weglassbar – mitverstanden – unbestimmt – kontextuell gegeben	vorgeschlagene Tests zur Abgrenzung von fakultativen Ergänzungen: Umformung in einen extra Satz möglich Nachtrag mit *und zwar* möglich

Tabelle: Testmöglichkeiten zur Unterscheidung von Ergänzungen und Angaben

Obwohl also zahlreiche Abgrenzungsschwierigkeiten bestehen, ist man sich weitgehend einig, dass das Konzept der Valenz ein nützliches ist. Neben der syntaktischen Valenz, die die Zahl und Art der syntaktisch besetzbaren Leerstellen umfasst, hat Valenz auch eine semantische und logische Seite. Mit diesen Ebenen der Valenz beschäftigen wir uns im nächsten Abschnitt.

4.3 Ebenen der Valenz

Valenz ist ein vielschichtiges Phänomen, das auf verschiedenen Ebenen stattfindet. Helbig (1982) unterscheidet zwischen logischer, semantischer und morphosyntaktischer Valenz. Jacobs (1994) argumentiert, dass es sich bei der Valenz überhaupt nicht um eine Relation, sondern ein ganzes Bündel von Relationen handelt, die nicht immer alle zusammen auftreten müssen.

Wir folgen zunächst einmal Helbigs Unterscheidung der verschiedenen Ebenen der Valenz.

4.3.1 Logische Valenz

Die Zahl der Ergänzungen ist durch das logische Prädikat vorgegeben, das ein Verb ausdrückt. So bezeichnet zum Beispiel *essen* aufgrund seiner logischen Struktur eine zweistellige Relation, d.h. dem Verb liegt ein Prädikat zugrunde, das zwei Argumente erfordert. Helbig spricht hier von der „**logischen Valenz**", Jacobs von der „Argumenthaftigkeit" der Ergänzungen.

Im Rahmen der Prädikatenlogik lassen sich Sachverhalte als logische Prädikate mit einer bestimmten Anzahl von Argumenten darstellen, die die Leerstellen der Prädikate füllen. Die Prädikate werden dabei meist groß geschrieben, Variablen für die Argumente sind Kleinbuchstaben in Klammern. Eine Darstellung eines zweistelligen Prädikats sieht wie folgt aus: P (x, y). Verben sind in gewisser Weise die natürlichsprachlichen Gegenstücke dieser logischen Prädikate, ihre Ergänzungen werden daher häufig auch als **Argumente** bezeichnet.

(13) NIES (x)
      ESS (x, y)
      MITTEIL (x, y, z)

Nicht alle von der logischen Valenz vorgesehenen Elemente können syntaktisch realisiert werden. Einige Verben lassen es nicht zu, dass ein bestimmter Beteiligter sprachlich realisiert wird:

(14) Peter schlug zu.

4.3.2 Semantische Valenz

Unter semantischer Valenz wird im Allgemeinen verstanden, dass ein Verb nicht nur eine bestimmte Anzahl von Leerstellen bereitstellt, sondern seinen Mitspielern auch ganz bestimmte semantische Rollen (häufig auch „thematische Rollen" genannt) zuweist. Bei einem Verb wie *essen* z.B. ist die Art der Beteiligung der beiden Mitspieler am Geschehen deutlich verschieden. Das Subjekt referiert auf den aktiven Mitspieler, den Handelnden (oder „Agens"), während das Akkusativobjekt den passiven Mitspieler bezeichnet, der das Objekt der Handlung ist (= „Patiens"). Diese semantischen Rollen wurden in neuerer Zeit vor allem wieder in Fillmores Kasusgrammatik (z.B. Fillmore 1968, 1971) propagiert. Allerdings ist es unklar geblieben, wie diese Rollen zu definieren sind. Daher besteht auch wenig Einigkeit über Zahl und Art dieser semantischen bzw. thematischen Rollen. Hier sollen daher nur einige gebräuchliche Rollen aufgezählt werden, um einen Eindruck von diesen zu vermitteln, ohne jeden Anspruch auf Vollständigkeit oder sichere theoretische Fundierung (die bis jetzt noch aussteht). Jacobs (1994) spricht von Beteiligtheit als einer der „Begleiterbindungsbeziehungen". Zu diesen Rollen der Beteiligten gehören:

Agens: Handelnder, Verursacher eines Geschehens
Hans liest.
Eva arbeitet zu viel.

Patiens/Thema: direkt vom Geschehen betroffener Mitspieler, der oft eine Zustands- oder Ortsveränderung durchmacht
Peter öffnet die Tür.
Karla näht ein Kleid.

Rezipient: Empfänger
Eva schickt <u>dem Otto</u> eine Mail.
Peter schenkte <u>seiner Freundin</u> ein Auto.

Experiencer: Träger eines mentalen oder emotionalen Prozesses
<u>Eva</u> hasst Spinnen.
<u>Dem Theaterbesucher</u> gefällt die Aufführung.

Stimulus: Auslöser eines solchen Prozesses (häufig unter Thema subsumiert)
<u>Klatschgeschichten</u> interessieren Katrin.
Den Zuschauern gefiel <u>die Aufführung</u>.

Bei anderen Rollen wie etwa dem Instrument oder dem Benefaktiv ist es weniger eindeutig, ob es sich hier um Beteiligtenrollen handelt:

Instrument: Mittel, das zu einem Zweck eingesetzt wird
Suppe isst man <u>mit dem Löffel</u>.

Benefaktiv: Nutznießer einer Handlung
Sie öffnet <u>ihm</u> die Tür.

Neben diesen thematischen Rollen gehören noch ganz bestimmte semantische Beschränkungen zur semantischen Valenz, die das Verb für seine einzelnen Mitspieler festlegt. Sätze wie z.B. *der Stein denkt* sind zwar nicht ungrammatisch, aber doch irgendwie semantisch abweichend, wir finden sie – normale Verhältnisse vorausgesetzt – zumindest ungewöhnlich. Das liegt daran, dass *denken* ein Subjekt mit dem Merkmal [+belebt] erfordert, *Stein* jedoch das Merkmal [–belebt] aufweist. Hier könnte man allerdings argumentieren, dass *denken* ein Experiencer-Subjekt erfordert und Experiencer eben per definitionem belebt sind. In anderen Fällen ist es jedoch weniger klar, dass diese Selektionsbeschränkungen bereits aus den thematischen Rollen folgen. Im Valenzwörterbuch von Helbig/Schenkel werden semantische Merkmale wie [+human], [+abstrakt] u.ä. zur Beschreibung der Verbvalenz eingesetzt. Jacobs spricht von „inhaltlicher Spezifizität" als einer der Begleiterbindungsbeziehungen.

4.3.3 Morphosyntaktische Valenz

Neben ihren logischen und semantischen Aspekten hat Valenz auch eine **syntaktisch-morphologische Dimension**, nämlich die konkreten Realisierungsformen der Argumente in der syntaktischen Struktur. Das Verb legt für jede einzelne Ergänzung fest, in welchen Formen sie auftreten kann, d.h. ihre Realisierung durch Ausdrücke von bestimmten syntaktischen Kategorien. Jacobs spricht von „formaler Spezifizität" und weist darauf hin, dass es sich dabei um die Relation handelt, die traditionell Rektion genannt wird, also in diesem Fall die Kasus der Ergänzungen, darüber hinaus die Präpositionen der

Präpositionalobjekte. Außerdem ist hier die Realisierungsform der Komplementsätze zu nennen.

Eine vollständige Beschreibung der Verbvalenz umfasst also die Zahl der Leerstellen, die Möglichkeiten ihrer syntaktischen Realisierung, die Art der Beteiligtheit der einzelnen Mitspieler (thematische Rollen) und mögliche Selektionsbeschränkungen.

Zur Beschreibung der syntaktischen Valenz gehört die Wertigkeit (Zahl der Leerstellen), wobei zur Wertigkeit meist auch fakultative Ergänzungen hinzugerechnet werden. Daneben stellt sich die Frage, durch welche syntaktischen Kategorien die Leerstellen besetzt sein können.

Beispiel: *essen* (2-wertig)
Petra isst eine Vorspeise.

Thematische Rollen	Agens	(Patiens)
Realisierungsform	Nominativ-NP	(Akkusativ-NP)
Syntaktische Funktion	Subjekt	(Akkusativobjekt)

Die fakultative Ergänzung ist hier durch Einklammerung gekennzeichnet.

Ergänzungen können auch als Satz realisiert sein. Diese Sätze füllen eine Valenzstelle des Verbs, heißen daher **Komplementsätze** (oder Ergänzungssätze). Am häufigsten treten **Subjektsätze** und **Objektsätze** auf.

(15) a. Dass Hans nicht kommt, beunruhigt Anna. (Subjektsatz)
      b. Wir bedauern alle, dass es ständig regnet. (Akkusativobjektsatz)
      c. Wir warten (darauf), dass sie wieder geht. (Präpositionalobjektsatz)
      d. Sie waren sich (dessen) bewusst, selbst schuld an der Misere zu sein. (Genitivobjektsatz)

Die Funktion dieser Komplementsätze kann ausgehend von der Valenz des Verbs im übergeordneten Satz identifiziert werden. Die Komplementsätze können in der Regel durch eine entsprechende NP oder PP ersetzt werden und sind wie diese ihrer Funktion entsprechend pronominalisierbar und erfragbar.

Ob eine bestimmte Leerstelle durch einen Satz gefüllt werden kann, und welcher Art dieser Satz sein muss, wird durch die Valenz des Verbs bestimmt. Nicht jedes beliebige Verb lässt z.B. einen Subjektsatz zu.

(16) a. Otto stört Anna.
      b. Dass Otto singt, stört Anna.

(17) a. Otto isst Bananen.
      b. *Dass Otto singt, isst Bananen.

Ein Verb legt fest, welche seiner Leerstellen durch einen Satz gefüllt werden kann und welcher Art dieser Satz sein muss.

Beispiel: *stören* (2-wertig)
Der Gesang von Hans stört Anna.
Dass Hans singt, stört Anna.

Thematische Rollen	Stimulus	(Patiens/Experiencer)
Realisierungsform	Nominativ-NP *dass*-Satz	(Akkusativ-NP)
Syntaktische Funktion	Subjekt	(Akkusativobjekt)

Beispiel: *bedauern* (2-wertig)
Er bedauert seinen Fehler.
Er bedauert es, dass er einen Fehler gemacht hat.
Er bedauert es, einen Fehler gemacht zu haben.

Thematische Rollen	Experiencer	Stimulus
Realisierungsform	Nominativ-NP	Akkusativ-NP *dass*-Satz *zu*-Infinitivphrase
Syntaktische Funktion	Subjekt	Akkusativobjekt

Beispiel: *zutreffen* (1-wertig)
Sherlock Holmes' Vermutung trifft zu.
Dass der Verdächtigte unschuldig ist, trifft zu.

Thematische Rollen	Patiens
Realisierungsform	Nominativ-NP *dass*-Satz
Syntaktische Funktion	Subjekt

Die wichtigsten Realisierungsformen der Komplementsätze sind:

- *dass*-Sätze: *Sie fürchten, dass die Schwiegermutter zu Besuch kommt.*
- abhängige Fragesätze (durch *ob* oder *w*-Fragewörter eingeleitet): *Ich frage mich, ob/wann er kommt.*
- abhängige Verbzweitsätze: *Sie meinte, er sei zuhause.*
- satzwertige *zu*-Infinitivphrasen: *Sie versprach, bald zu kommen.*

Die Beschreibung der syntaktischen Valenz umfasst also die Zahl der von einem Verb bereitgestellten Leerstellen und die Möglichkeiten, diese mit bestimmten syntaktischen Kategorien zu besetzen.

Wenn wir das Verhältnis zwischen der logisch-semantischen Valenz und der morphosyntaktischen Valenz betrachten, so zeigt sich, dass hier kein 1:1-Verhältnis zwischen von der logischen Struktur geforderten Argumenten und den syntaktisch realisierten Ergänzungen der Verben besteht. Zum einen ist es so, dass vom Verb geforderte Ergänzungen nicht explizit ausgedrückt werden müssen. Daher ist eine Unterscheidung zwischen obligatorischen und fakultativen Ergänzungen gemacht und auch ausführlich diskutiert worden. Zum anderen lassen es einige Verben gar nicht zu, dass bestimmte Argumente des entsprechenden logischen Prädikats realisiert werden. Wenn wir z.B. das Verb *lügen* in dieser Hinsicht untersuchen, so ist es logisch-semantisch eigentlich dreiwertig: Beteiligt ist jemand, der die Unwahrheit sagt (Agens), der Adressat der unwahren Behauptung sowie der Inhalt der unwahren Behauptung. Bei diesem Verb ist es jedoch so, dass der Adressat der Lüge gar nicht realisiert werden kann.

(18)   Hans log(*ihm/*an ihn), dass er mit der Sache nichts zu tun habe.

Verben präsentieren einen Sachverhalt jeweils aus einer bestimmten Perspektive. Sie legen fest, welche an der Situation Beteiligten als obligatorische oder fakultative Ergänzung auftreten und welche nicht auftreten können. Im Fall von *lügen* haben wir die davon abgeleiteten Verben *anlügen* und *belügen* zur Verfügung, bei denen der Adressat der Lüge als obligatorische Ergänzung auftritt und somit eine zentrale Rolle spielt.

4.4 Valenzgebunden oder nicht? Dativobjekt vs. freier Dativ

In Kapitel 3 wurden die syntaktischen Funktionen behandelt und in diesem Zusammenhang auch das Dativobjekt besprochen. Das **Dativobjekt** ist im Stellenplan des Verbs festgelegt, wird also von der Valenz des Verbs gefordert. Kategorial realisiert ist das Dativobjekt i.d.R. durch eine NP im Dativ. Als **freier Dativ** wird die Funktion einer ebenfalls dativisch markierten NP bezeichnet, die aber im Gegensatz zum Dativobjekt nicht valenzgebunden ist. Die beiden folgenden Beispiele sollen den Unterschied zwischen Dativobjekt und freiem Dativ kurz illustrieren:

(19)   a. Er widmet **ihr** das Buch. (Dativobjekt)
       b. Er tanzt **ihr** zu schlecht. (Freier Dativ)

Das Verb *widmen* vergibt drei thematische Rollen, ein Agens, ein Patiens und einen Rezipienten. *Widmen* ist also ein dreistelliges Verb. Das Agens wird auf das Subjekt abgebildet, das Patiens auf das Akkusativobjekt und der Rezipient auf das Dativobjekt.

Das Verb *tanzen* hingegen ist einwertig. Es verlangt nur ein Agens – ein Subjekt. Die Dativ-NP in (19b) ist also nicht im Stellenplan des Verbs *tanzen* verankert. Der Dativ wird demzufolge nicht vom Verb regiert. Es handelt sich um einen so genannten freien Dativ.

Es gibt auch akkusativisch und genitivisch markierte NPs, die nicht als Objekte fungieren, z.B.

(20) a. Eines Tages entkam er.
      b. Er schläft den ganzen Tag.

Die Genitiv- bzw. Akkusativ-NP kann nicht durch ein Pronomen erfragt werden, sondern nur mit *wann?* bzw. *wie lange?*. Sie haben daher keinen Objektstatus, sondern werden in der Literatur übereinstimmend als Adverbial, nämlich als Temporaladverbial, analysiert. Die Bezeichnung ‚freier Dativ' lässt jedoch die Frage offen, um welche syntaktische Funktion es sich eigentlich handelt. Mit ‚frei' wird die Eigenschaft bezeichnet, dass die NP nicht valenzgebunden ist. Im Folgenden soll untersucht werden, ob freie Dative als nicht valenzgebundene Adverbiale (so z.B. die Einordnung in Flämig 1991: 153ff.) oder als Objekte einzustufen sind oder ob sie eine eigenständige Klasse bilden.

In der Literatur wird häufig zwischen fünf verschiedenen (semantisch motivierten) freien Dativen unterschieden:

- dativus commodi (bezeichnet eine Person, zu deren Gunsten etwas geschieht), z.B. *Sie bügelt mir die Wäsche.*
- dativus incommodi (bezeichnet eine Person, zu deren Ungunsten etwas geschieht), z.B. *Die Farbe ist ihr umgekippt.*
- dativus possessivus (Pertinenzdativ – bezeichnet ein Besitzverhältnis), z.B. *Sie schminkt ihm das Gesicht.*
- dativus iudicantis (bezeichnet einen Beurteiler), z.B. *Sie trinkt ihm zu viel.*
- dativus ethicus (bezeichnet eine persönliche Stellungnahme), z.B. *Fall mir ja nicht hin!*, *Du bist mir ja ein schöner Freund!*

Anhand einiger Tests soll nun als Erstes untersucht werden, inwiefern das Verhalten der freien Dative gegen die Einordung als Objekt spricht. Folgende Tests sollen angewandt werden:

Vorfeldtest: Kann die Dativ-NP im Vorfeld auftreten? Dies geht einher mit der Frage, ob der freie Dativ ein Satzglied ist. Objekte haben Satzgliedstatus. Kann die Dativ-NP nicht im Vorfeld auftreten, kann sie auch kein Objekt sein.

Erfragbarkeit: Ist die Dativ-NP durch das Fragepronomen *wem* erfragbar? Adverbiale sind nicht durch Pronomen erfragbar (vgl. **Was schläft er? Den ganzen Tag.*). Die Erfragbarkeit durch *wem* deutet auf ein Dativobjekt hin.

Weglasstest: Ist die Dativ-NP optional? Optionalität spricht an und für sich weder für noch gegen Objektstatus. Auch viele Dativobjekte sind optional. Daher genauer: Wenn die Dativ-NP nicht optional ist, wodurch ist ihr Auftreten bedingt?

Kategoriale Realisierung: Gibt es Beschränkungen bezüglich der kategorialen Besetzung? Gibt es Einschränkungen bezüglich Person und Numerus? Einschränkungen solcher Art sprechen gegen Dativobjekt, da Dativobjekte durch eine beliebige NP (eingeschränkt nur durch semantische Selektionsbedingungen, wie z.B. +/– belebt) realisiert werden können.

Zusätzliches Dativobjekt: Kann gleichzeitig ein Dativobjekt auftreten? In diesem Fall müssen die beiden Dativ-NPs unterschiedliche syntaktische Funktionen ausüben. Kann also ein Dativobjekt hinzutreten, so kann es sich beim ,freien Dativ' nicht auch um ein Dativobjekt handeln.

Passiv: Kann die Dativ-NP zum Subjekt des Rezipientenpassivs werden? Ist dies der Fall, so muss es sich um ein Objekt handeln. Denn nur Objekte können zum Subjekt eines Passivsatzes werden.

Im Folgenden soll nun das Verhalten der einzelnen Typen der freien Dative bezüglich dieser Tests untersucht werden:

Vorfeldtest
Commodi: Mir bügelt sie die Wäsche.
Incommodi: Ihr ist die Farbe umgekippt.
Possessivus: Ihm schminkt sie das Gesicht.
Iudicantis: Ihm trinkt sie zu viel.
Ethicus: *Mir bist du ja ein schöner Freund!

Weglasstest
Commodi: Sie bügelt die Wäsche.
Incommodi: Die Farbe ist umgekippt.
Possessivus: Sie schminkt das Gesicht.
Iudicantis: Sie trinkt zu viel.
Ethicus: Du bist ja ein schöner Freund!

Erfragbarkeit
Commodi: Wem bügelt sie die Wäsche? – Mir.
Incommodi: Wem ist die Farbe umgekippt? – Ihr.
Possessivus: Wem schminkt sie das Gesicht? – Ihm.
Iudicantis: Wem trinkt sie zu viel? – Ihm.
Ethicus: *Wem bist du ja ein schöner Freund? – Mir.

Kategoriale Realisierung
Commodi: Sie bügelt mir/dem Vater die Wäsche.
Incommodi: Die Farbe ist ihr/dem Vater umgekippt.
Possessivus: Sie schminkt ihm/dem Vater das Gesicht.

Iudicantis: Sie trinkt ihm/dem Vater zu viel.
Ethicus: Du bist mir/*dem Vater ja ein schöner Freund!

Zusätzliches Dativobjekt
Commodi: *Ich habe dir ihm geholfen.
Incommodi: *Er hat dir dem Peter das Passwort verraten.
Possessivus: *Ich habe ihm dem Friseur die Haare geschnitten.
Iudicantis: Du hilfst mir dem Vater zu wenig.
Ethicus: Hilf mir ja dem Vater beim Rauftragen.

Subjekt beim Rezipientenpassiv
Commodi: Ich bekomme die Wäsche gebügelt.
Incommodi: Er bekommt die Vergünstigungen gestrichen.
Possessivus: Der Vater bekommt das Gesicht geschminkt.
Iudicantis: *Er bekommt zu viel getrunken.
Ethicus: *Ich bekomme hingefallen.

Tests	Commodi	Incommodi	Possessivus	Iudicantis	Ethicus
Vorfeldfähig	+	+	+	+	−
Weglassbar	+	+	+	+	+
Erfragbar	+	+	+	+	−
Kategorial restringiert	−	−	−	−	+
Zusätzliches Dativobjekt	−	−	−	+	+
Subjekt beim Rezipientenpassiv	+	+	+	−	−

Interessanterweise verhalten sich der **dativus commodi, incommodi** und **possessivus** bezüglich dieser Tests wie Dativobjekte. Sie sind vorfeldfähig, erfragbar und können durch beliebige semantisch kompatible Dativ-NPs realisiert werden. Die Tatsache, dass sie Subjekt des Rezipientenpassivs sein können und dass sie nicht zusammen mit einem weiteren Dativobjekt auftreten können, sind wichtige Hinweise auf ihren Objektstatus (siehe auch Eisenberg 2006 und Wegener 1985a zu dieser Klassifikation). Der dativus commodi, incommodi und possessivus sind somit valenzgebundene Mitspieler, die im Stellenplan des jeweiligen Verbs verankert sind. Ein Verb wie *bügeln* hat folgende Argumentstruktur:

(21) bügeln <Agens, Benefaktiv, Patiens>

Helbig/Buscha (2005:264) führen an, dass der **Commodi** mit einer *für*-Phrase paraphrasiert werden kann.

(22) a. Er kehrt ihr/für sie den Boden.
       b. Er kauft ihr/für sie einen Staubsauger.

Bemerkenswert ist in diesem Zusammenhang, dass Sätze mit einer Dativ-NP manchmal zwei Lesarten haben können, vgl.:

(23) Sie schreibt ihm einen Brief.

Ihm kann als *an ihn* oder als *für ihn* verstanden werden. In beiden Fällen kann die Dativ-NP durch eine PP paraphrasiert werden. In Helbig/Buscha (2001:264) wird *ihm* in der Lesart *an ihn* als Dativobjekt eingeordnet, in der Lesart *für ihn* als freier Dativ. Zwei verschiedene Lesarten lassen sich oft auch bei den anderen Beispielen beobachten. Ob dies jedoch als Hinweis gesehen werden kann, dass hier zwei verschiedene syntaktische Funktionen vorliegen, ist offen.

Eine Besonderheit des **Possessivus** ist, dass die Dativ-NP in ein Possessivpronomen bzw. ein Genitivattribut weitgehend bedeutungsgleich umgewandelt werden kann.

(24) a. Er wäscht sich die Hände.
       b. Er wäscht seine Hände.
       c. Er küsst dem Papst die Hände.
       d. Er küsst die Hände des Papstes.

Der **Iudicantis** und **Ethicus** haben dagegen Eigenschaften, die gegen die Einordnung als Objekt sprechen:
    Der **Iudicantis** ist ebenfalls vorfeldfähig, erfragbar und kategorial nicht restringiert. Gegen den Status eines Objekts spricht aber, dass der Iudicantis zusammen mit einem Dativobjekt auftreten kann und nicht zum Subjekt des Rezipientenpassivs werden kann. Interessant ist zudem, dass die dativisch markierte NP nur in Kombination mit einer Adjektiv- oder Adverbphrase stehen kann, die *genug* oder *zu* enthält:

(25) a. Er arbeitet mir zu schnell/zu oft.
       b. *Er arbeitet mir.
       c. Er arbeitet schnell/oft.
       d. *Er arbeitete mir schnell/oft.

Die Dativ-NP muss nicht adjazent zur Adjektiv-/Adverbphrase stehen und ist auch allein vorfeldfähig. Die Adjektiv- bzw. Adverbphrase und die Dativ-NP können nicht zusammen im Vorfeld auftreten. Es handelt sich also um zwei Satzglieder.

(26) a. *Mir zu schnell arbeitete er.
       b. Mir arbeitet er zu schnell.
       c. Zu schnell arbeitet er mir.

Semantisch kann der Iudicantis mit Ausdrücken wie *meines Erachtens* oder *meiner Meinung nach* in Verbindung gebracht werden und ist daher den Satzadverbialen ähnlich. Die Abhängigkeit der Dativ-NP von *zu* oder *genug* spricht jedoch gegen diese Analyse.

Der **Ethicus** ist nicht vorfeldfähig und nicht erfragbar, d.h. er ist kein Satzglied. Er ist kategorial restringiert. Er kann nämlich nur pronominal realisiert werden, und zwar i.d.R. nur in der ersten Person Singular:

(27) Du bist mir/?ihr ja ein schöner Freund!

Er kann nicht zum Subjekt des Rezipientenpassivs werden und er kann zusammen mit einem Dativobjekt auftreten. Dies alles zeigt, dass er nicht die Funktion eines Objekts ausübt. Von Thurmair (1989), Wegener (1989a) wurde vorgeschlagen, den Ethicus als Modalpartikel einzuordnen. Dafür spricht u.a., dass der Ethicus nicht im Vorfeld stehen kann (dies spricht z.B. auch gegen die Klassifikation als Adverbial) und dass er nur in bestimmten Satzmodi auftreten kann, insbesondere in Exklamativ-, Wunsch- und Aufforderungssätzen:

(28) a. Vergiss mir ja nicht einzukaufen! – Aufforderungssatz
      b. Wenn er mir nur einmal mitkommen würde! – Wunschsatz
      c. Du bist mir ja ein schöner Freund! – Exklamativsatz

> Die so genannten freien Dative bilden bezüglich der Frage, ob sie valenzgebunden sind oder nicht, keine einheitliche Klasse. Während der Commodi, der Incommodi und der Possessivus als Ergänzungen einzuordnen sind, hat der Iudicantis eher den Status einer Angabe. Der Ethicus kann jedoch weder als Ergänzung noch als Angabe bezeichnet werden.

4.5 Die Zuordnung von thematischen Rollen zu syntaktischen Funktionen

Obwohl die Frage, wie Ergänzungen von Angaben zu unterscheiden sind, noch immer nicht abschließend geklärt wurde, konzentriert sich die Diskussion seit einer Reihe von Jahren eher auf die Fragestellung, nach welchen Prinzipien die thematischen Rollen den syntaktischen Funktionen zugeordnet werden. In diesem Zusammenhang ist häufig von Argumentstruktur die Rede, womit die logisch-semantische Seite der Valenz und ihre morphosyntaktische Realisierung bezeichnet wird.

(29) *geben*:   Agens   Patiens   Rezipient

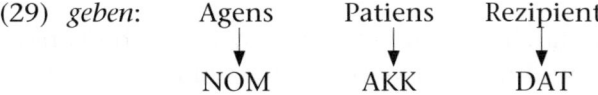

              NOM   AKK   DAT

Dass die Zuordnung nicht von Verb zu Verb idiosynkratisch festgelegt sein kann, ergibt sich schon aus einer einfachen Überlegung zum Spracherwerb.

Da die Kinder eine Zeitlang in rasantem Tempo neue Wörter und damit neue Verben erlernen, würde es den Erwerb erheblich erschweren, wenn für jedes Verb separat die Realisierungsformen der einzelnen Rollen gelernt werden müssten. Es gibt generell gültige Prinzipien, von denen im Folgenden einige wichtige erläutert werden sollen.

Zunächst einmal ist es ganz nützlich, einen Blick auf die Statistik zu werfen und zwar im Hinblick darauf, was die häufigsten Kasusmuster sind. Bei einstelligen Verben liegt mit wenigen Ausnahmen eine im Nominativ realisierte Ergänzung vor. Einstellige Verben mit einer Akkusativergänzung sind eher selten (z.B. *ihn friert*). Einstellige Verben mit einer Dativ- oder einer Genitivergänzung gibt es praktisch nicht (einige Adjektive können mit einer Dativergänzung auftreten wie *ihm ist kalt/warm/übel* u.ä.)

Bei den zweistelligen Verben sind Verben mit einer Nominativ- und einer Akkusativergänzung am häufigsten vertreten (ca. 4560 Verben), während Verben mit einer Nominativ- und einer Dativergänzung weitaus seltener auftreten (ca. 360 Verben), und die Zahl der Verben mit einer Nominativ- und einer Genitivergänzung verschwindend gering ist (14 Verben). Die denkbaren Kombinationen Dativ- und Akkusativergänzung und Dativ- und Genitivergänzung existieren bei zweistelligen Verben gar nicht. (Alle Zahlen nach der Auswertung eines Korpus von Mater, vgl. Primus 1999)

Bei den dreistelligen Verben überwiegt die Kombination Nominativ-, Akkusativ- und Dativergänzung, während Nominativ-Akkusativ-Genitiv nur in 26 Fällen auftritt. Vergleichsweise häufig ist auch das Muster Nominativ-, Akkusativ- und präpositionale Ergänzung.

Damit sind folgende Kasusmuster statistisch am häufigsten:

NOM
NOM – AKK
NOM – AKK – DAT
NOM – AKK – PRÄP

Es fällt zunächst auf, dass der Nominativ mit wenigen Ausnahmen bei allen Verben auftritt, und der Akkusativ bei einem Gros der zweistelligen Verben. Primus interpretiert diese Befunde dahingehend, dass es eine Hierarchie der syntaktischen Funktionen gibt, die mit einer entsprechenden Kasushierarchie korrespondiert:

(30) a. Subjekt > Akkusativobjekt > Dativobjekt > Präpositionalobjekt
      b. Nominativ > Akkusativ > Dativ > Präpositionalkasus

Das Subjekt ist in dieser Hierarchie die ranghöchste syntaktische Funktion. Sie ist in gewisser Weise zentral und am stärksten für syntaktische Prozesse zugänglich. Außerdem bezeichnet das Subjekt sehr häufig den Satzgegenstand, über den im Satz etwas ausgesagt wird. Auf diese Eigenschaft bezieht sich die klassische Einteilung des Satzes in Subjekt und Prädikat. Was den

Kasus des Subjekts betrifft, so handelt es sich bei dem Nominativ um einen unmarkierten Kasus, der im Deutschen und in anderen Sprachen sehr häufig nicht durch eine Endung gekennzeichnet wird, sondern mit der Grundform des Worts identisch ist. Eine zweite zentrale Position im Satz nimmt das Akkusativobjekt ein. Es kann durch Passivierung in die Subjektfunktion angehoben werden, was für das Dativobjekt nur sehr eingeschränkt gilt. Auch der Akkusativ ist ein relativ unmarkierter Kasus: es gibt nur wenige Kasusendungen im Deutschen, die den Akkusativ kennzeichnen.

Bei der Zuordnung der thematischen Rollen zu syntaktischen Funktionen werden bevorzugt die ranghöheren Funktionen gewählt und es ist eher selten, dass eine oder sogar zwei dabei übersprungen werden. Das Genitivobjekt, das im heutigen Deutsch eher einen Restbestand darstellt, dessen Überleben keineswegs gesichert ist, vernachlässigen wir hier.

Nun aber stellt sich die Frage, nach welchen Prinzipien die thematischen Rollen den syntaktischen Funktionen zugeordnet werden. Dabei wird häufig angenommen, dass nicht nur syntaktische Funktionen und Kasus, sondern auch die thematischen Rollen hierarchisch geordnet sind, etwa wie folgt:

(31) Agens > Patiens > Rezipient > ...

Wunderlich (1985) formuliert als Regularität, dass im Normalfall die ranghöchste thematische Rolle auf die ranghöchste syntaktische Funktion usf. abgebildet wird. Damit ergibt sich folgende Zuordnung:

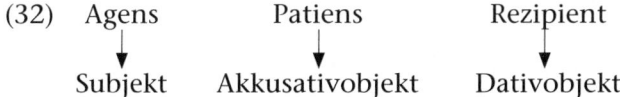

(32) Agens   Patiens   Rezipient

     Subjekt   Akkusativobjekt   Dativobjekt

Zunächst einmal ist festzuhalten, dass die Agensrolle praktisch ausnahmslos an die Subjektposition geknüpft ist (Umformungen wie Passiv und Infinitivsätze einmal beiseite gelassen). Der Umkehrschluss gilt jedoch nicht: nicht jedes Subjekt beinhaltet die Agensrolle. Eine ganze Reihe von einstelligen Verben vergeben die Patiensrolle, die in diesem Fall als Subjekt realisiert wird. Dies sind Verben wie *ankommen, zerbrechen, sterben* u.ä., die meist ergative Verben genannt werden. Die Bezeichnung „ergatives Verb" rührt daher, dass in Ergativsprachen nicht die Agensrolle, sondern die Patiensrolle in der ranghöchsten syntaktischen Funktion erscheint. Diese Verben weisen jedoch eine Reihe von Besonderheiten auf, durch die sie sich von anderen einstelligen Verben unterscheiden:

- Sie sind in der Regel nicht passivierbar.
  Es wurde angekommen/gestorben vs. *es wurde gearbeitet.*
- Außerdem können zu ihnen keine Ableitungen mit dem Nominalsuffix *-er* gebildet werden:
  *Ankommer/*Sterber* vs. *Arbeiter*

- Sie können im Gegensatz zu anderen einstelligen Verben als attributiv verwendete Partizipien II auftreten:
  die angekommenen Gäste, die gestorbenen Opfer vs. **der gearbeitete Mann*
- Bemerkenswert ist ferner, dass sie die Perfektformen nicht mit dem Hilfsverb *haben*, sondern mit *sein* bilden:
  sie sind angekommen vs. *sie haben gearbeitet*

Die Duden-Grammatik (1998:121) erkennt den Zusammenhang dieser Besonderheit der Perfektbildung mit der Semantik der Verben und formuliert ihn treffend: „Intransitive Verben [...], die eine Zustands- oder Ortsveränderung, einen neuen, erreichten Stand bezeichnen, bilden ihr Perfekt mit *sein*".

Die Zuordnung der Patiensrolle an die Subjektfunktion bringt also eine Reihe von Besonderheiten mit sich, die sich unserer Auffassung nach daraus ergeben, dass hier die im Normalfall an das Objekt zugewiesene thematische Rolle an das Subjekt zugewiesen wird.

Betrachten wir noch einmal die Zuordnung der Rollen bei zweistelligen Verben. Tritt bei zweistelligen Verben neben dem Agens die Rolle des Patiens auf, so wird sie stets als Akkusativobjekt realisiert. Das Dativobjekt, das vor allem bei dreistelligen Verben auftritt, bezeichnet dagegen in der Regel einen Rezipienten oder nach Wegener (1985) allgemein einen Betroffenen. Typischerweise hat das Dativobjekt einen belebten Referenten. Die dreistelligen Verben mit dem Muster NOM – AKK – DAT bezeichnen sehr häufig einen Transfer, entweder von materiellen Dingen oder von Informationen. Treten zweistellige Verben mit einem Dativobjekt auf, so liegt oft eine stärkere aktive Beteiligung des im Objekt genannten Mitspielers vor als bei zweistelligen Verben mit einem Akkusativobjekt (Primus 1999), etwa bei *sie widerspricht ihm, er folgt ihr, er hilft uns*, wo das Objekt nicht völlig passiv ist.

Die bisher betrachteten zweistelligen Verben mit einem Subjekt und einem Akkusativobjekt wiesen die Rollenkombination Agens und Patiens auf. Verben mit einer Agensrolle werden auch als „Handlungsverben" bezeichnet.

Interessant wird es aber nun, wenn man betrachtet, wie die Rollen Experiencer und Stimulus zu syntaktischen Funktionen zugeordnet werden. Diese Rollenkombination tritt bei den sog. psychologischen Verben auf, die mentale Zustände und Prozesse bezeichnen. Während bei den Handlungsverben das Agens stets zum Subjekt, das Patiens zum Objekt wird, ist die Zuordnung bei dieser Rollenkombination weitaus variabler. Es finden sich sowohl Verben, bei denen der Experiencer als Subjekt auftritt als auch Verben, bei denen der Stimulus als Subjekt auftritt.

(33) a. Experiencer$_{NOM}$ – Stimulus$_{AKK}$: *lieben, achten, hassen, verachten, anhimmeln, verabscheuen, bewundern, mögen, ...*
      b. Stimulus$_{NOM}$ – Experiencer$_{AKK}$: *beeindrucken, beängstigen, erschrecken, ängstigen, interessieren, langweilen, ermüden, aufregen, ...*

Bei einer Reihe von Verben erscheint der Stimulus als Subjekt und der Experiencer als Dativobjekt und hier gibt es auch die umgekehrte Zuordnung der Rollen zu syntaktischen Funktionen:

(34) a. Stimulus$_{NOM}$ – Experiencer$_{DAT}$: *gefallen, auffallen, imponieren, schmecken, widerstreben, behagen, missfallen, ...*
      b. Experiencer$_{NOM}$ – Stimulus$_{DAT}$: *zürnen, grollen, ...*

Einen Erklärungsansatz für die beobachtete Variabilität bei der Realisierung der Experiencerrolle bietet ein Prototypenkonzept für semantische Rollen von Dowty. Dowty (1991) fasst die semantischen Rollen als aus mehreren Merkmalen bestehende Cluster-Konzepte auf. Einzelne Argumente können mehr oder weniger dieser Merkmale aufweisen, wobei die protoyptischen Vertreter alle Eigenschaften aufweisen. Im Rahmen dieses Ansatzes kann Dowty sich auf die Rollen Proto-Agens und Proto-Patiens beschränken. Zu den Proto-Agens-Eigenschaften gehören die willentliche Beteiligung an einem Zustand oder einem Ereignis, eine Beteiligung durch Empfindung und/oder Wahrnehmung, dass der Mitspieler ein Ereignis oder eine Zustandsänderung eines anderen Mitspielers bedingt sowie dass er sich relativ zur Position eines anderen Mitspielers bewegt. Zu den Proto-Patiens-Eigenschaften gehört, dass der Mitspieler eine Zustandsveränderung durchmacht, dass an seinem Zustand der Fortschritt der Handlung oder des Vorgangs abgelesen werden kann, dass der Mitspieler von einem anderen ins Leben gerufen wird, und dass er stationär relativ zur Bewegung eines anderen Mitspielers ist.

Dowty formuliert hier nun folgendes Prinzip, das die Zuordnung von Argumenten zu syntaktischen Funktionen steuert:

(35) Bei Prädikaten mit einem grammatischen Subjekt und einem Objekt wird dasjenige Argument, das die größte Anzahl von Proto-Agens-Eigenschaften aufweist, als das Subjekt des Prädikats lexikalisiert; das Argument, das die größte Anzahl von Proto-Patiens-Implikationen aufweist, wird als direktes Objekt lexikalisiert.

Dazu existiert folgendes Korrolar:

(36) Wenn zwei Argumente einer Relation (in etwa) die gleiche Anzahl von implizierten Proto-Agens- und Proto-Patiens-Eigenschaften aufweisen, dann kann jedes davon oder beide als Subjekt lexikalisiert werden (Ähnliches gilt für Objekte). (Dowty 1991:576)

Verben mit einem klaren Agens und einem klaren Patiens-Argument sind dem von Dowty formulierten Prinzip für die Zuordnung von Argumenten zu syntaktischen Funktionen nach die eindeutigsten Kandidaten für eine Realisierung als Subjekt und direktes Objekt.

Bei der Zuweisung der Rollen von psychologischen Verben mit einem Experiencer- und einem Stimulus-Argument entsteht eine Art Pattsituation:

Zum einen liegt eine Agenseigenschaft des Experiencers vor, da dieser durch Empfindung oder Wahrnehmung an der Situation beteiligt ist. Zum anderen liegt jedoch auch eine Agenseigenschaft des Stimulus vor, da er eine Eigenschaft oder eine Zustandsveränderung eines anderen Mitspielers bedingt. Daraus ergibt sich, dass Experiencer und Stimulus eine gleich starke (insgesamt jedoch eher schwache) Tendenz haben, zum Subjekt zu werden.

Interessant in diesem Zusammenhang ist, dass die einstelligen Verben, die mit Akkusativergänzung realisiert werden, keine Agensrolle, sondern die Rolle des Experiencers vergeben (*Ihn friert/schwindelt* u.ä.). Die vom Standardfall der Nominativzuweisung an das Argument eines einstelligen Verbs abweichende Kasusmarkierung ist also semantisch bedingt.

Bei allen diesen Verben ist jedoch alternativ die Nominativzuweisung möglich:

(37) a. mich friert (es)   ich friere
      b. mich fröstelt (es)   ich fröstle
      c. mich hungert (es)   ich hungere
      d. mich dürstet (es)   ich dürste

Diachron sind die einstelligen Verben mit Experiencer-Objekt auf dem Rückzug und werden zunehmend durch ein Experiencer-Subjekt ersetzt. Das inhaltsleere Subjekt *es* stellt ein Übergangsstadium dar, in dem zumindest auf der morphosyntaktischen Ebene der Valenz ein Subjekt eingeführt wurde. Gleiches gilt für Verben und Adjektive mit einem Experiencer als Dativobjekt: Auch sie tendieren dazu, zugunsten von Experiencer-Subjekt-Verben abgebaut zu werden.

(38) a. mir ahnt X   ich ahne X
      b. mir träumt X/von X   ich träume X/von X
      c. mir ist schwindlig   ich bin schwindlig

Die Gründe für den Abbau subjektloser Konstruktionen können in ihrer eingeschränkten syntaktischen Umformbarkeit gesehen werden (cf. Wegener 1999). Zu ihnen kann z.B. kein Imperativ gebildet werden (*graue nicht, *graue Ihnen bitte nicht*) und sie können nicht in Infinitivkonstruktionen auftreten (*Gretchen glaubt, vor Heinrich zu grauen, *Es ist mir peinlich, zu grauen*).

Verben ohne Nominativergänzung sind in der Regel psychologische Verben mit einem Experiencerargument. Sie stellen im heutigen Deutsch einen Restbestand dar, der voraussichtlich zunehmend beseitigt werden wird.

Wie wir gesehen haben, gibt es zwischen Experiencer und Stimulus eine Art Wettbewerb um die ranghöchste syntaktische Funktion. Es gibt auch Fälle eines solchen Wettbewerbs verschiedener Argumente um die zweithöchste syntaktische Funktion, das Akkusativobjekt. Einige Verben lassen es zu, dass zwei verschiedene Argumente als Akkusativobjekt erscheinen können.

(39) a. Er füllt Wein in die Flasche.
   b. Er füllt die Flasche mit Wein.

Auch diese Alternationen lassen sich mit Hilfe von Dowty erklären. Zunächst einmal besitzt die Entität, die bewegt wird, eine Patienseigenschaft und kann damit als Objekt erscheinen. Unter welchen Bedingungen ist jedoch die Umformung in (39b) möglich? Hier wird impliziert, dass die Flasche ganz gefüllt wird. Diese Konstruktion wirkt sehr unzutreffend, wenn sich der Zustand nur geringfügig verändert, da nur sehr wenig Wein in die Flasche gegossen wird, denn dann liegt kaum eine Zustandsänderung und damit keine Patienseigenschaft dieses Arguments vor. Nur wenn diese Zustandsänderung vorliegt, kann dieses Argument mit der bewegten Entität in punkto Patienseigenschaften gleichziehen und somit als Akkusativobjekt erscheinen.

In diesem Abschnitt wurde die Zuordnung von thematischen Rollen zu syntaktischen Funktionen mit Dowty anhand eines Wettbewerbsmodells erklärt: Zwischen den verschiedenen Mitspielern gibt es eine Art Wettbewerb um die Realisierung in den zentralen syntaktischen Funktionen Subjekt und Akkusativobjekt: der Mitspieler mit den meisten Agenseigenschaften wird zum Subjekt, der Mitspieler mit den meisten Patienseigenschaften zum Akkusativobjekt, wobei diese Regularitäten für Aktivsätze gelten. Im nächsten Abschnitt wird das Passiv behandelt, das diese Zuordnungen von Rollen zu syntaktischen Funktionen ändert.

Einige Prinzipien fassen wir noch einmal kurz zusammen:

> Ein Agens erscheint als Subjekt (von Umformungen wie Passiv abgesehen, siehe nächster Abschnitt).
> Das Patiens erscheint bei zweistelligen Verben als Akkusativobjekt.
> Bei einstelligen Verben kann ein Patiens als Subjekt erscheinen (sog. ergative Verben). Diese Verben bilden die Perfektform mit dem Hilfsverb *sein*.

In diesem Abschnitt wurden nur einige Prinzipien dargestellt, keine umfassende Beschreibung der Zuordnung von thematischen Rollen zu syntaktischen Funktionen, die den Rahmen dieses Kapitels gesprengt hätte.

4.6 Übungsaufgaben

➲ 18. Geben Sie für die folgenden Verben ihre Valenz an. Geben Sie für die einzelnen Leerstellen die morphosyntaktischen Realisierungsformen an.

   schenken, telefonieren, sich aufregen, steigen, denken

➲ 19. Geben Sie für die folgenden Verben die Valenzpotenz (Zahl der möglichen Ergänzungen) und die Valenzrealisierung in den folgenden Sätzen an:

    a. Hans isst.
    b. Eva hilft gerne.
    c. Sie geht.
    d. Hans gibt 10 Mark.
    e. Karl hat sich mal wieder benommen!

20. Entscheiden Sie mit Hilfe geeigneter Tests, ob es sich bei den unterstrichenen Wörtern in den folgenden Sätzen um adverbiale Angaben oder um adverbiale Ergänzungen handelt!

    a. Sie stellt die Vase <u>auf den Tisch</u>.
    b. Petra wohnt <u>schon lange</u> in <u>München</u>.
    c. Die völlig übermüdete Studentin schlief <u>während der Vorlesung</u> ein.
    d. Eduard kommt <u>wegen seiner vielen Jobs</u> nicht zum Studieren.
    e. Eva will sich <u>heute abend</u> <u>im Kino</u> einen Film ansehen.

21. Bei einigen Verben, die das Perfekt mit *haben* bilden können, muss das Perfekt mit *sein* gebildet werden, wenn ein Richtungsadverbial auftritt. Überlegen Sie, inwieweit dies mit der Semantik des Verbs und der semantischen Rolle des Subjekts zu tun haben kann.

    a. Sie haben/*sind getanzt.
    b. Sie sind/*haben durch den Saal getanzt.
    c. Sie haben/??sind gesegelt.
    d. Sie sind/*haben zur nächsten Insel gesegelt.

22. Geben Sie an, welche Art Dativ in den folgenden Sätzen vorliegt:

    a. Lass mir doch Zeit!
    b. Er gab mir vorsichtig die Hand.
    c. Der Junge hilft ihm zu wenig.
    d. Er verkauft ihr einen Teppich.
    e. Die Vase ist ihm zerbrochen.
    f. Es war ihm unerträglich heiß.
    g. Sie hat ihm alles erzählt.
    h. Er hat sich die Haare geschnitten.
    i. Er sieht ihr geradewegs in die Augen.
    j. Du gibst mir ihr zu viel Geld.
    k. Hilf mir ja der Oma die Treppe raufzugehen.
    l. Er schreibt ihr einen Brief.
    m. Er zündet ihr eine Kerze an.
    n. Geh mir ja weg von hier!
    o. Das ist mir sowieso alles egal.

⮑ 23. Diskutieren Sie anhand geeigneter Tests, welche Dativ-NPs in den folgenden Beispielen vorliegen:

    a. Er bringt ihr Zigaretten.
    b. Sie raucht ihm zu viel.

⮑ 24. Geben Sie anhand geeigneter Tests an, welche der folgenden Verben ergative Verben sind: *abreisen, malen, auftauchen, verblühen, aufblühen, verschwinden, schlafen*

📖 Literaturtipps zum Weiterlesen

Eine gute Einführung in die Grundgedanken der Valenztheorie bieten die Schriften von Helbig, besonders Helbig (1982) und die Einführung zu dem Valenzwörterbuch von Helbig und Schenkel (1991). Die sicherlich differenzierteste Betrachtung des Valenzkonzepts stammt von Jacobs (1994), der Valenz in verschiedene „Begleiterbindungsbeziehungen" zerlegt und damit auch die Möglichkeit eröffnet, Valenz als graduierbaren Begriff zu behandeln. Einen Überblick über die Valenztheorie und einige neuere Entwicklungen gibt Dürscheid (2007). Zu den freien Dativen siehe Wegener (1985a). Ein umfassendes Valenzwörterbuch liegt mit Schumacher et al. (2004) vor.

5 Passiv

Was in diesem Kapitel behandelt wird:

- Die verschiedenen Formen des Passivs: Vorgangs-, Zustands-, Rezipientenpassiv
- Die Zuordnung der thematischen Rollen zu den syntaktischen Funktionen bei Aktiv und Passiv
- Funktionen des Passivs

Aktiv und Passiv werden unter dem Begriff Genus verbi zusammengefasst. Genus verbi ist eines von fünf Merkmalen, hinsichtlich derer ein Verb im Deutschen gekennzeichnet ist. Beim Genus verbi ‚Passiv' kann nochmals zwischen Vorgangspassiv, Zustandspassiv und Rezipientenpassiv unterschieden werden:

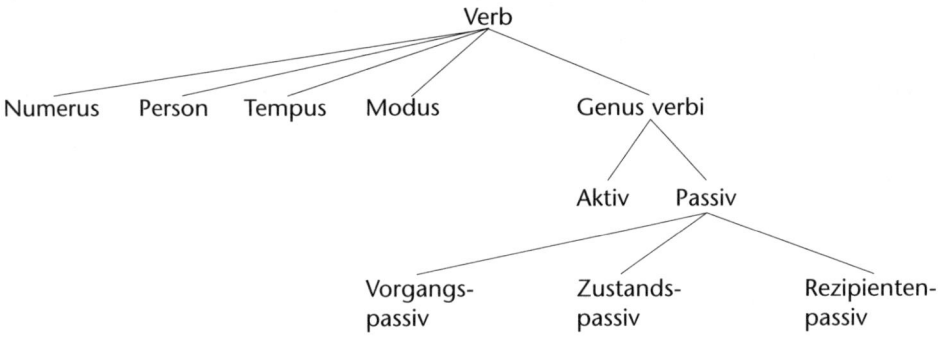

Alle drei Passivformen werden durch eine analytische Verbform gebildet, die aus einem Hilfsverb und dem Partizip II eines Vollverbs besteht. Das Vorgangspassiv wird mit dem Hilfsverb *werden*, das Zustandspassiv mit dem Hilfsverb *sein* und das Rezipientenpassiv (*bekommen*-Passiv) mit dem Hilfsverb *bekommen, erhalten* oder *kriegen* gebildet.

Beispiele der drei Passivformen im Präteritum:

(1) a. Die Wohnung **wurde** ihm **versprochen**. – Vorgangspassiv
     b. Die Wohnung **war** ihm **versprochen**. – Zustandspassiv
     c. Er **bekam** die Wohnung **versprochen**. – Rezipientenpassiv

5.1 Vorgangspassiv

Vergleichen wir als erstes das Vorgangspassiv mit dem Aktiv:

(2) a. Ein Bekannter kaufte das Auto.
     b. Das Auto wurde (von einem Bekannten) gekauft.

Wir können beobachten:
Enthält der Aktivsatz ein Subjekt und ein Akkusativobjekt, so tritt folgende Änderung ein: Das Akkusativobjekt des Aktivsatzes wird zum Subjekt des Passivsatzes, das Subjekt des Aktivsatzes kann im Passivsatz wegfallen oder als *von*-Phrase realisiert werden.

Subjekt → (*von*-Phrase)
Akkusativobjekt → Subjekt

Die Argumentstruktur des Verbs ändert sich beim Passiv nicht. Maßgeblich ist die Änderung der syntaktischen Funktionen:

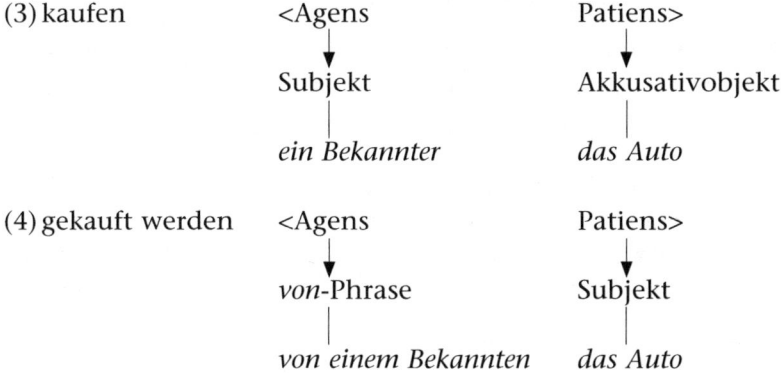

(3) kaufen   \<Agens   Patiens\>

                       Subjekt   Akkusativobjekt

                       ein Bekannter   *das Auto*

(4) gekauft werden   \<Agens   Patiens\>

                       von-Phrase   Subjekt

                       von einem Bekannten   *das Auto*

Die Wortstellung ist frei:

(5)   a. Das Auto wurde von einem Bekannten gekauft.
        b. Von einem Bekannten wurde das Auto gekauft.

Mit der Fragestellung, in welchen Kontexten das Passiv verwendet wird, also mit der Funktion des Passivs, beschäftigt sich ausführlich Leiss (1992: Kap. 3). Nach Leiss leistet das Passiv insbesondere einen Perspektivenwechsel. Während im Aktivsatz das Ereignis aus der Handlungsperspektive wiedergegeben wird, wird im Passivsatz das Ereignis aus der Geschehensperspektive betrachtet. Die Verbsituation ist immer auf das Patiens gerichtet, aber während im Aktiv das Ereignis vom Standpunkt des Agens wiedergegeben wird, wird im Passiv das Ereignis vom Patiens her betrachtet. Leiss verdeutlicht diesen Unterschied anhand folgender Beispiele (S. 101, Beispiele (1) und (2)):

(6)   a. Hausmeister Soundso ruft die Feuerwehr an.
        b. Die Feuerwehr wird von Hausmeister Soundso angerufen.

Sowohl im Aktiv als auch im Passiv ist der *Hausmeister Soundso* Agens und *die Feuerwehr* Patiens. Das Anruf-Ereignis wird aber von unterschiedlichen Perspektiven aus betrachtet – einmal aus der Perspektive des Hausmeisters (also aus der Handlungsperspektive) und einmal aus der Perspektive der Feuerwehr (also aus der Geschehensperspektive). Das Zentrum des Ereignisses im Aktiv- und im Passivsatz ist somit unterschiedlich und entspricht dem jeweiligen Subjekt des Satzes. Leiss macht darauf aufmerksam, dass diese unterschiedlichen Zentren der Ereignisse – wenn man sie filmisch darstellen wollte – unterschiedlichen Drehorten entsprechen würden. In Satz (6a) würden die Dreharbeiten beim Hausmeister Soundso stattfinden, in Satz (6b) bei der Feuerwehr.

Wir haben gesehen, dass das Akkusativobjekt des Aktivsatzes zum Subjekt des Passivsatzes wird. Was aber passiert, wenn das Verb im Aktiv gar kein Akkusativobjekt fordert, wie z.B. im folgenden Beispiel?

(7)   Bei mir zuhause hat man oft gelacht.

Auch in diesem Fall kann ein Passiv gebildet werden, aber mangels Akkusativobjekt fehlt dem Passivsatz ein Subjekt:

(8)   Bei mir zuhause wurde oft gelacht.

Ein Passiv, bei dem kein Subjekt auftritt, wird **unpersönliches Passiv** genannt. Subkategorisiert das Verb zusätzlich andere Komplementfunktionen (ein Präpositionalobjekt, Dativobjekt oder Genitivobjekt), so bleiben diese im Passivsatz unverändert erhalten:

(9)   a. Alle haben darauf bestanden.
       b. Darauf wurde (von allen) bestanden.
       c. Niemand hilft ihm.
       d. Ihm wird (von niemandem) geholfen.
       e. Sie gedachten der Toten.
       f. Der Toten wurde gedacht.

Interessant ist, dass beim unpersönlichen Passiv das Hinzufügen eines formalen Subjekts *es* ungrammatisch ist:

(10)   a. Heute wird getanzt!
       b. *Heute wird es getanzt!

Dies steht im Kontrast zu anderen germanischen Sprachen, z.B. dem Schwedischen, Norwegischen und Dänischen, bei denen ein formales Subjekt im unpersönlichen Passiv sogar obligatorisch ist:

(11)   a. *Vielleicht wird **es** getanzt.
       b. Måske bliver **der** danset. – Dänisch
       c. Kanskje blir **det** danset. – Norwegisch
       d. Kanske dansas **det**. – Schwedisch

Im Deutschen kann *es* nur im Vorfeld auftreten, es handelt sich somit nicht um ein formales Subjekt, sondern um ein Vorfeld-*es* (vgl. Abschnitt 9.1.3):

(12) Es wird vielleicht getanzt werden.

Unerwartet ist, dass im unpersönlichen Passiv u.U. auch akkusativisch markierte NPs auftreten, die entgegen der oben erwähnten Regelmäßigkeit nicht zum Subjekt des Passivsatzes werden. Dass in (13) *Karten* bzw. *Kartoffeln* nicht das Subjekt des Satzes ist, können wir daran erkennen, dass das finite Verb im Singular steht:

(13) a. Heute Abend wird/*werden Karten gespielt.
      b. Jetzt wird/*werden aber Kartoffeln geschält!

Dies hängt damit zusammen, dass in diesen Fällen die Akkusativ-NP zusammen mit dem Verb ein komplexes Prädikat bildet (inkorporierter Akkusativ). Die Akkusativ-NP hat keinen Satzgliedstatus, sie ist nicht pronominalisierbar oder permutierbar. Sie hat also nicht die Funktion eines Akkusativobjekts und wird von daher auch nicht zum Subjekt des Passivsatzes. Schließlich soll noch darauf hingewiesen werden, dass die Passivbildung nicht bei allen Verben möglich ist. Das Verb *bekommen* fordert z.B. ein Subjekt und ein Akkusativobjekt. Trotzdem ist (14b) ungrammatisch:

(14) a. Wir haben einen Brief bekommen.
      b. *Ein Brief wurde (von uns) bekommen.

Diese Eigenschaft kann mit Hilfe der Argumentstruktur der Verben beschrieben werden. Immer wenn ein Verb nicht agentivisch ist, d.h. keine Agensrolle vergibt, ist die Passivbildung nicht möglich. *Bekommen* ist z.B. ein Verb, dessen Argumentstruktur einen Rezipienten und ein Patiens enthält. Ein Passiv ist ungrammatisch.

(15) bekommen   <Rezipient, Patiens>

Ebenfalls ungrammatisch ist das Passiv erwartungsgemäß bei dem Verb *gefallen*.

(16) a. Das Bild (Stimulus) gefällt ihm (Experiencer) gut.
      b. *Ihm wird gut gefallen.

Dieselbe Restriktion ist auch bei einwertigen Verben zu beobachten:

(17) a. Die Leute (Agens) schreien.
      b. Es wurde geschrien.
      c. Der Mann (Patiens) ist hingefallen.
      d. *Es wurde hingefallen.

5.2 Zustandspassiv

Das Zustandspassiv wird mit dem Hilfsverb *sein* gebildet und bezeichnet einen aus einem Vorgang resultierenden Zustand.

(18) Die Tür ist verschlossen.

Das Akkusativobjekt des Aktivsatzes wird beim Zustandspassiv zum Subjekt, das Subjekt des Aktivsatzes muss beim Zustandspassiv i.d.R. unrealisiert bleiben.

Subjekt → ∅
Akkusativobjekt → Subjekt

(19) a. Sie verschließt die Tür.
     b. Die Tür ist (*von ihr) verschlossen.

In manchen Fällen kann jedoch auch beim Zustandspassiv eine *von*-Phrase auftreten:

(20) a. Die Berge waren von Schnee bedeckt.
     b. Er ist vom Pech verfolgt.

Das unpersönliche Zustandspassiv ist selten:

(21) Vor eineinhalb Stunden ist den Kollegen noch nicht geholfen gewesen.

Schwierig und viel diskutiert ist die Abgrenzung des Zustandspassivs von Kopulakonstruktionen. Vgl.:

(22) a. Die Tür ist geöffnet.
     b. Die Tür ist offen.

Bei (22b) kann es sich nicht um ein Zustandspassiv handeln, da der Satz kein Partizip II, sondern ein Adjektiv enthält. Schauen wir uns die Unterschiede zwischen der Kopulakonstruktion und dem Zustandspassiv genauer an:
Zum Zustandspassiv kann stets ein entsprechender Satz im Aktiv und im Vorgangspassiv gebildet werden.

(23) a. Sie öffnet die Tür.
     b. Die Tür wird geöffnet.
     c. Die Tür ist geöffnet.

Es besteht aus einem Hilfsverb und dem Partizip II eines Vollverbs. Im Beispiel (22a) ist *geöffnet* das Partizip des Verbs *öffnen*.
Die Kopulakonstruktion dagegen besteht aus der Kopula *sein, werden* oder *bleiben* und typischerweise einer AdjP oder einer NP. *Offen* ist ein Adjektiv. Bei (22b) muss es sich demnach um eine Kopulakonstruktion handeln.
Problematisch ist die Abgrenzung, wenn ein Partizip II formgleich zu einem Adjektiv auftritt, z.B. bei *gelangweilt* oder *gereizt*:

(24) a. Sie ist gelangweilt.
     b. Sie ist gereizt.

Ein mögliches Unterscheidungskriterium zwischen Verben und Adjektiven ist die Komparation. Adjektive sind i.d.R. komparierbar, Verben nicht:

(25) a. Sie ist gelangweilter als er.
　　　 b. Sie ist gereizter als er.

Die Komparierbarkeit deutet somit hier auf ein Adjektiv, also auf eine Kopulakonstruktion, hin. Vgl. dazu auch folgende Beispiele mit *geöffnet* vs. *offen*:

(26) a. *Diese Tür ist geöffneter als die andere.
　　　 b. Diese Tür ist offener als die andere.

Geöffnet verhält sich somit hinsichtlich der Komparation nicht wie ein Adjektiv, sondern wie ein Verb. Andererseits kann *geöffnet* mit *un-* präfigiert werden (das Präfix *un-* verbindet sich nicht mit verbalen Stämmen) und kann auch zusammen mit dem Kopulaverb *bleiben* auftreten.

(27) a. Der Brief ist noch ungeöffnet.
　　　 b. Die Tür bleibt geöffnet!

Es zeigt sich somit, dass eine klare Abgrenzung zwischen Kopulakonstruktion und Zustandspassiv nicht immer möglich ist.

Auch in den Tempusformen sind das Zustandspassiv und die Kopulakonstruktion nicht zu unterscheiden, da sie beide mit *sein* gebildet werden:

Tempus	Zustandspassiv	Kopulakonstruktion
Präsens	Die Tür ist geöffnet.	Die Tür ist offen.
Präteritum	Die Tür war geöffnet.	Die Tür war offen.
Perfekt	Die Tür ist geöffnet gewesen.	Die Tür ist offen gewesen.
Plusquamperfekt	Die Tür war geöffnet gewesen.	Die Tür war offen gewesen.
Futur I	Die Tür wird geöffnet sein.	Die Tür wird offen sein.
Futur II	Die Tür wird geöffnet gewesen sein.	Die Tür wird offen gewesen sein.

Vgl. aber die Tempusformen des Vorgangspassivs, die sich vom Zustandspassiv und der Kopulakonstruktion unterscheiden, da das Vorgangspassiv mit dem Hilfsverb *werden* gebildet wird:

Tempus	Vorgangspassiv
Präsens	Die Tür wird geöffnet.
Präteritum	Die Tür wurde geöffnet.
Perfekt	Die Tür ist geöffnet worden.
Plusquamperfekt	Die Tür war geöffnet worden.
Futur I	Die Tür wird geöffnet werden.
Futur II	Die Tür wird geöffnet worden sein.

5.3 Rezipientenpassiv

Das Rezipientenpassiv wird mit dem Hilfsverb *bekommen, erhalten* oder *kriegen* und dem Partizip II eines Vollverbs gebildet.

(28) a. Er bekam/kriegte das Buch von ihr vorgelesen.
     b. Beängstigende Geschichten bekommt man da erzählt.

Das Rezipientenpassiv ist häufig in der Umgangssprache anzutreffen (v.a. mit *kriegen* und *bekommen*), aber auch in der Schriftsprache ist es längst etabliert (v.a. mit *bekommen* und *erhalten*). Im Vergleich zum Aktiv liegt folgende Regelmäßigkeit vor:

Subjekt → (*von*-Phrase)
Dativobjekt → Subjekt

Das Akkusativobjekt bleibt unverändert erhalten.
Das Rezipientenpassiv wird insbesondere von dreistelligen Verben gebildet:

(29) a. Sie erklärte ihm den Weg.
     b. Er bekam (von ihr) den Weg erklärt.

Das Rezipientenpassiv ermöglicht es, den Rezipienten (also das Dativobjekt des Aktivsatzes) als Subjekt zu realisieren. Aber auch beim Rezipientenpassiv besteht die Bedingung, dass das Subjekt des Aktivsatzes mit der thematischen Rolle Agens assoziiert sein muss.

(30) a. Sie (Agens) erklärte ihm (Rezipient) den Weg (Patiens).
     b. Er (Rezipient) bekam (von ihr) den Weg erklärt.
     c. Die Arbeit (Patiens) ist ihm (Experiencer) gut geglückt.
     d. *Er bekam die Arbeit gut geglückt.

Bei zweiwertigen Verben ist das Rezipientenpassiv selten. Es lassen sich aber durchaus akzeptable Beispiele finden:

(31) a. Wer heute hilft, bekommt morgen geholfen.
     b. Er bekommt verziehen.

Die Möglichkeit eines unpersönlichen Passivs besteht beim Rezipientenpassiv nicht.

(32) a. *Heute bekam verziehen.
     b. *Natürlich bekam die Aufgaben erklärt.

Das Rezipientenpassiv ist in der Literatur umstritten. Ein Grund dafür ist, dass die ‚Hilfsverben' *bekommen, kriegen* und *erhalten* über relativ viel eigenständige Semantik verfügen und schwer von den entsprechenden Vollverben zu unterscheiden sind (zur Entwicklung des Rezipientenpassivs aus den entsprechenden Vollverbkonstruktionen siehe Diewald 1997:30ff.). In Kombination

mit Vollverben, die der Semantik von *bekommen, kriegen, erhalten* widersprechen, werden die Sätze oft als markiert oder ungrammatisch empfunden.

(33) a. Er bekam/*erhielt das Fahrrad gestohlen.
     b. Er ?bekam/*erhielt seinen Führerschein weggenommen.

Zudem existieren ähnliche Konstruktionen mit den Vollverben *bekommen,
kriegen, erhalten.* Die verschiedenen Konstruktionen lassen sich gut an folgendem Beispiel illustrieren:

(34) Wir bekommen die Wohnung renoviert.

Satz (34) hat drei verschiedene Lesarten. Es kann einmal Rezipientenpassiv
zu folgendem Aktivsatz sein:

(35) Jemand renoviert uns die Wohnung.

Es kann sich aber auch um das Vollverb *bekommen* handeln und das freie
Prädikativ *renoviert*, das sich auf das Objekt *die Wohnung* bezieht. Diese Konstruktion kann folgendermaßen umschrieben werden:

(36) Wir bekommen die Wohnung in einem renovierten Zustand.

Die dritte Lesart des Satzes lässt sich paraphrasieren mit:

(37) Wir schaffen es, die Wohnung zu renovieren.

Von Haider (1984) wird daher das Rezipientenpassiv als semantische Varian-
te zu diesen nicht-passivischen Konstruktionen mit Vollverben gesehen. Es
hat sich aber allgemein die Ansicht durchgesetzt, dass Satz (34) verschiedene
syntaktische Strukturen zugrunde liegen, die unterschiedliche Eigenschaften
aufweisen (vgl. Reis 1985). So verhält sich das Partizip beim Rezipientenpassiv
hinsichtlich seiner Stellung wie ein Teil des Verbalkomplexes – es tritt in der
rechten Satzklammer auf. Das freie Prädikativ steht dagegen im Mittelfeld.

(38) a. Wir bekamen das Auto vom Händler gewaschen.
     b. Wir bekamen das Auto gewaschen vom Händler.

Das Partizip II des Rezipientenpassivs kann nicht mit *un-* präfigiert werden.
Als freies Prädikativ ist es hingegen als Adjektiv einzuordnen. *Un-*Präfigierung
ist daher möglich.

(39) Wir bekamen das Auto ungewaschen vom Händler.

Zu weiteren Abgrenzungskriterien vgl. Reis (1985) und Zifonun et al. (1997:
1827ff.).

5.4 Die Zuordnung von thematischen Rollen zu syntaktischen Funktionen bei Aktiv und Passiv

Wir haben bereits gesehen, dass die Argumentstruktur des Verbs im Aktiv und im Passiv unverändert ist. Der Unterschied liegt in der Abbildung der thematischen Rollen auf die syntaktischen Funktionen.

Das Verb *versprechen* vergibt beispielsweise drei thematische Rollen: ein Agens (derjenige, der etwas verspricht), einen Rezipienten (derjenige, dem etwas versprochen wird) und ein Patiens (dasjenige, das versprochen wird).

(40) versprechen   <Agens, Rezipient, Patiens>

Die thematischen Rollen werden nun in den verschiedenen Genera verbi mit anderen syntaktischen Funktionen assoziiert. Vgl.:

(41) a. Aktiv:
          Sie (Agens – Subjekt) hat ihm (Rezipient – Dativobjekt) die Woh-
          nung (Patiens – Akkusativobjekt) versprochen.
       b. Vorgangspassiv:
          Die Wohnung (Patiens – Subjekt) wurde ihm (Rezipient – Dativ-
          objekt) von ihr (Agens – *von*-Phrase) versprochen.
       c. Zustandspassiv:
          Die Wohnung (Patiens – Subjekt) war ihm (Rezipient – Dativob-
          jekt) versprochen.
       d. Rezipientenpassiv:
          Er (Rezipient – Subjekt) bekam die Wohnung (Patiens – Akkusativ-
          objekt) von ihr (Agens – *von*-Phrase) versprochen.

In der Übersicht wird die unterschiedliche Zuordnung der thematischen Rollen zu den syntaktischen Funktionen im Aktiv und in den verschiedenen Passivformen deutlich.

Argumentstruktur	Agens	Rezipient	Patiens
Syntaktische Funktionen im Aktiv	Subjekt	Dativobjekt	Akkusativobjekt
Syntaktische Funktionen im Vorgangspassiv	(*von*-Phrase)	Dativobjekt	Subjekt
Syntaktische Funktionen im Zustandspassiv	–	Dativobjekt	Subjekt
Syntaktische Funktionen im Rezipientenpassiv	(*von*-Phrase)	Subjekt	Akkusativobjekt

Die folgende Tabelle zeigt, dass es somit möglich ist, die Funktion Subjekt mit verschiedenen thematischen Rollen, nämlich Agens, aber auch Patiens und Rezipient, zu assoziieren.

	Subjekt	Dat.Objekt	Akk.Objekt	*von*-Phrase
Aktiv	Agens	Rezipient	Patiens	–
Vorgangspassiv	Patiens	Rezipient	–	Agens
Zustandspassiv	Patiens	Rezipient	–	–
Rezipientenpassiv	Rezipient	–	Patiens	Agens

Als wichtige Funktionen des Passivs können wir somit festhalten:

- Im Passiv kann bzw. muss das Agens unrealisiert bleiben. Im Vergleich zum Aktiv findet somit eine Valenzreduktion statt.

(42) a. Er hat die Briefe versteckt.
      b. Die Briefe sind (von Peter) versteckt worden.
      c. Die Briefe sind (*von Peter) versteckt gewesen.

- Im Passiv kann das Patiens bzw. der Rezipient als Subjekt realisiert werden. Die Perspektive bzw. das Zentrum des Geschehens kann somit verändert werden:

(43) a. Sie empfiehlt ihm einen Ford.
         Subjekt ist Agens.
      b. Ein Ford wird ihm von ihr empfohlen.
         Subjekt ist Patiens.
      c. Er bekommt von ihr einen Ford empfohlen.
         Subjekt ist Rezipient.

5.5 Übungsaufgaben

⊃ 25. Bestimmen Sie das Genus verbi und das Tempus in den folgenden Sätzen:

   a. Sie öffnet die Tür.
   b. Die Tür wird geöffnet.
   c. Die Tür ist geöffnet.
   d. Die Tür ist offen.
   e. Die Tür wird offen sein.
   f. Die Tür ist geöffnet gewesen.
   g. Sie hat die Tür geöffnet.
   h. Die Tür wird geöffnet sein.
   i. Die Tür ist offen gewesen.
   j. Die Tür ist geöffnet worden.
   k. Sie wird die Tür öffnen.
   l. Die Tür wird geöffnet werden.
   m. Der Bub ist gefallen.
   n. Sie ist Lehrerin geworden.

   o. Er ist blass geworden,

   p. Sie ist blass gewesen.

   q. Die Schülerin ist äußerst begabt.

⮩ 26. Handelt es sich in den folgenden Beispielen um das Vollverb oder um das Hilfsverb *bekommen*?

   a. Sie bekam vorgelesen.

   b. Sie bekam Angst.

   c. Sie bekam das Auto gewaschen.

   d. Sie bekam das Auto gebraucht.

   e. Sie bekommt einen Kuchen gebacken.

   f. Sie bekam viele Geschenke.

   g. Sie bekam viel geschenkt.

   h. Er bekam den Brief ungeöffnet zurück.

   i. Sie bekam eine gute Note ins Zeugnis (geschrieben).

📖 Literaturtipps zum Weiterlesen

Die Abgrenzung von Zustandspassiv und Kopulakonstruktion wird in Rapp (1996) besprochen, Maienborn (2007) plädiert für eine Analyse als Kopulakonstruktion. Die Frage nach der Existenz des Rezipientenpassivs wurde kontrovers diskutiert. So sprach sich Haider (1984) gegen die Existenz des Rezipientenpassivs aus, Reis (1985) und Wegener (1985b) dafür. Das Zustandspassiv und das Rezipientenpassiv und die jeweilige Abgrenzungsproblematik werden auch ausführlich in Zifonun et al. (1997: 1808ff.) dargestellt. Zur Grammatikalisierung des Rezipientenpassivs siehe Diewald (1997). Auf die Funktionen des Passivs geht ausführlich Leiss (1992) ein.

6 Wortstellung: Das topologische Satzmodell

Was in diesem Kapitel behandelt wird:
- Satzklammer: linke und rechte Klammerelemente
- Topologische Felder: Vorfeld, Mittelfeld, Nachfeld
- Verbstellungstypen: Verberst-, Verbzweit-, Verbendstellung

Im Vergleich mit einer Sprache wie dem Englischen hat das Deutsche eine relativ „freie Wortstellung". Wir haben mehr Möglichkeiten, die Anordnung der Satzglieder zu variieren, als dies im Englischen der Fall ist. Daher sind die Regeln für die Wortstellung im Deutschen aber auch besonders komplex.

Zur Beschreibung der Wortstellung im Deutschen hat sich das sogenannte topologische Satzmodell als sehr nützlich erwiesen, das auf Drach (1937) zurückgeht und später weiterentwickelt wurde.

Das Deutsche weist gegenüber dem Englischen oder auch Französischen die Besonderheit auf, dass die Teile des Verbalkomplexes als diskontinuierliche Konstituenten auftreten und einiges dazwischentreten kann. Da diese Teile quasi einen Teil des Satzes einklammern, spricht man auch von der Satzklammer.

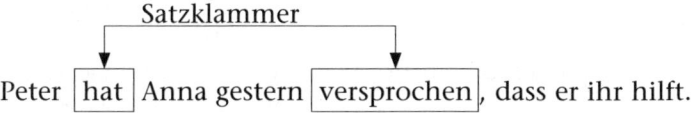

Peter | hat | Anna gestern | versprochen |, dass er ihr hilft.

6.1 Topologische Felder

Die Teile des Verbalkomplexes bilden die Satzklammer und gliedern den Satz in drei Felder: Vorfeld, Mittelfeld und Nachfeld. Man spricht daher auch vom Stellungsfeldermodell des deutschen Satzes:

Vorfeld	Linke Klammer	Mittelfeld	Rechte Klammer	Nachfeld
Sie	*hat*	*ihn schon einmal*	*gesehen*	*irgendwo*

6.2 Verbstellungstypen

Eine weitere grundlegende Tatsache der Wortstellung im Deutschen ist, dass es drei Verbstellungstypen gibt (entscheidend ist immer die Stellung des finiten Verbs): Verberststellung (V1), Verbzweitstellung (V2), und Verbendstellung (VE).

(1)   a. Sie macht den Mund nicht auf. (V2)
       b. Macht sie den Mund nicht auf? (V1)
       c. ... weil sie den Mund nicht aufmacht. (VE)

Der Unterschied zwischen Verbzweit- und Verberststellung ist, dass bei Verbzweitstellung eine Konstituente vor dem finiten Verb, im sog. Vorfeld, auftritt, während dies bei Verberststellung nicht der Fall ist. In beiden Verbstellungstypen bildet das finite Verb den linken Teil der Klammer (kurz: linke
Klammer) und der restliche Verbalkomplex den rechten Teil der Klammer.
Dazwischen, im Mittelfeld, können beliebig viele Konstituenten auftreten.
Im Nachfeld treten dagegen in der Regel maximal zwei Konstituenten auf.

Verbzweitstellung

Vorfeld	LK	Mittelfeld	RK	Nachfeld
1 Konstituente	finites Verb	0–x Konstituenten	restlicher Verbalkomplex	0 – ca. 2 Konstituenten, in der Regel Nebensätze
Otto	*hat*	*Hans*	*gesagt,*	*dass er kommt*

Verberststellung

LK	Mittelfeld	RK	Nachfeld
finites Verb	0–x Konstituenten	restlicher Verbalkomplex	0 – ca. 2 Konstituenten, in der Regel Nebensätze
Hat	*Otto Hans*	*gesagt,*	*dass er kommt?*

Nun ist es aber auch häufig so, dass die Teile des Verbalkomplexes nicht
„auseinander gerissen" sind, sondern zusammen auftreten. Dies ist dann der
Fall, wenn der Satz durch eine subordinierende Konjunktion oder ein anderes
subordinierendes Element eingeleitet ist. Man geht nun davon aus, dass in
diesem Fall die subordinierende Konjunktion den linken Teil der Klammer
bildet und der gesamte Verbalkomplex den rechten Teil der Klammer.

Verbendstellung

LK	Mittelfeld	RK	Nachfeld
subordinierende Konjunktion	0–x Konstituenten	Verbalkomplex	0 – ca. 2 Konstituenten, in der Regel Nebensätze
ob	*Otto Hans*	*gesagt hat,*	*dass er kommt*

6.3 Verbstellungstypen und Satztypen

Verbstellungstypen hängen eng mit Satztypen zusammen. Die Verbstellung ist ein wichtiges Mittel, um zu kennzeichnen, ob es sich bei einem Satz um einen Aussagesatz (Deklarativsatz), Fragesatz (Interrogativsatz) oder Befehlssatz (Imperativsatz) handelt. So ist z.B. die Verbstellung neben der Intonation ausschlaggebend dafür, ob ein Satz als Aussagesatz oder als Entscheidungsfragesatz (ja/nein-Frage) interpretiert wird:

(2)   a. Du kommst. (V2)
        b. Kommst du? (V1)

Im Folgenden wird ein kurzer Überblick über die wichtigsten Satztypen gegeben.

Typen von Hauptsätzen im Deutschen

Bei Hauptsätzen unterscheidet man verschiedene Satztypen und bezeichnet sie mit Hilfe der Sprechhandlung, die typischerweise mit diesen Sätzen ausgeführt wird.

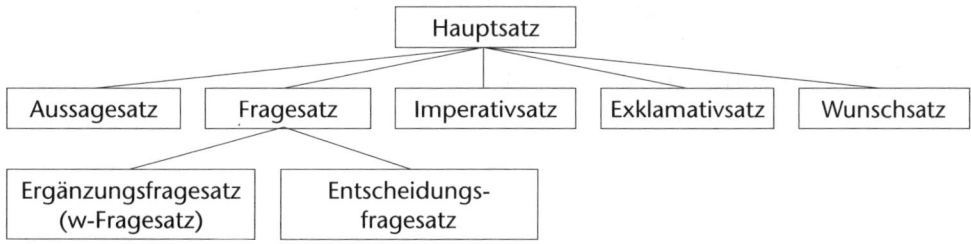

Abb.: Satztypen

Diese Satztypen werden im Deutschen u.a. durch die Verbstellung gekennzeichnet.

Verbzweitstellung

	Vorfeld	LK	Mittelfeld	RK	Nachfeld
a	Hans	will	die Antwort nicht	verraten	
b	Was	hat	Hans wieder mal	vergessen?	
c	Wie schön	ist	diese Landschaft!		
d	Anna	behauptet,			der Lehrer kennt die Kommaregeln nicht
e	der Lehrer	kennt	die Kommaregeln nicht		

Verbzweitstellung tritt auf in Aussagesätzen (a, d), Ergänzungsfragesätzen, die stets durch ein Interrogativpronomen eingeleitet sind (b). Sie kann ferner auch in sog. Exklamativsätzen auftreten (c). Nebensätze nach bestimmten Verben, den Verba sentiendi et dicendi (Verben des Denkens und Sagens) können auch die Verbzweitstellung aufweisen und haben damit die Form selbstständiger Aussagesätze (e).

Verberststellung

	Vorfeld	LK	Mittelfeld	RK
f		Ist	er gestern da	gewesen?
g		Sei	doch nicht dumm!	
h		Hat	der aber ein Glück	gehabt!
i		Komm'	ich heut' nicht	
j		Sagt	Klein-Erna zu ihrer Oma	

Verberststellung tritt auf in Entscheidungsfragesätzen (ja/nein-Fragen) (f), Imperativsätzen (g), Exklamativsätzen (h). Konditionalsätze, die nicht durch *wenn* eingeleitet sind, weisen ebenfalls Verberststellung auf (i). Ferner kann Verberststellung auch in Aussagesätzen auftreten, z.B. in Erzählungen oder am Anfang von Witzen (j).

Verbendstellung

	Vorfeld	LK	Mittelfeld	RK
k		dass/ob	sie	kommt
l		Ob	er wohl	kommt?
m		Dass	der das alles	gelesen hat!

Die Verbendstellung tritt in allen Nebensätzen auf, die durch eine subordinierende Konjunktion oder ein anderes subordinierendes Element eingeleitet sind (k). Sätze mit einer einleitenden Konjunktion werden teilweise auch als selbstständige Äußerungen verwendet, obwohl sie der Form nach Nebensätze sind. Man spricht hier von selbstständigen Sätzen mit Verbendstellung (l, m).

Als grobe Faustregel gilt:

> Hauptsätze haben Verbzweit- oder Verberststellung, Nebensätze haben Verbendstellung. Ausnahmen von dieser Regel stellen die uneingeleiteten Nebensätze und die selbstständigen Sätze mit Verbendstellung dar.

Der statistisch am häufigsten auftretende Verbstellungstyp ist sicherlich die Verbzweitstellung, da sie in Aussagesätzen auftritt. Sie kann unter diesem Gesichtspunkt als der „normale" Verbstellungstyp gelten. Allerdings ist unter einem anderen Gesichtspunkt die Verbendstellung als „normal" zu betrachten, da bei ihr im Gegensatz zu den anderen Verbstellungstypen keine diskontinuierlichen Konstituenten auftreten, sondern alle Teile des Verbalkomplexes zusammen in der rechten Klammer stehen. Das auf Behaghel (1932:4) zurückgehende Grundgesetz der Wortstellung, „dass das geistig eng Zusammengehörige auch eng zusammengestellt wird" ist hier befolgt, während bei den anderen Verbstellungstypen das finite Verb separat in der linken Klammer auftritt. Dieser Form von Markiertheit wird in der generativen Grammatik Rechnung getragen, wo einhellig angenommen wird, dass die Verbendstellung zugrunde liegend ist, d.h. in der Tiefenstruktur vorhanden ist, während andere Abfolgen durch bestimmte Umstellungen zustande kommen.

Die **Verbendstellung** gilt als zugrunde liegend, während die anderen Verbstellungstypen durch Bewegung des finiten Verbs nach vorne entstehen. Bei Verbzweitstellung wird zusätzlich noch eine Konstituente vor das finite Verb bewegt.

(3)   (dass) sie ihn gesehen hat
    ihn hat sie ___ gesehen ___

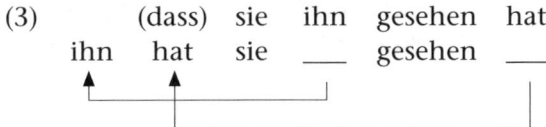

Da subordinierende Konjunktionen und das finite Verb alternativ dieselbe Position besetzen (die linke Klammer), verhindert das Vorhandensein einer subordinierenden Konjunktion die Bewegung des Verbs in diese Position (eingeleitete Nebensätze und ihre selbstständigen Gegenstücke haben stets Verbendstellung).

Besonders deutlich wird das bei den Konditional- und Wunschsätzen, die entweder mit *wenn* eingeleitet sind und dementsprechend Verbendstellung aufweisen oder alternativ durch Verberststellung gekennzeichnet sind.

(4)   a. **Hätte** ich doch nur die Syntaxvorlesung besucht!
    b. **Wenn** ich doch nur die Syntaxvorlesung besucht hätte!

Bei der mehrteiligen Konjunktion *als ob* ist es das zweite Element, das die Verbendstellung auslöst. Bei seinem Fehlen tritt das finite Verb an seine Stelle:

(5)   a. Als **ob** das jemals eine Rolle gespielt hätte!
    b. Als **hätte** das jemals eine Rolle gespielt!

Bezüglich der Position von Relativpronomen und Interrogativpronomen in Nebensätzen gibt es verschiedene Auffassungen. Die ältere und verbreitetere ist, dass sie wie subordinierende Konjunktionen in der linken Klammer stehen. In einigen neueren Analysen werden sie ins Vorfeld gesetzt, die linke Klammer bleibt dann leer (z.B. Wöllstein-Leisten et al. 1997).

Vorfeld	LK	Mittelfeld	RK	Nachfeld
	wer/wem/dem	Otto	*gesagt hat,*	*dass er kommt*
wer/wem/dem		Otto	*gesagt hat,*	*dass er kommt*

Die zweite Analyse hat sowohl Vor- als auch Nachteile. Der Vorteil ist, dass Relativ- und Interrogativpronomen im Gegensatz zu subordinierenden Konjunktionen Satzglieder darstellen und demnach nicht in der linken Klammer stehen. Der Nachteil ist, dass nicht mehr so ohne weiteres klar ist, warum das finite Verb nicht in der linken Klammerposition auftreten kann, da sie ja leer ist. Für diese Analyse lässt sich aber anführen, dass bei Relativsätzen und abhängigen w-Fragesätzen die linke Klammer im Standarddeutschen zwar nicht besetzt ist, jedoch in einigen Dialekten, wie z.B. dem Bairischen.

(6)   a. Der Mo, den **wo** i gestern gseng hob...
       b. Er woit net sogn, wo **dass** a gestern gwen is.

> Die linke Klammer ist immer besetzt, entweder durch das finite Verb oder durch eine subordinierende Konjunktion. Lediglich in Relativsätzen und abhängigen w-Fragesätzen bleibt (nach neuerer Auffassung) die linke Klammerposition unbesetzt.

6.4 Topologische Analysen komplexer Sätze

Das topologische Satzmodell lässt sich nun auch zur Beschreibung der Wortstellung von komplexen Sätzen verwenden. Da Nebensätze Konstituenten ihres übergeordneten Satzes (des sogenannten Matrixsatzes) sind, nehmen sie auch einen Platz in seiner Felderstruktur ein, umgekehrt gilt dies jedoch nicht. Man geht bei der topologischen Analyse komplexer Sätze also immer vom Hauptsatz aus. Jeder Nebensatz hat wiederum eine eigene Felderstruktur, in der eventuell von diesem Nebensatz abhängige weitere Nebensätze auftreten können.

Dementsprechend wird bei der Darstellung der Felderstruktur der folgenden Sätze zunächst der Gesamtsatz analysiert und dann die Nebensätze.

Beispiele:

Peter hat einen Film gesehen, der ihn schockiert hat.
Sie führte einen Salto vor, der so schwierig war, dass sie ihn jahrelang üben musste.
Dass Hans gesagt hat, dass er morgen kommt, hat alle erstaunt.

Vorfeld	LK	Mittelfeld	RK	Nachfeld
Peter	*hat*	*einen Film*	*gesehen,*	*der ihn schockiert hat*
der		*ihn*	*schockiert hat*	
Sie	*führte*	*einen Salto*	*vor,*	*der ... musste*
der		*so schwierig*	*war,*	*dass ... musste*
	dass	*sie ihn jahrelang*	*üben musste*	
Dass ... kommt,	*hat*	*alle*	*erstaunt*	
	dass	*Hans*	*gesagt hat,*	*dass er morgen kommt*
	dass	*er morgen*	*kommt*	

6.5 Besonderheiten bei der Vorfeldbesetzung: Ausnahmen von der Verbzweitregel?

Von der Regel, dass im Vorfeld nur eine Konstituente stehen kann, gibt es eine Reihe von scheinbaren und wenige tatsächliche Ausnahmen. In den folgenden Beispielen stehen verschiedene Adverbiale im Vorfeld, von denen jedes alleine erfragbar, umstellbar und pronominalisierbar ist.

(7)   a. Gestern im Kino nach dem Film hat sie ein Mann angesprochen.
       b. Am Montagmorgen im frühesten Zug fuhr sie nach Hamburg.
       c. Heute Abend im Bett wird er fernsehen.

Sie lassen sich jedoch auch zusammen erfragen:

(8)   a. Wann hat sie ein Mann angesprochen?
       b. Gestern im Kino nach dem Film.

Daher kann davon ausgegangen werden, dass diese Adverbiale sich zu einem komplexen Adverbial verbinden. Vor allem Lokal- und Temporalangaben scheinen sich sehr gut kombinieren zu lassen.

Außerdem können zu einem Satzglied im Vorfeld Appositionen hinzu-treten. Bei Appositionen handelt es sich um durch Kommas abgetrennte zusätzliche Informationen zu einem Satzglied. Da diese jedoch quasi als Erweiterungen des Satzglieds angesehen werden können, braucht man hier nicht von einer Verletzung der Verbzweitregel ausgehen.

(9)   a. Heute, am 3. Februar 2002, morgens um 8 Uhr, wurde unser Sohn geboren.
       b. Gestern nachmittag, kurz bevor es ein Gewitter gab, war es uner-träglich schwül.
       c. Manchmal, nach einem Herbststurm, wenn die Luft still und ge-legt ist, gehe ich im Garten umher und zähle die abgeschlagenen Äste.

In einigen sehr seltenen Fällen jedoch werden tatsächlich mehrere Adverbiale ins Vorfeld gestellt, die sich nicht zusammen erfragen oder pronominalisieren lassen. In diesen Fällen liegt eine Verletzung der Verbzweitregel vor, die sich jedoch nur in sehr wenigen, stark literarischen Beispielen findet.

(10) a. Und immer mit unruhigen und grübelnden Augen ging er auf und nieder. (Th. Mann, Buddenbrooks, zit. n. van de Felde 1978)
      b. Aus unbestimmter Ferne her mit müden Schwingen kam Musik geflogen. (H. Hesse, zit. n. van de Felde 1978:136)

Gelegentlich tritt vor ein Satzglied im Vorfeld noch ein deiktisches Element, dessen Beziehungen zu der NP nicht ganz geklärt sind.

(11) a. und vorhin die Pyramide des Turnvereins war wunderschön. (Dürrenmatt, zit. n. Hetland 1992:120)
      b. Oben der Briefkopf war verkehrt geschrieben. (zit. n. Hetland 1992:120)

Von mehreren Satzgliedern im Vorfeld ist in den folgenden Fällen auszugehen, bei denen ein Objekt und ein Adverbial oder zwei Adverbiale im Vorfeld stehen. Auch dies kann jedoch als sehr selten angesehen werden.

(12) a. Zum zweiten Mal die Weltmeisterschaft errang Clark 1965. (zit. n. Beneš 1971)
      b. Die Kinder nach Stuttgart sollst du bringen. (zit. n. van de Felde 1978:136)
      c. Mit den Hühnern ins Bett pflegt er zu gehen. (zit. n. Engel 1977:227)

Häufig verbindet sich dagegen ein Satzglied im Vorfeld mit einer Fokuspartikel oder einem Adverb (Satz- oder Konjunktionaladverb), das fokussierend wirkt. In diesen Fällen liegt der Satzakzent auf dem Satzglied im Vorfeld. Ob diese Elemente zusammen eine Konstituente bilden, wird immer noch kontrovers diskutiert. Möglicherweise liegt hier also eine Verletzung der Verbzweitregel vor.

(13) a. Nur der Hans kam gestern nicht rechtzeitig.
      b. Hans leider kannst du dort nicht antreffen.
      c. Otto allerdings wird da nicht zustimmen.

6.6 Verbzweitstellung: Probleme bei der Identifizierung

Wie wir gesehen haben, unterscheiden sich Sätze mit Verbzweitstellung von Sätzen mit Verberststellung dadurch, dass bei ersteren ein Vorfeld vorhanden ist. Allerdings kann in bestimmten Fällen auch Verbzweitstellung vorliegen, wenn das Vorfeld unbesetzt ist, da das Vorfeldelement getilgt wurde. Zum einen kann diese Tilgung durch Koordination bedingt sein.

(14) Hans fuhr nach München und (er) besuchte eine alte Freundin.

Im zweiten Teilsatz ist das Subjekt getilgt, da es mit dem des ersten Teilsatzes identisch ist. Trotzdem liegt im zweiten Teilsatz Verbzweitstellung vor, denn es handelt sich um einen Aussagesatz, nicht etwa um einen Fragesatz und das getilgte Element könnte wieder eingefügt werden, es ist also ein Vorfeld vorhanden.

Auch in der gesprochenen Sprache wird ein unbetontes Vorfeldelement häufig getilgt, was jedoch nichts an dem Satztyp und damit an der Verbzweitstellung ändert.

(15) a. (Ich) hab ihn gesehen.
      b. (Das) hat er vergessen.
      c. *(Ihm) kam eine Idee.
      d. *(Darauf) kannst du wetten.

Dies ist jedoch nur bei Pronomen im Nominativ und Akkusativ möglich.

Der Terminus „Verbzweitstellung" darf nicht darüber hinwegtäuschen, dass das Verb trotzdem erst ziemlich spät im Satz auftreten kann, da die Konstituente im Vorfeld sehr lang sein kann, wenn es sich z.B. um einen Nebensatz oder eine sehr komplexe Phrase handelt.

(16) a. Dass Hans überhaupt kein Geld mehr hat, stört ihn gar nicht.
      b. Die Vermietung ihrer Wohnungen an einen unberechenbaren Spekulanten schockierte die Mieter der Neuen Heimat.

Außerdem können vor dem Vorfeld noch weitere Elemente auftreten. Dazu gehören zum einen koordinierende Konjunktionen. Eine koordinierende Konjunktion stellt keine Vorfeldbesetzung dar, sie „zählt" nicht für die Bestimmung des Verbstellungstyps. Dies erkennt man z.B. daran, dass ein Satz mit Verberststellung trotz einer koordinierenden Konjunktion vor dem Verb ein Entscheidungsfragesatz bleibt.

(17) a. Und sie bewegt sich doch. (keine „Verbdrittstellung")
      b. Aber hast du ihm geantwortet? (Verberststellung)

Vor dem Vorfeld kann noch eine Phrase auftreten, die durch eine Proform wieder aufgenommen wird (sog. „Resumptivum"). Man spricht hier von Linksversetzung.

(18) Die Callas, die hat er schon immer bewundert.

Vor dem Vorfeld (im „Vor-Vorfeld") gibt es also noch eine Position für koordinierende Konjunktionen (KOOR) und eine Position für linksversetzte Konstituenten (LV). Tritt sowohl eine koordinierende Konjunktion als auch eine linksversetzte Konstituente auf, so ist die Abfolge koordinierende Konjunktion vor Linksversetzung:

(19) Und die Callas, die hat er schon immer bewundert.

Wir ergänzen die Stellungsfelder um diese beiden Positionen. Das erweiterte topologische Modell sieht dann wie folgt aus:

KOOR	LV	VF	LK	MF	RK	NF
Und	die Callas,	die	hat	er schon immer	bewundert	

6.7 Die Abgrenzung von Mittelfeld und Nachfeld

Das Mittelfeld wird links vom finiten Verb (bei Verberst- und Verbzweitstellung) bzw. vom subordinierenden Element (bei Verbendstellung) begrenzt und rechts von der rechten Satzklammer (die allerdings auch fehlen kann), wenn der Verbalkomplex nur aus einem Verb besteht.

In diesem Fall ist es nicht ohne weiteres zu erkennen, ob eine nach diesem Verb auftretende Konstituente im Mittelfeld oder im Nachfeld steht.

(20) Sie sagte, sie käme morgen.

Allerdings lässt sich hier eine einfache Umformung als Test verwenden. Bildet man einen mehrteiligen Verbalkomplex, indem man z.B. das Verb in das Perfekt setzt, so wird in diesem Fall deutlich, dass der Nebensatz in jedem Fall im Nachfeld steht:

(21) a. Sie hat gesagt, sie käme morgen.
      b. *Sie hat, sie käme morgen, gesagt.

Genau so lässt sich in folgendem Beispiel zeigen, dass das zweite Adverbial nicht mehr im Mittelfeld, sondern im Nachfeld steht.

(22) a. Sie schrieb sorgfältig wegen des Tadels.
      b. *Sie hat sorgfältig wegen des Tadels geschrieben.
      c. Sie hat sorgfältig geschrieben wegen des Tadels.

6.8 Nachfeld

Im Nachfeld stehen meist Nebensätze. Da von sehr vielen generativen Grammatikern angenommen wird, dass sie aus dem Mittelfeld dorthin bewegt werden, spricht man von Extraposition. Stehen nichtsatzförmige Konstituenten im Nachfeld, spricht man auch von Ausklammerung.

(23) Hast du es gehört gestern Abend, wie es gedonnert hat?

Ausgeklammert werden können Adverbiale.

(24) a. Wir haben ihn gesehen im Restaurant.
      b. Wir wollten keinen Ärger haben damals.

Außerdem können Präpositionalobjekte ausgeklammert werden. Für alle anderen Objekte ist Ausklammerung in der Regel nicht möglich, und zwar unabhängig davon, ob sie als Pronomen realisiert sind oder als volle NP.

(25) a. Er hat dort lange gewartet auf seine Freundin.
      b. *Wir haben gestern gesehen diesen Film.
      c. ??Sie hat das Buch gegeben dem Kollegen.
      d. ??Sie wollten eingedenk sein all der Wohltaten.

(26) a. *Wir haben nicht gesehen sie.
      b. *weil wir gekannt haben ihn.
      c. *Wir haben das Buch geschenkt ihm.

Ein Subjekt kann unter ganz bestimmten Bedingungen ausgeklammert werden, nämlich dann, wenn es einen neuen Referenten einführt, der einen starken Akzent erhält und alleine fokussiert wird. Dadurch wird in dem Satz ein besserer Spannungsaufbau erzielt, da die eigentlich neue, interessierende Information an das Ende des Satzes gestellt wird (Großbuchstaben kennzeichnen den Satzakzent).

(27) a. Jetzt tritt ans Rednerpult Rudolf SCHARping.
      b. Aber jetzt schaltet sich ein BECKenbauer.

Im Gegensatz dazu bleiben ausgeklammerte Adverbiale in der Regel unbetont.

(28) a. Sie hat geGESsen im Restaurant.
      b. Er hat keine ZEIT gehabt damals.

(29) a. Sie ist geGANgen nach Hause.
      b. Er ist nur noch geKROCHen dorthin.
      c. Sie ist geSCHWOMmen durch den Ärmelkanal bis England.

Es gibt einige Elemente, die bevorzugt ausgeklammert auftreten, wie etwa Vergleichsphrasen:

(30) a. Anna kann besser rechnen als Peter.
      b. Ihn habe ich immer so gut verstanden wie meinen Bruder.

Die Ausklammerung ist jedoch im Gegensatz zur Extraposition von Nebensätzen nie obligatorisch. Bestimmte Nebensätze (Subjekt- und Objektsätze) können im Mittelfeld nicht auftreten, sie müssen extraponiert werden (oder im Vorfeld stehen). Die Mittelfeldposition von Attributsätzen ist dagegen gut möglich. Doch es kann aus stilistischen Gründen ratsam sein, auch einen Attributsatz zu extraponieren, da sonst die Satzklammer sehr stark gedehnt wird und der Satz auf diese Weise schwer verständlich werden kann.

(31) a. *Hast du, dass Peter nicht kommt, schon gehört?
      b. ... weil ihn die Tatsache, dass er kein Geld mehr hat, völlig kalt
         lässt
      c. ... weil er das Buch, das er lesen wollte, nicht mehr findet

Von dem eigentlichen Nachfeld abzugrenzen sind Elemente, die am rechten Satzrand stehen und intonatorisch nicht in den Satz integriert sind, d.h. einen eigenen Intonationsbogen aufweisen. Es handelt sich hier im Wesentlichen um die Rechtsversetzung und den Nachtrag. Bei der Rechtsversetzung wird ein pronominales Element aus dem Mittelfeld noch einmal genauer spezifiziert. Dies kann durch eine Floskel wie *ich meine* verdeutlicht werden.

(32) a. Hast du sie gesehen, (ich meine) die Eva?
      b. Aber Hitler hat damals betont, vor Kriegsausbruch: ...

Es wird daher angenommen, dass die Rechtsversetzung der Referenzklärung von deiktischen Elementen dient, die der Sprecher noch einmal verdeutlichen möchte.

In einem sog. **Nachtrag** wird eine zusätzliche Information geliefert, was durch eine Floskel wie *und zwar* verdeutlicht werden kann.

(33) a. Peter hat sich ein neues Auto gekauft, (und zwar) ein ziemlich
         teures.
      b. Karl ist weggefahren, und zwar allein.
      c. Trotzdem scheint mir die vorgeschlagene Lösung nicht sinnvoll zu
         sein, und zwar aus folgenden Gründen:...

Auch der Nachtrag ist jedoch eher ein Phänomen der gesprochenen Sprache und wohl der „allmählichen Verfertigung der Gedanken beim Reden" (Kleist 1986, S. 810ff.) zuzuschreiben. Darüber hinaus erfüllt er jedoch auch eine bestimmte informationsstrukturelle Funktion. Die nachgetragene Phrase erhält einen eigenen Akzent, wodurch diese Information viel gewichtiger wird, als wenn sie im Mittelfeld stehen würde.

6.9 Die rechte Satzklammer

Die Verben und eng dazugehörige Konstituenten bilden den Verbalkomplex eines Satzes, der die rechte Klammer darstellt. Neben den infiniten Verben (und dem finiten Verb bei Verbendstellung) gehören auch einige nichtverbale Konstituenten zur rechten Klammer. Das sind zum einen die trennbaren Verbbestandteile, die Verbpartikeln oder Verbzusätze genannt werden.

(34) a. Hans wird Anna **treffen**. (Vollverb)
      b. Otto will Anna nicht **gesehen haben**. (Vollverb + Hilfsverb)

     c. Otto hat Anna **treffen wollen**. (Vollverb + Modalverb)
     d. Sie wird sich **zu helfen wissen**. (Vollverb + Halbmodalverb)
     e. Hans setzt Anna am Bahnhof **ab**. (Verbpartikel/Verbzusatz)

Darüber hinaus ist es jedoch keineswegs unstrittig, was alles zur rechten Satzklammer zu rechnen ist. Die Elemente in der rechten Klammer sind sehr positionsfest, nichts kann zwischen sie und das finite Verb am Ende der rechten Klammer treten. Daher lassen sich durch einen entsprechenden Umstelltest die Elemente der rechten Klammer identifizieren: wenn etwas zwischen das fragliche Element und das Verb gestellt werden kann, handelt es sich nicht um ein rechtes Klammerelement.

    (35) Hans hat Anna am Bahnhof gestern abgesetzt/*ab gestern gesetzt.

Diesem Test zufolge handelt es sich also bei *ab* um ein Element der rechten Klammer, in diesem Fall um eine Verbpartikel. Ähnlich wie Verbpartikeln verhalten sich auch Nomina, die keine selbstständigen Satzglieder darstellen und zu einem Teil des Prädikats geworden sind. Sie weisen keine Artikel auf und können nicht modifiziert werden:

    (36) a. Sie ist gerne Eis gelaufen.
         b. *Sie ist Eis gerne gelaufen.
         c. *Sie läuft sehr glattes Eis/Eis, das sehr glatt ist.

Neben Verbpartikeln gehören diesem Test zufolge auch die nichtverbalen Teile (in der Regel eine PP oder NP) von sog. Funktionsverbgefügen zur rechten Satzklammer.

    (37) Anna hat uns ihr Auto gestern zur Verfügung gestellt/*zur Verfügung
          gestern gestellt.

Die nichtverbalen Teile von Funktionsverbgefügen, die als PP oder NP realisiert sein können, stellen keine eigenständigen Satzglieder dar, da sie weder erfragbar noch pronominalisierbar sowie auch kaum vorfeldfähig sind. Sie tragen den Hauptteil der Bedeutung des Prädikats, während die Verben in Funktionsverbgefügen semantisch sehr stark reduziert sind.

Von einigen Autoren werden auch Prädikative als Elemente der rechten Klammer aufgefasst (z.B. Weinrich 2007). Altmann/Hahnemann (2007) rechnen sogar Direktionaladverbiale zu den rechten Klammerelementen. Alle diese Elemente haben gemeinsam, dass sie sehr platzfest vor dem Verbalkomplex stehen. Weil es sich jedoch um selbstständige Satzglieder handelt, rechnen wir diese Elemente nicht zur rechten Satzklammer. Da die Satznegation links von Prädikativen und Direktionaladverbialen steht, rechnen wir die Satznegation (im Gegensatz zu Helbig/Buscha (2005), die sie als rechtes Klammerelement werten), nicht zu den Klammerelementen.

Bei der Bestimmung der Elemente der rechten Klammer und Elementen des Mittelfelds wurde eine Schwäche des topologischen Modells sichtbar, das hier nur eine Entweder-Oder-Entscheidung zulässt. Wie in diesem Abschnitt aber angedeutet wurde, können Elemente verschieden eng an den Verbalkomplex geknüpft sein.

6.10 Zur Abfolge der Elemente in der rechten Satzklammer

Wenn in der rechten Klammer mehrere Verben stehen, stellt sich die Frage nach den Regeln für ihre Abfolge. Um diese erfassen zu können, müssen die syntaktischen Beziehungen zwischen den einzelnen Verben näher untersucht werden. Zwischen den Verben in einem Verbalkomplex bestehen Abhängigkeits- und Rektionsbeziehungen, die besonders eingehend von Bech ([2]1983) untersucht wurden, dessen Darstellung wir hier folgen. Bech spricht von einer „hypotaktischen Kette" und illustriert die Abhängigkeitsverhältnisse der Verben durch einen sog. Rangindex. Das Verb mit einem rangniedrigeren Index regiert das Verb mit dem nächsthöheren Rangindex. Das finite Verb ist stets unregiert, d.h. es trägt den niedrigsten Index (= 1).

(38)   a. Er geht$_1$.
       b. Er ist$_1$ gegangen$_2$.
       c. Er wird$_1$ gegangen$_3$ sein$_2$.

(39)   a. Er hat$_1$ ihn kommen$_3$ lassen$_2$.
       b. Sie wird$_1$ es nie mit ihm versuchen$_3$ wollen$_2$.
       c. weil sie ihn nie getroffen$_3$ haben$_2$ wird$_1$.

Bech ([2]1983) unterscheidet bei den infiniten Verbformen zwei Stufen und drei Status. Die Formen der 2. Stufe sind dekliniert und werden hier der Vollständigkeit halber erwähnt:

	1. Stufe (Supinum)	2. Stufe (Participium)
1. Status	*lieben*	*liebend(-er)*
2. Status	*zu lieben*	*zu liebend(-er)*
3. Status	*geliebt*	*geliebt(-er)*

Ein übergeordnetes Verb legt die Form des unmittelbar davon abhängigen Verbs fest, Bech spricht hier von „Statusrektion".

Wie wir gesehen haben, ist das finite Verb stets das ranghöchste Verb und trägt daher den Index 1. Nur bei Verbendstellung steht es in der rechten Klammer. Die Verben in der rechten Klammer stehen in der Abfolge rangniedereres vor ranghöherem Verb. Allerdings wird von dieser Reihenfolge in bestimmten Fällen abgewichen und das finite Verb steht zu Beginn des Verbalkomplexes, also links von den anderen Verben. Bech unterteilt daher die rechte Klammer (die bei ihm „Schlussfeld" genannt wird) in ein Unter- und ein Oberfeld.

Ein Oberfeld wird dann eröffnet, wenn ein sog. Ersatzinfinitiv auftritt (auch IPP = „infinitivus pro participio" genannt). Wenn der Verbalkomplex mehr als drei Verben enthält, kann neben dem finiten Verb auch das unmittelbar davon abhängige Verb (mit dem Index 2) ins Oberfeld gestellt werden.

Beispiele für rechte Satzklammern mit einem Oberfeld:

	rechte Klammer (Bech: „Schlussfeld")	
	Oberfeld	**Unterfeld**
(weil er das)	*hat$_1$*	*lesen$_3$ müssen$_2$*
(weil er das)	*hat$_1$*	*kommen$_3$ sehen$_2$*
(dass er das Buch)	*wird$_1$ haben$_2$*	*lesen$_4$ können$_3$*
(dass er sie)	*wird$_1$ haben$_2$*	*laufen$_4$ lassen$_3$*

Im Unterfeld gilt die Abfolge regiertes Glied vor regierendem Glied (Rektum vor Regens). Im Oberfeld gilt dagegen die umgekehrte Abfolge: Regens vor Rektum. Das rangniedrigste Element des Oberfelds regiert das ranghöchste Element des Unterfelds an dessem rechten Rand.

Eine Oberfelderöffnung wird generell dann nötig, wenn ein Ersatzinfinitiv auftritt. Dies ist bei der Perfektform von Modalverben der Fall, die statt des eigentlich vom Perfekthilfsverb *haben* geforderten Partizips II im reinen Infinitiv auftreten. Ferner tritt der Ersatzinfinitiv auch bei den Verben auf, die eine AcI-Konstruktion nach sich ziehen. Dies sind im heutigen Deutsch die Verben der Wahrnehmung und *lassen*. Da hier für viele Sprecher entweder der Ersatzinfinitiv oder das Partizip II stehen kann, wird bei diesen Verben besonders deutlich, dass die Oberfelderöffnung eng mit dem Auftreten des Ersatzinfinitivs zusammenhängt. Wenn diese Verben mit dem Partizip II verwendet werden, gibt es keine Umstellung ins Oberfeld:

(40) a. weil er das kommen gesehen hat/*hat kommen gesehen
      b. weil er den Motor hat laufen lassen/*hat laufen gelassen

Tritt das Perfektauxiliar *haben* mit einem Ersatzinfinitiv auf (obligatorisch bei Modalverben, fakultativ bei den Wahrnehmungsverben und *lassen*), so steht es bei Verbendstellung links von den anderen Verben, im sog. Oberfeld.

6.11 Übungsaufgaben

⮏ 27. Machen Sie eine toplogische Analyse der folgenden Sätze.

    a. Hans weiß die Antwort nicht.
    b. Was weiß Hans nicht?
    c. Wie schön sind diese Bilder!
    d. Anna sagt, Hans weiß die Antwort nicht.
    e. Sei doch nicht so dumm!
    f. Ist er tatsächlich so dumm?
    g. Hat der aber ein Glück gehabt!
    h. Komm' ich heut' nicht, komm' ich morgen.
    i. Kommt ein Mann in die Kneipe, bestellt 10 Bierchen, kippt eines nach dem anderen hinunter ...
    j. Er weiß nicht, dass/ob/wann sie kommt.
    k. Ob er wohl kommt?
    l. Wann er wohl geht?
    m. Dass der das alles weiß!
    n. Was der alles gelesen hat!
    o. Hans fuhr nach München und (er) besuchte eine alte Freundin.
    p. Dass Hans kein Geld mehr hat, stört ihn gar nicht.
    q. Die Vermietung ihrer Wohnungen an einen unberechenbaren Spekulanten schockierte die Mieter des Altbaus.
    r. Und sie bewegt sich doch.
    s. Aber hast du ihm geantwortet?

⮏ 28. Zeigen Sie, dass die Wortfolge *wer kommt* in den beiden folgenden Sätzen topologisch unterschiedlich analysiert werden muss.

    a. Wer kommt?
    b. Sie wollte wissen, wer kommt.

⮏ 29. Beschreiben Sie, inwiefern in dem folgenden Satz im Telegrammstil von den üblichen Regeln der deutschen Wortstellung abgewichen wird:

Ankomme Freitag, den 13.

⮏ 30. Bestimmen Sie die Abhängigkeitsverhältnisse der Verben in den folgenden Sätzen und kennzeichnen Sie sie durch Rangindizes!

    a. Das will gelernt sein.
    b. Er hat sie tanzen sehen wollen.
    c. weil er sie nicht mehr hat turteln sehen können.
    d. Sie scheint das nicht gekonnt zu haben.
    e. dass er sie die Arie hat singen hören wollen.

⊃ 31. Überlegen Sie, welche Elemente in den folgenden Sätzen die infiniten Verbformen in ihrem Status regieren:

    a. Ich bin froh, bald Ferien zu haben.
    b. Sie hat die Gelegenheit, das Examen zu wiederholen.
    c. Sie arbeitet, um zu leben.

⊃ 32. Geben Sie an, welchen Status die folgenden Verben regieren:

wollen, werden (als Tempushilfsverb zur Bildung des Futurs), *werden* (als Passivhilfsverb), *sein* (als Tempushilfsverb zur Bildung des Perfekts), *müssen, haben* (als Tempushilfsverb zur Bildung des Perfekts), *scheinen* (als Halbmodalverb), *versprechen, behaupten*

📖 Literaturtipps zum Weiterlesen

Eine gute zusammenfassende Darstellung des topologischen Satzmodells findet sich bei Wöllstein-Leisten et al. (1997) sowie bei Eisenberg (2006, Kap. 13). Die momentan wohl ausführlichsten Darstellungen bieten Zifonun et al. (1997) und Altmann/Hofmann (2004). Der Klassiker zu den Infinitivkonstruktionen, der sich auch mit den Stellungseigenschaften sehr eingehend befasst, ist Bech ([2]1983).

7 Komplexe Sätze

Was in diesem Kapitel behandelt wird:
- Nebenordnung und Unterordnung von Sätzen
- Formen und Funktionen der Nebensätze

Die größte Einheit in der syntaktischen Beschreibung ist der Satz. Dabei kann es sich um einen einfachen, aber auch um einen komplexen Satz handeln. Ein komplexer Satz besteht aus mehreren Teilsätzen, wie z.B. (1a/b). Ein einfacher Satz (1c) kann dagegen nicht in mehrere Teilsätze zerlegt werden.

(1)   a. Eva liest, aber Frieda schläft.
      b. Eva liest, weil Frieda schläft.
      c. Eva schläft.

Komplexe Sätze können unterschiedlich aufgebaut sein. Die Teilsätze können entweder nebengeordnet sein wie in (1a) oder ein Teilsatz kann dem anderen untergeordnet sein wie in (1b). In (1a) liegt eine Parataxe, in (1b) eine Hypotaxe vor.

7.1 Aufbau komplexer Sätze

7.1.1 Parataxe

Bei einer Parataxe (Satzreihung) werden strukturell gleichrangige Sätze verbunden. Dabei kann es sich um Hauptsätze handeln, aber auch um Nebensätze.

(2)   a. Eva weint und Frieda lacht.
      b. (Emil sagt), dass Eva weint und dass Frieda lacht.

Die Teilsätze können syndetisch, d.h. mit einem verknüpfenden Ausdruck (einer koordinierenden Konjunktion (3a) oder einem Konjunktionaladverb (3b)), aber auch asyndetisch, d.h. ohne verknüpfenden Ausdruck (3c) parataktisch verbunden sein.

(3)   a. Eva weint und/oder/aber/denn Frieda lacht.
      b. Eva weint, trotzdem/deshalb lacht Frieda.
      c. Eva weint, Frieda lacht (und Emil sagt gar nichts mehr).

7.1.2 Hypotaxe

Bei einer Hypotaxe (Satzgefüge) ist ein Teilsatz dem anderen untergeordnet (subordiniert). Der übergeordnete Teilsatz ist i.d.R. ein Hauptsatz, d.h. ein selbstständiger Satz, der auch alleine auftreten kann. Der untergeordnete Satz (Nebensatz) ist nicht selbstständig, sondern steht in einer strukturellen Beziehung zum übergeordneten Satz. Folgendes sind Beispiele für hypotaktische Verknüpfungen:

(4) a. Er weiß, dass sie kommt.

  b. Sie schläft, obwohl es erst 8 Uhr ist.

  c. Die Studentin, die neben ihr sitzt, ist wirklich eingeschlafen.

In allen drei Fällen liegt ein komplexer Satz vor, der aus einem Hauptsatz und einem Nebensatz besteht. Die Nebensätze haben jeweils eine syntaktische Funktion im Hauptsatz. In (4a) ist der *dass*-Satz das Akkusativobjekt des Verbs *wissen*, in (4b) tritt der *obwohl*-Satz in der Funktion eines Adverbials auf, in (4c) ist der subordinierte Satz ein Relativsatz, ein Attributsatz, der sich auf das Bezugselement *die Studentin* bezieht.

Ein Nebensatz kann jedoch u.U. auch gleichzeitig ein übergeordneter Satz sein, nämlich dann, wenn er selbst einen weiteren Teilsatz einbettet. Sätze, die einen Teilsatz einbetten, werden unabhängig von der Frage, ob sie selbst strukturell selbstständig sind oder nicht, als Matrixsätze bezeichnet.

(5) a. Ob er ihr gesagt hat, dass er aus München ist, weiß ich nicht mehr.

  b. Die Behauptung, er habe nicht gewusst, dass sie aus Hamburg ist, ist schlichtweg falsch.

In Satz (5a) ist der untergeordnete *ob*-Satz (selbst Akkusativobjekt des Hauptsatzes) demzufolge ein Matrixsatz, denn er bettet wiederum einen *dass*-Satz ein. In Satz (5b) ist *er habe nicht gewusst* ein Nebensatz, nämlich ein Attributsatz zu dem Bezugselement *die Behauptung*. Zugleich ist er jedoch auch ein Matrixsatz, da er einen *dass*-Satz einbettet.

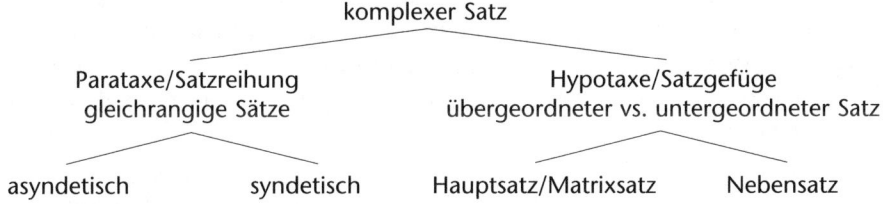

Abb.: Aufbau komplexer Sätze

Die Nebensätze sollen im Folgenden nach formalen und nach funktionalen Gesichtspunkten unterschieden werden. Zu den Hauptsätzen vgl. 6.3.

7.2 Einteilung der Nebensätze

7.2.1 Nach formalen Kriterien

Es gibt im Deutschen Nebensätze, deren Unterordnung durch ein einleitendes Element angezeigt wird (eingeleitete Nebensätze) und solche, die dieselbe Form wie selbstständige Sätze aufweisen (uneingeleitete Nebensätze). Die eingeleiteten Nebensätze können wiederum durch das sie einleitende

Element (subordinierende Konjunktion, Relativum oder Interrogativum) klassifiziert werden. Die entsprechenden Nebensätze bezeichnet man als Konjunktionalsatz, Relativsatz bzw. als eingebetteten Interrogativsatz (indirekten Fragesatz). Für die Klassifikation der uneingeleiteten Nebensätze wird insbesondere die Verbstellung herangezogen.

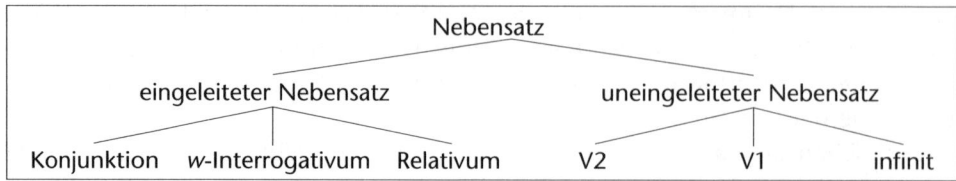

Abb.: Einteilung der Nebensätze nach formalen Kriterien

Beispiele für eingeleitete Nebensätze:

(6) a. (Er weiß nicht), dass der Hund schon wieder bellt.
     b. (Der Hund macht), was er will.
     c. (Er kennt einen Hund), der dauernd bellt.
     d. (Er weiß nicht), warum der Hund schon wieder bellt.
     e. (Er weiß nicht), ob der Hund schon wieder bellt.

Bei Satz (6a) handelt es sich um einen Konjunktionalsatz, bei den Sätzen (6b/c) um Relativsätze und bei den Sätzen (6d/e) um eingebettete Interrogativsätze.

Achtung: Während der Begriff Konjunktionalsatz auf die Kategorie des einleitenden Elements Bezug nimmt, wird mit Interrogativsatz auf einen Satztyp verwiesen. Wird ein Interrogativsatz mit der subordinierenden Konjunktion *ob* eingeleitet, so ist er gleichzeitig ein Konjunktionalsatz (vgl. Gallmann/ Sitta 2001).

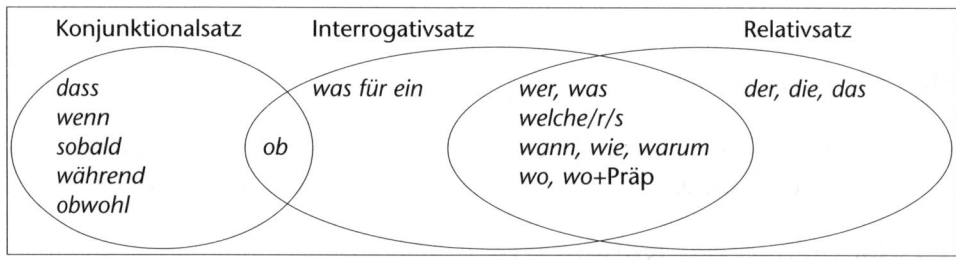

Abb.: Nebensatzeinleitende Elemente

Eingeleitete Nebensätze haben immer Verbendstellung.

(7) a. (Er weiß nicht), dass der Hund schon wieder **bellt.**
     b. *(Er weiß nicht), dass der Hund **bellt** schon wieder.

In manchen Fällen ist nicht klar ersichtlich, ob Verbzweit- oder Verbendstellung vorliegt:

(8)   Ein Hund, der bellt, beißt nicht.

Deutlich wird die Verbstellung, wenn ein Adverbial hinzugefügt wird.

(9)   a. *Ein Hund, der bellt dauernd, beißt nicht.
      b. Ein Hund, der dauernd bellt, beißt nicht.

Uneingeleitete Nebensätze, d.h. Nebensätze, die weder durch eine Konjunktion noch durch ein Relativ- bzw. Interrogativelement eingeleitet werden, sind entweder Verbzweitsätze, Verberstsätze oder infinite Sätze.

Eingebettete Verbzweitsätze treten insbesondere nach Verben des Sagens und Denkens und den entsprechenden Nomen auf (10a/b). Nebensätze mit Verberststellung sind uneingeleitete Konditional- oder Konzessivsätze (10c/d):

(10) a. Ich glaube, sie hat recht.
      b. Die Hoffnung, sie habe recht, war groß.
      c. Glaubt ihr das, ist das schlimm.
      d. Regnet es, geht sie doch spazieren.

Uneingeleitete Nebensätze mit Verberst- und Verbzweitstellung sind immer finite Nebensätze, d.h. sie enthalten immer ein finites Verb. Infiniten Nebensätzen (auch satzwertige Infinitive genannt) kann kein Verbstellungstyp zugewiesen werden, da sich die Einteilung V1/V2/VE-Satz immer auf das finite Verb bezieht, z.B.:

(11) a. Zuviel zu essen, (ist ungesund).
      b. (Er versprach ihr,) bald zu kommen.

7.2.2   Nach funktionalen Kriterien

Nebensätze unterscheiden sich nicht nur formal, sondern können auch nach ihrer Funktion im Matrixsatz klassifiziert werden. Sie haben entweder Satzgliedfunktion (Gliedsätze) oder sind selbst Teil eines Satzglieds (Attributsätze). Einige Nebensätze, nämlich so genannte weiterführende Nebensätze (auch Satzrelativsätze genannt), haben keine Funktion im übergeordneten Satz.

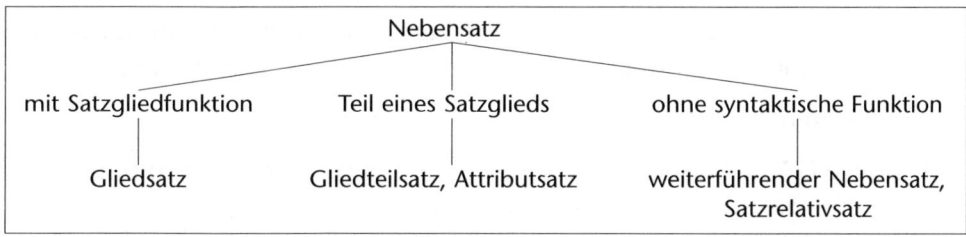

Abb.: Syntaktische Funktionen der Nebensätze

- Nebensatz mit Satzgliedfunktion (Gliedsatz)

  Gliedsätze sind erfragbar, pronominalisierbar und vorfeldfähig.

  – Subjektsatz

  (12) Dass sie gewonnen hat, freut ihn.

  – Akkusativobjektsatz

  (13) Er sagt, dass sie gewonnen hat.

  – Präpositionalobjektsatz

  (14) Er freut sich, dass sie gewonnen hat.

  – Genitivobjektsatz

  (15) Er vergewissert sich, dass sie gewonnen hat.

  – Dativobjektsatz

  (16) Sie hilft, wem sie will.

  – Prädikativsatz

  (17) Sie bleibt, wie sie ist.

  – Adverbialsatz

  (18) Sie hat sich gefreut, weil sie gewonnen hat.

- Nebensatz als Teil eines Satzglieds (Attributsatz)

  Attributsätze beziehen sich meist auf ein Nomen und spezifizieren dieses näher. Attributsätze können nur zusammen mit ihrem Bezugselement im Vorfeld stehen.

  (19) a. Die Frage, die er gestellt hat, ist interessant.
  b. *Die er gestellt hat, ist interessant die Frage.

- Nebensatz ohne syntaktische Funktion im übergeordneten Satz (weiterführender Nebensatz)

  Weiterführende Nebensätze sind nicht erfragbar und pronominalisierbar. Sie sind i.d.R. nachgestellt und können nicht im Vorfeld stehen.

  (20) Sie geht gern zur Schule, was übrigens kein Wunder ist.

Nebensätze können also in unterschiedlichen syntaktischen Funktionen auftreten. Offen ist jedoch die Frage geblieben, wie man überhaupt die Funktion der Sätze erkennen kann. Will man z.B. die syntaktische Funktion ‚Subjekt' im Deutschen beschreiben, so wird sicherlich darauf verwiesen, dass ein

Subjekt im Nominativ steht und dass es mit dem finiten Verb in Person und Numerus kongruiert. Wie ist das nun aber mit Sätzen? Kann die Funktion der Nebensätze überhaupt anhand der Morphologie erkannt werden?

Wenden wir uns zuerst der Frage zu, ob ein Subjektsatz mit dem Verb kongruiert. Wie wir an (21) und den vorangehenden Beispielen beobachten können, steht das Verb in Verbindung mit einem Subjektsatz in der dritten Person Singular.

(21) Dass sie gut vorlesen kann, beeindruckt ihn.

Interessant ist nun, was passiert, wenn zwei Subjektsätze koordiniert werden. Denn koordiniert man zwei Nominalphrasen in der Funktion Subjekt, so muss das Verb im Plural stehen.

(22) a. Hans und Oskar sind/*ist nett.
      b. Dass sie gut vorlesen kann und dass sie selbst Gedichte schreibt, beeindruckt/*beeindrucken ihn.

Wie Satz (22b) zeigt, steht das finite Verb auch bei Koordination von Subjektsätzen in der dritten Person Singular. Es liegt daher keine Subjekt-Verb-Kongruenz vor, sondern das finite Verb tritt stets in der unmarkierten Form auf. Die morphologische Relation ‚Kongruenz' steht daher nicht zur Verfügung, um den Satz als einen Subjektsatz zu identifizieren.

Kann die syntaktische Funktion eines Nebensatzes anhand des Kasus identifiziert werden? Vgl.:

(23) a. Dass sie gewonnen hat, freut ihn.
      b. Er sagt, dass sie gewonnen hat.
      c. Er freut sich, dass sie gewonnen hat.
      d. Sie hat sich so sehr angestrengt, dass sie gewonnen hat.

Die *dass*-Sätze in (23) haben alle dieselbe Form. Dass der *dass*-Satz in (23a) ein Subjektsatz, in (23b) ein Akkusativobjektsatz, in (23c) ein Präpositionalobjektsatz und in (23d) ein Adverbialsatz ist, kann nicht durch die Morphologie, sondern muss insbesondere durch die Valenz des übergeordneten Verbs erschlossen werden.

Das Verb *freuen* ist zweiwertig und fordert ein Subjekt und ein Akkusativobjekt. Das Subjekt kann auch als ein Satz realisiert werden.

(24) a. Das Geschenk freut mich.
      b. Dass sie gewonnen hat, freut mich.

freuen	Subjekt	Akkusativobjekt
	NP/Konjunktionalsatz	NP

Sagen ist ebenfalls zweiwertig. Es verlangt ebenfalls ein Subjekt und ein Akkusativobjekt. Bei *sagen* kann das Akkusativobjekt als ein Nebensatz realisiert sein.

sagen	Subjekt	Akkusativobjekt
	NP	NP/Konjunktionalsatz/ Interrogativsatz

Sich freuen fordert ein Subjekt und ein Präpositionalobjekt. In diesem Fall kann das Präpositionalobjekt sentential realisiert sein.

sich freuen	Subjekt	Präpositionalobjekt
	NP	PP/infiniter Satz/ Konjunktionalsatz

Das Verb *sich anstrengen* ist einwertig. Der *dass*-Satz ist nicht valenzabhängig und steht in der Funktion Adverbial.

sich anstrengen	Subjekt
	NP

Die syntaktische Funktion der eingebetteten Sätze wird deutlich, wenn sie durch eine NP, PP oder AdvP substituiert werden (Beispiele b), oder wenn ein Korrelat hinzutritt (Beispiele c).

(25) a. Dass sie gewonnen hat, freut ihn.
      b. Es freut ihn.
      c. Es freut ihn, dass sie gewonnen hat.

(26) a. Er sagt, dass sie gewonnen hat.
      b. Er sagt es.
      c. Er sagt es, dass sie gewonnen hat.

(27) a. Er freut sich, dass sie gewonnen hat.
      b. Sie freut sich darüber.
      c. Er freut sich darüber, dass sie gewonnen hat.

Das den Verbendsatz einleitende Wort gibt ebenfalls einen Hinweis auf die Funktion des Nebensatzes. *Dass* und *ob* leiten i.d.R. einen Komplementsatz ein, andere Konjunktionen wie z.B. *obwohl* oder *während* einen Adverbialsatz (zur Frage nach der syntaktischen Funktion der Nebensätze siehe auch Berman 2003).

7.3 Formen der Nebensätze

7.3.1 Relativsätze

7.3.1.1 Attributive Relativsätze

Ein Relativsatz ist ein Satz, der sich auf ein i.d.R. nominales Element bezieht und dieses näher spezifiziert. Der Relativsatz und das Bezugselement bilden zusammen ein Satzglied:

(28) [$_{NP}$ Der Wassermann, [$_S$ der im Mühlenweiher lebt]], hat einen kleinen Sohn.

Der Relativsatz wird im Deutschen durch ein *d-/w*-Relativpronomen (*der, die, das, welcher, welche, welches*) oder ein *w*-Relativadverb (*wo, wie, wann*) eingeleitet.

(29) a. Die Frage, die/welche er nicht beantworten konnte, war wirklich zu schwierig.
 b. Berlin, wo er geboren ist, ist weit weg.

Im Gegensatz zum Englischen gibt es im Deutschen keine uneingeleiteten Relativsätze:

(30) a. The book I am reading is interesting.
 b. *Das Buch, ich lese, ist interessant.

Es wird zwischen restriktivem und nichtrestriktivem (appositivem) Relativsatz unterschieden. Restriktive Relativsätze (31a) schränken die Menge der Bezugsobjekte ein, nichtrestriktive Relativsätze (31b) spezifizieren das Bezugselement näher:

(31) a. Schuhe, die zu klein sind, sollte man lieber nicht tragen.
 b. Herr Krause, der einen Gemüseladen besitzt, ist sehr nett.

Der restriktive Relativsatz ist i.d.R. intonatorisch in den Matrixsatz integriert, der nichtrestriktive kann intonatorisch vom Matrixsatz durch eine Pause abgetrennt sein. Die nichtrestriktive Lesart kann auch durch die Verwendung von Partikeln, z.B. *übrigens, ja* usw., deutlich gemacht werden. Ist das Bezugselement mit *derjenige/diejenige/dasjenige* determiniert, so ist nur die restriktive Lesart möglich.

(32) a. Der Stift, der Maria gehört, schreibt schlecht.
 b. Der Stift, der übrigens Maria gehört, schreibt schlecht.
 c. Derjenige Stift, der Maria gehört, schreibt schlecht.

7.3.1.2 Freie Relativsätze

Ein Relativsatz wird als freier Relativsatz bezeichnet, wenn er ohne Bezugselement auftritt. Er kann durch ein *w*- oder ein *d*-Relativum eingeleitet werden.

(33) a. Wer/Der lachen kann, hat mehr vom Leben.
      b. Wo er wohnt, ist es schön.

Der freie Relativsatz lässt sich stets in einen Relativsatz mit Bezugselement umformulieren. Ein freier Relativsatz hat immer eine restriktive Lesart.

(34) a. Derjenige, der lachen kann, hat mehr vom Leben.
      b. Dort, wo er wohnt, ist es schön.

Während ein Relativsatz mit Bezugselement ein Attributsatz ist, d.h. er ist Teil eines Satzglieds, ist der freie Relativsatz selbst ein Satzglied. So ist der freie Relativsatz in (33a) und (33b) ein Subjektsatz bzw. ein Lokaladverbialsatz, die Relativsätze in (34a) und (34b) sind hingegen Attributsätze. Die NP *derjenige, der lachen kann* steht in der Funktion Subjekt, die Adverbphrase *dort, wo er wohnt* in der Funktion Lokaladverbial. Bemerkenswert ist, dass ein als freier Relativsatz realisierter Komplementsatz vom Verb nicht selegiert sein muss, sondern immer dann auftreten kann, wenn die Argumentstelle durch eine NP realisiert werden kann. Dies ist z.B. beim Verb *gewinnen* der Fall:

(35) a. Hans gewinnt.
      b. Wer etwas wagt, gewinnt.

Im Gegensatz dazu muss ein Interrogativsatz oder ein Konjunktionalsatz vom regierenden Verb selegiert sein. Interrogativsatz und Konjunktionalsatz können nicht immer auftreten, wenn das Verb eine NP selegiert.

(36) a. Hans gewinnt.
      b. *Dass Hans etwas wagt, gewinnt.
      c. *Warum Hans etwas wagt, gewinnt.

Eine weitere Besonderheit des freien Relativsatzes ist, dass das Relativum i.d.R. im Relativsatz dieselbe syntaktische Funktion innehat, wie der Relativsatz selbst im übergeordneten Satz. So ist in (33a) das Relativpronomen *wer* bzw. *der* das Subjekt des Relativsatzes. Der Relativsatz selbst ist wiederum das Subjekt des komplexen Satzes. In Satz (33b) hat das Relativadverb die Funktion eines Lokaladverbials, der freie Relativsatz ist selbst wiederum Lokaladverbial des komplexen Satzes.

Dass es sich dabei aber weniger um die syntaktische Funktion des Relativums handelt als um seine morphologische Form, zeigt folgendes Beispiel:

(37) Er macht, was ihm gefällt.

Der freie Relativsatz steht in der Funktion Akkusativobjekt, das Relativpronomen *was* ist jedoch das Subjekt des Relativsatzes. Auffällig ist dabei, dass die Form *was* bezüglich Kasusmarkierung unterspezifiziert ist. *Was* kann sowohl nominativisch als auch akkusativisch sein und kann somit Subjekt des Relativsatzes sein und zugleich einen Akkusativobjektsatz einleiten.

Betrachten wir nun aber folgendes Beispiel (aus Bausewein 1990:165):

(38) Sie lädt ein, wem sie zu Dank verpflichtet ist.

Einladen fordert ein Akkusativobjekt. Im Relativsatz steht das *w*-Element jedoch in der Funktion eines Dativobjekts. *Wem* ist nicht unterspezifiziert hinsichtlich Kasus, sondern markiert eindeutig den Dativ. Trotzdem ist der Satz wider Erwarten grammatisch. Auch im folgenden Beispiel stimmt die Funktion des Relativpronomens nicht mit der Funktion des freien Relativsatzes überein. In diesem Fall ist der Satz jedoch ungrammatisch.

(39) *Er liebt, wer ihm gefällt.

Bausewein (1990:165) formuliert folgende Regel, die es erlaubt, die Kasusalternationen der Relativpronomen zu erfassen: „Bei der Bildung eines Relativsatzes kann der vom Matrixverb geforderte Kasus unrealisiert bleiben, wenn er dem vom Relativum realisierten Kasus auf folgender Kasushierarchie vorangeht: Nominativ > Akkusativ > Dativ > Präpositionalkasus.“

Satz (38) ist grammatisch. Der Matrixsatz fordert einen Akkusativ, das Relativpronomen steht im Dativ. Der Akkusativ geht dem Dativ auf der Kasushierarchie voran und kann daher unrealisiert bleiben. Satz (39) ist dagegen ungrammatisch, da der vom Matrixverb geforderte Kasus (nämlich Akkusativ) dem vom Relativum realisierten Kasus (nämlich Nominativ) nicht vorangeht.

Zuletzt sei noch auf das besondere Stellungsverhalten der freien Relativsätze hingewiesen. Im Gegensatz zu Konjunktional- und Interrogativsätzen können freie Relativsätze auch in der Funktion eines Komplementsatzes im Mittelfeld auftreten.

(40) Sie lädt, wem sie zu Dank verpflichtet ist, zu ihrer Feier ein.

7.3.2 Eingebettete Interrogativsätze

Der eingebettete Interrogativsatz wird entweder durch ein Interrogativpronomen/-adverb oder durch die subordinierende Konjunktion *ob* eingeleitet. Mit *ob* eingeleitete Sätze sind eingebettete Entscheidungsfragesätze, mit *w*-Element eingeleitete Sätze sind eingebettete Ergänzungsfragesätze. Folgende Beispiele zeigen, dass ein eingebetteter Interrogativsatz nur von bestimmten Verben bzw. Nomen seligiert wird.

(41) a. Sie fragt ihn, wer lügt.
       b. Sie fragt ihn, warum er lügt.
       c. Sie fragt ihn, ob er lügt.

(42) a. Die Frage, wer lügt, ist überflüssig.
      b. Die Frage, warum er lügt, ist überflüssig.
      c. Die Frage, ob er lügt, ist überflüssig.

(43) a. *Sie glaubt, wer lügt.
      b. *Sie glaubt, warum er lügt.
      c. *Sie glaubt, ob er lügt.

Selegiert ein Verb einen Interrogativsatz, so wird damit jedoch nicht die Form des einleitenden Interrogativums festgelegt. Welches Interrogativum auftritt, ist davon abhängig, welche syntaktische Funktion das Interrogativum im Nebensatz ausübt. So ist in (42a) *wer* Subjekt, in (42b) *warum* Kausaladverbial des eingebetteten Interrogativsatzes. Bei einem Relativsatz kann das einleitende Element hingegen nicht frei variieren.

(44) a. Der Ort, wo es ihm gefällt, ist weit weg.
      b. *Der Ort, warum es ihm gefällt, ist weit weg.

7.3.3 Konjunktionalsätze

Konjunktionalsätze in Komplementfunktion müssen ebenfalls vom Verb selegiert werden, wie z.B. von den Verben *sich freuen* oder *sagen*.

(45) a. Dass er mutiger geworden ist, freut mich.
      b. Er sagt, dass er mutiger geworden ist.

Sie werden fast ausschließlich mit der subordinierenden Konjunktion *dass* oder, falls es sich um einen Fragesatz handelt, mit *ob* eingeleitet. Für Adverbialsätze stehen eine Reihe von verschiedenen Konjunktionen zur Verfügung, z.B. *als, während, wenn, falls, obwohl, indem, soweit, so dass* usw.

7.3.4 Zur Unterscheidung von Relativ-, Interrogativ- und Konjunktionalsätzen

Verdeutlichen wir uns zuerst den Unterschied zwischen den verschiedenen einleitenden Elementen, also Relativum, Interrogativum und subordinierender Konjunktion, anhand zweier Eigenschaften:

Erstens, im Unterschied zu einem Relativum oder Interrogativum haben Konjunktionen keine Satzgliedfunktion im eingebetteten Satz. Vgl.:

(46) a. Er wusste nicht mehr, ob er die ganze Nacht geschlafen hatte.
      b. Er wusste nicht mehr, wann er geschlafen hatte.
      c. Das Rätsel, das man ihm gestellt hatte, war einfach.
      d. Die Tatsache, dass man ihm ein Rätsel gestellt hat, ist erstaun-
         lich.

In Satz (46b) steht das Interrogativadverb *wann* in der Funktion eines Temporaladverbials, in Satz (46c) ist das Relativpronomen *das* das Akkusativobjekt des Relativsatzes. Die subordinierenden Konjunktionen *ob* und *dass* in (46a/ d) haben dagegen keine Satzgliedfunktion.

Zweitens, während subordinierende Konjunktionen immer in der linken Satzklammer auftreten und Verbendstellung auslösen, können Relativa und Interrogativa sowohl verbendsteuernde Elemente sein als auch im Vorfeld eines Verbzweitsatzes auftreten:

(47) a. (Ich frage mich), warum er das macht.
   b. Warum macht er das?

(48) a. (Ich frage mich), ob er das macht.
   b. *Ob macht er das?

Vorsicht: Ist das Mittelfeld nicht besetzt, so sind der Hauptsatz und der Nebensatz, die durch ein Interrogativum eingeleitet werden, scheinbar identisch.

(49) a. Wer beginnt?
   b. (Ich weiß nicht), wer beginnt.

Bei Satz (49a) handelt es sich jedoch um einen Verbzweitsatz, bei Satz (49b) um einen Verbendsatz.

In einigen Fällen liegt eine Ambiguität zwischen eingebettetem Interrogativsatz und freiem Relativsatz vor, z.B.

(50) Wer lügt, ist unsicher.

Dass *unsicher sein* einen Interrogativsatz einbetten kann, sieht man daran, dass auch die Einbettung eines *ob*-Satzes möglich ist.

(51) Ob er lügt, ist unsicher.

Unsicher sein lässt jedoch auch eine NP als Subjekt zu.

(52) Der Mann ist unsicher.

Daher ist in (50) auch die Lesart eines freien Relativsatzes möglich. Die beiden Lesarten von (50) lassen sich wie folgt paraphrasieren:

(53) a. Wer es ist, der lügt, ist unsicher. (eingebetteter Interrogativsatz)
   b. Derjenige, der lügt, ist unsicher. (freier Relativsatz)

7.3.5 Infinite Sätze (auch: satzwertige Infinitive)

Infinite Sätze enthalten nur infinite Verbformen. Infinite Sätze sind entweder uneingeleitet oder sie werden durch die Infinitivkonjunktionen *(an)statt, ohne, um* eingeleitet.

(54) a. Er versprach, zu essen.
      b. Er ging weg, ohne zu essen.
      c. Er ging weg, anstatt zu essen.

Bemerkenswert ist, dass in infiniten Nebensätzen kein Subjekt auftreten kann:

(55) a. Er versprach ihr, bald zu kommen.
      b. *Er versprach ihr, er bald zu kommen.

Obwohl das Verb *kommen* einwertig ist und ein Subjekt verlangt, ist der Satz (55a) nicht ungrammatisch, da das Subjekt des Hauptsatzes zugleich als Subjekt des infiniten Satzes verstanden wird. Dieses Phänomen wird **Kontrolle** genannt. Man unterscheidet zwischen Subjekt- und Objektkontrolle, je nachdem welche Ergänzung des Hauptsatzes das Subjekt des infiniten Verbs kontrolliert, z.B.:

(56) a. Er versprach ihr, zu kommen. – Subjektskontrolle
      b. Er überredete sie, zu kommen. – Objektskontrolle

Ob Subjekts- oder Objektskontrolle vorliegt, ist eine lexikalische Eigenschaft der Verben, die einen infiniten Komplementsatz einbetten, der so genannten Kontrollverben. Die Kontrollverben legen fest, wie das Subjekt des infiniten Satzes zu interpretieren ist.

Da die Infinitivphrase kein finites Verb enthält und das Subjekt nicht realisiert ist, wird sie häufig nicht als infiniter Satz, sondern als satzwertiger Infinitiv oder auch inkohärenter Infinitiv bezeichnet. Ein satzwertiger Infinitiv ist Teil eines komplexen Satzes und enthält ein eigenständiges Prädikat.

Hinsichtlich ihrer Distribution unterscheiden sich die satzwertigen Infinitive von den finiten Nebensätzen. Sie können nämlich auch in der Funktion Subjekt oder Objekt im Mittelfeld auftreten:

(57) Natürlich ist, zu viel zu essen, äußerst ungesund.

Die satzwertigen Infinitive (inkohärente Infinitive) sind jedoch von den so genannten kohärenten Infinitiven zu unterscheiden. Das sind Infinitive, die zusammen mit dem finiten Verb das Prädikat eines (Teil-)Satzes bilden.

(58) a. Er will ein Haus bauen.
      b. Er wird bald da sein.

Es ist nicht immer leicht zu erkennen, ob die Infinitivphrase satzwertig ist oder nicht. Grundsätzlich kann man festhalten, dass eine satzwertige Infinitivphrase immer einen *zu*-Infinitiv enthält. Reine Infinitive, wie in (58), sind nie satzwertig. Zu der Unterscheidung von satzwertigen und nicht-satzwertigen Infinitiven vgl. Abschnitt 8.1.

7.4 Syntaktische Funktionen der Nebensätze

Im Folgenden sollen die Eigenschaften der Nebensätze in den wichtigsten syntaktischen Funktionen genauer betrachtet werden. Dabei soll insbesondere auf die verschiedenen Formen, das Auftreten eines Korrelats und die Distribution der Sätze eingegangen werden.

7.4.1 Subjektsatz

• Formen

Sätze in der Funktion eines Subjekts treten entweder als Konjunktionalsätze, als Interrogativsätze, als freie Relativsätze oder als infinite Sätze auf. Selten und nur in Verbindung mit Präferenzprädikaten (z.B. *lieber sein, besser sein*) lassen sich auch Verbzweitsätze finden.

(59) a. Dass sie gut vorlesen kann, beeindruckt ihn.
b. Ob sie gut vorlesen kann, ist unwichtig.
c. Wer rastet, rostet.
d. Gut zu essen, ist wichtig.
e. Besser ist es, wir gehen zu Fuß.

• Distribution

Subjektsätze treten im Vorfeld, im Nachfeld und linksversetzt auf. Im Mittelfeld ist das Vorkommen der Subjektsätze markiert.

(60) a. Dass sie gut vorlesen kann, beeindruckt ihn sehr.
b. Es beeindruckt ihn sehr, dass sie gut vorlesen kann.
c Dass sie gut vorlesen kann, das beeindruckt ihn sehr.
d. ??Es hat ihn, dass sie gut vorlesen kann, sehr beeindruckt.

• Korrelat

Extraponierte Subjektsätze treten oft in Verbindung mit einem Korrelat auf. Das Korrelat *es* kann sowohl im Vorfeld als auch im Mittelfeld stehen. Es muss dem Subjektsatz jedoch immer vorangehen.

(61) a. Es beeindruckt ihn sehr, dass sie gut vorlesen kann.
b. Ihn beeindruckt es sehr, dass sie gut vorlesen kann.
c. *Dass sie gut vorlesen kann, beeindruckt ihn es sehr.

7.4.2 Akkusativobjektsatz

• Formen

Akkusativobjektsätze können realisiert werden als Konjunktionalsätze, als Interrogativsätze, als freie Relativsätze oder als infinite Sätze. Eine Besonderheit ist, dass Verben des Sagens und Meinens einen Verbzweitsatz einbetten können.

(62) a. Er sagt, dass sie Recht hat.
      b. Er sagt, warum sie Recht hat.
      c. Er sagt, was er will.
      d. Er versprach, ihn anzurufen.
      e. Er sagt, sie habe Recht.

- Distribution

Auch Akkusativobjektsätze können im Vorfeld und im Nachfeld auftreten oder linksversetzt sein. Interessant ist, dass die Stellung der Verbzweitsätze sehr eingeschränkt ist. Diese können nämlich nur extraponiert auftreten. Ihre Position im Vorfeld und im Mittelfeld ist ungrammatisch.

(63) a. Sie hat geglaubt, sie habe Recht.
      b. *Sie habe Recht, hat sie geglaubt.[1]
      c. *Sie hat, sie habe Recht, geglaubt.

- Korrelat

Akkusativobjektsätze können auch zusammen mit dem Korrelat *es* auftreten. Das Korrelat-*es* zum Akkusativobjektsatz kann nicht im Vorfeld stehen.

(64) a. Er bereut es, dass er ihr geglaubt hat.
      b. *Es bereut er, dass er kommt.

7.4.3 Präpositionalobjektsatz

- Formen

Der Präpositionalobjektsatz kann als Konjunktionalsatz, Interrogativsatz, infiniter Satz oder freier Relativsatz realisiert sein:

(65) a. Er freute sich, dass es sie gibt.
      b. Er erkundigte sich, ob es sie gibt.
      c. Er freute sich, sie zu treffen.
      d. Er freut sich, worüber er will.

- Distribution

Wie die anderen Komplementsätze auch kann der Präpositionalobjektsatz im Nachfeld auftreten, im Mittelfeld ist er durchweg ungrammatisch. Interessanterweise ist das Auftreten im Vorfeld ebenfalls ungrammatisch. Satzinitial kann der Präpositionalobjektsatz nur linksversetzt stehen.

---

1 Der Satz ist nur dann akzeptabel, wenn der erste Teilsatz als Hauptsatz, der zweite Teilsatz als V1-Parenthese verstanden wird.

(66) a. *Dass er gekommen ist, freut sie sich.
      b. Dass er gekommen ist, darüber freut sie sich.

- Korrelat

Auch Präpositionalobjekte können zusammen mit einem Korrelat auftreten. Das Korrelat ist dabei von der Kategorie Pronominaladverb.

(67) Sie hat sich **darüber** gefreut, dass es regnet.

Bei bestimmten Verben ist das Auftreten eines Korrelats obligatorisch.

(68) Sie hat sich *(damit) beschäftigt, ob es immer mehr Erdbeben geben wird.

Interessant ist, dass das Korrelat bei Präpositionalobjektsätzen andere syntaktische Eigenschaften aufweist als das Korrelat *es* bei Subjekt- oder Akkusativobjektsätzen. So können bei Präpositionalobjekten Korrelat und entsprechender Satz zusammen im Vorfeld auftreten, beim Korrelat *es* und Subjekt- oder Akkusativobjektsatz ist das hingegen ungrammatisch.

(69) a. Darüber, dass sie gewonnen hat, freut sie sich.
      b. *Es, dass er gewonnen hat, freut ihn.

Dies spricht dafür, dass in Satz (69a) der *dass*-Satz ein Attributsatz zum Korrelat ist. Dies erklärt auch, warum das Korrelat und der Satz zusammen im Mittelfeld auftreten können.

(70) Sie hat sich darüber, dass sie gewonnen hat, gefreut.

Beim Korrelat *es* ist dies nicht möglich.

(71) *Sie hat es, dass er gewonnen hat, gefreut.

Der *dass*-Satz kann in (71) nicht als Attributsatz analysiert werden. Es wird daher davon ausgegangen, dass sich *es* und der Satz die Funktion Subjekt oder Objekt ‚teilen‘ und eine Art diskontinuierliche Konstituente bilden. Zum Verhalten des Korrelats *es* siehe Abschnitt 9.1.4.

7.4.4 Adverbialsatz

Adverbialsätze werden häufig nach semantischen Kriterien unterschieden:

a) Temporalsätze: eingeleitet durch *als, wenn* (gleichzeitig), *bevor, ehe* (nachzeitig), *nachdem* (vorzeitig) u.a.

(72) Als er es bemerkte, freute er sich.

b) Kausale Relationen

– Kausalsätze: eingeleitet durch *weil, da* u.a.

(73) Er kommt nicht, weil er krank ist.

– Konditionalsätze: eingeleitet durch *wenn, falls, insofern* u.a.

(74) Wenn sie Recht hat, hat sie Recht.

– Irrelevanzkonditionalsätze: eingeleitet durch *ob... oder nicht, w-... auch immer* u.a.

(75) a. Ob es regnet oder nicht, Hans geht spazieren.
      b. Was auch immer passierte, Marie blieb ruhig.

– Konzessivsätze: eingeleitet durch *obwohl, obgleich, wenngleich* u.a.

(76) Obwohl sie Recht hat, hat sie auch wieder Unrecht.

– Konsekutivsätze: eingeleitet durch *so dass* u.a.

(77) Er war hungrig, so dass er nach Hause ging.

– Finalsätze: eingeleitet durch *damit, um* u.a.

(78) Er machte es nicht, um berühmt zu werden.

c) Modalsätze: eingeleitet durch *indem, ohne dass* u.a.

(79) Du kannst die Aufgabe lösen, indem du die beiden Zahlen zusammenzählst.

d) Lokalsätze: eingeleitet durch *wo, wohin* u.a.

(80) Er wohnt, wo sich Fuchs und Hase gute Nacht sagen.

• Formen

Adverbialsätze können durch Konjunktionalsätze, infinite Sätze, freie Relativsätze und Verberstsätze realisiert werden. Verberstsätze sind auf die Subtypen konditionale und konzessive Adverbiale beschränkt. Infinite Sätze werden mit *um, ohne, (an)statt* eingeleitet.

(81) a. Sie kommt, sobald sie kann.
      b. Sie kommt, um ihn wiederzusehen.
      c. Sie trifft sich mit ihm, wann sie will.
      d. Kommt sie, wird sie ihn wiedersehen.

In der gesprochenen Sprache werden die Konjunktionen *weil* und *obwohl* auch mit Verbzweitstellung verwendet:

(82) a. Er kommt nicht, weil er hat Kopfweh.
      b. Sie ist für ihren Auftritt gefeiert worden, obwohl überzeugt hat sie mich nicht ganz.

Die Sätze mit Verbzweitstellung weisen jedoch keinerlei Eigenschaften von Nebensätzen mehr auf. Sie sind nicht erfragbar, pronominalisierbar und können nur nachgestellt auftreten. Man kann daher davon ausgehen, dass die Einleitungselemente dieser Sätze nicht als subordinierende Konjunktionen verwendet werden, sondern als koordinierende Konjunktionen (Uhmann 1998) oder Diskursmarker aufzufassen sind (Gohl/Günthner 1999, Günthner 1999).

• Distribution

Im Gegensatz zu den Argumentsätzen können finite Adverbialsätze auch im Mittelfeld auftreten. Sie haben somit die weiteste Distribution von allen subordinierten Sätzen; sie können im Vorfeld, Mittelfeld und im Nachfeld stehen und auch linksversetzt sein.

Einige Adverbialsatztypen sind jedoch in ihren Stellungsmöglichkeiten beschränkt: Durch *so dass* eingeleitete Konsekutivsätze können nur nachgestellt auftreten. Irrelevanzkonditionalsätze können nicht im Vorfeld auftreten, sondern stehen meist im Vor-Vorfeld oder sind nachgestellt.

• Korrelat

Zu den meisten Adverbialsatztypen kann auch ein Korrelat auftreten.

(83) a. Sie kam damals, als wir in Stuttgart wohnten, in die Schule.
      b. Sie hat sich nur deshalb so gefreut, weil er auch eingeladen war.

Die mögliche Vorfeldbesetzung von Korrelat und Satz zeigt, dass auch hier der Satz als Attributsatz zu analysieren ist.

(84) Damals, als wir in Stuttgart wohnten, kam sie in die Schule.

Zu einigen Adverbialtypen gibt es jedoch kein passendes Korrelat:

(85) Er arbeitete zu viel, so dass er krank wurde.

7.4.5 Attributsatz

• Formen

Attributsätze kommen vor als Relativsätze, Konjunktionalsätze, Interrogativsätze, Verbzweitsätze oder infinite Sätze. Sie beziehen sich auf eine Nominalphrase oder Adverbphrase und spezifizieren diese näher.

(86) a. Die Frage, die er gestellt hat, ist interessant.
      b. Die Tatsache, dass er eine Frage gestellt hat, ist erfreulich.

     c. Die Frage, ob das interessant ist, stellt sich nicht.
     d. Die Hoffnung, er komme wieder, blieb.
     e. Die Hoffnung, ihn bald wiederzusehen, blieb.

(87) a. Daran, dass er eine Frage stellen könnte, dachte er nicht.
     b. Dort, wo die Zitronen blühen, ist es schön warm.

- Distribution

Attributsätze müssen im Vorfeld und im Mittelfeld adjazent zu ihrem Bezugselement auftreten. Sie können aber auch extraponiert werden (also im Nachfeld auftreten) und bilden dann mit ihrem Bezugselement eine diskontinuierliche Konstituente.

(88) a. Die Frage, die Sie gestellt haben, ist interessant.
     b. Natürlich ist die Frage, die Sie gestellt haben, interessant.
     c. Die Frage ist interessant, die Sie gestellt haben.
     d. Natürlich ist die Frage interessant, die Sie gestellt haben.
     e. *Die Frage ist, die Sie gestellt haben, interessant.
     f. *Die sie gestellt haben, ist die Frage interessant.

7.4.6 Weiterführender Nebensatz

Als weiterführende Nebensätze werden Nebensätze wie die folgenden bezeichnet:

(89) a. (Er ging nach dem Abitur nach Paris), was mich erstaunte.
     b. (Er ging nach dem Abitur nach Paris), worüber ich mich freute.

Der weiterführende Nebensatz hat keine syntaktische Funktion im übergeordneten Satz. Er ist daher nicht als Satzglied des übergeordneten Satzes zu
analysieren. Dies zeigt sich daran, dass er weder pronominalisierbar noch
erfragbar ist. Weiterführende Nebensätze stellen einen Übergang zwischen
der Unterordnung und der Nebenordnung dar. Einerseits sind sie formal
untergeordnet, sie haben alle Verbendstellung, aber andererseits sind sie in-
haltlich eher nebengeordnet bzw. weiterführend. Deshalb kann man sie auch
in selbstständige Verbzweitsätze umwandeln.

(90) a. Er ging nach dem Abitur nach Paris. Das erstaunte mich.
     b. Er ging nach dem Abitur nach Paris. Darüber freute ich mich.

Der weiterführende Nebensatz hat i.d.R. die Form eines Relativsatzes. Er bezieht sich jedoch auf den gesamten Satz, d.h. das Relativpronomen/-adverb
nimmt den ganzen Satz wieder auf (und nicht eine NP). Im Folgenden ist die
Über- bzw. Unterordnung der beiden Teilsätze umgedreht. Die weiterführenden Nebensätze in (89) sind in (91) nun die Hauptsätze. Die ursprünglichen

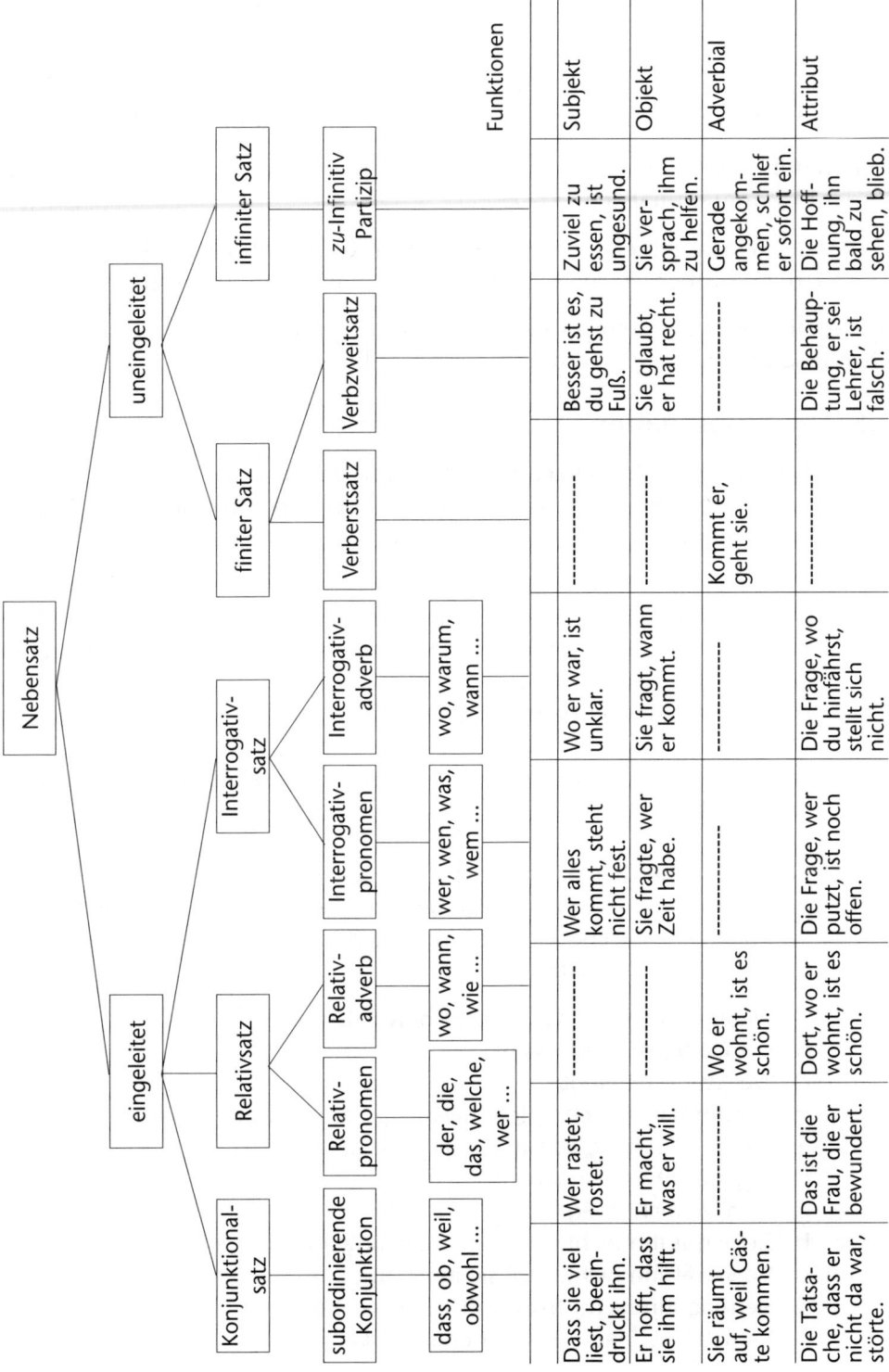

Nebensatz
- eingeleitet
  - Konjunktionalsatz — subordinierende Konjunktion: *dass, ob, weil, obwohl ...*
  - Relativsatz — Relativpronomen: *der, die, das, welche, wer ...* / Relativadverb: *wo, wann, wie ...*
  - Interrogativsatz — Interrogativpronomen: *wer, wen, was, wem ...* / Interrogativadverb: *wo, warum, wann ...*
- uneingeleitet
  - finiter Satz — Verberststatz / Verbzweitsatz
  - infiniter Satz — *zu*-Infinitiv / Partizip

Funktionen	Konjunktionalsatz (subordinierende Konjunktion)	Relativsatz – Relativpronomen	Relativsatz – Relativadverb	Interrogativsatz – Interrogativpronomen	Interrogativsatz – Interrogativadverb	finiter Satz – Verberststatz	finiter Satz – Verbzweitsatz	infiniter Satz – *zu*-Infinitiv / Partizip
Subjekt	Dass sie viel liest, beeindruckt ihn.	Wer rastet, rostet.	----------	Wer alles kommt, steht nicht fest.	Wo er war, ist unklar.	----------	Besser ist es, du gehst zu Fuß.	Zuviel zu essen, ist ungesund.
Objekt	Er hofft, dass sie ihm hilft.	Er macht, was er will.	----------	Sie fragte, wer Zeit habe.	Sie fragt, wann er kommt.	----------	Sie glaubt, er hat recht.	Sie versprach, ihm zu helfen.
Adverbial	Sie räumt auf, weil Gäste kommen.	----------	Wo er wohnt, ist es schön.	----------	----------	Kommt er, geht sie.	----------	Gerade angekommen, schlief er sofort ein.
Attribut	Die Tatsache, dass er nicht da war, störte.	Das ist die Frau, die er bewundert.	Dort, wo er wohnt, ist es schön.	Die Frage, wer putzt, ist noch offen.	Die Frage, wo du hinfährst, stellt sich nicht.	----------	Die Behauptung, er sei Lehrer, ist falsch.	Die Hoffnung, ihn bald zu sehen, blieb.

Hauptsätze sind linksversetzt und besetzen eine Argumentstelle von *erstaunen* bzw. *sich freuen*.

> (91) a. Dass er nach dem Abitur nach Paris ging, das erstaunte mich.
> b. Dass er nach dem Abitur nach Paris ging, darüber freute ich mich.

Der weiterführende Nebensatz steht meist im Nachfeld. Seine Stellung im Vorfeld ist ungrammatisch.

> (92) a. *Was mich erstaunte, ging er nach dem Abitur nach Paris.
> b. *Worüber ich mich freute, ging er nach dem Abitur nach Paris.

In der Übersicht auf Seite 115 sind die Formen und Funktionen der Nebensätze zusammengefasst und durch Beispiele illustriert.

7.5 Übungsaufgaben

➲ 33. Bei den folgenden Sätzen handelt es sich um komplexe Sätze. Geben Sie an, wie die einzelnen Teilsätze miteinander verknüpft sind (parataktisch oder hypotaktisch):

  a. Eva erzählte, dass Frieda geweint hat.
  b. Wer lacht, hat mehr vom Leben.
  c. Eva schweigt, denn Frieda will wissen, wer die Kleider weggenommen hat.
  d. Sagte er etwa, er habe keine Zeit?

➲ 34. Inwieweit ist die Definition eines Hauptsatzes als selbstständiger Satz problematisch?

➲ 35. Bestimmen Sie den Haupt- und den Nebensatz in folgenden Beispielen. Woran erkennt man, dass es sich um den Hauptsatz bzw. um den Nebensatz handelt? Welche Verbstellung hat der Hauptsatz, welche Verbstellung hat der Nebensatz?

  a. Wann sie kommt, hat er nicht gewusst.
  b. Er meinte, sie habe Recht.
  c. Wer wagt, gewinnt.
  d. Warum hat sie denn nicht gewusst, warum er nicht mitmacht?
  e. Kommt sie nicht, komm ich auch nicht.
  f. Sagte er etwa, sie habe Recht?
  g. Wen sie nicht mag, verrät sie nicht.
  h. Sie verrät ihn nicht, denn sie mag ihn.
  i. Sie verrät ihn nicht, weil sie ihn mag.
  j. Sie mag ihn nicht, trotzdem verrät sie ihn nicht.
  k. Sie liebt die Stadt, wo sie geboren ist.

l. Die Behauptung, sie habe keine Zeit, nervt.

m. Hat sie ihm, sich neben sie zu setzen, erlaubt?

n. Aber seine Nachbarin, die besorgt die Getränke.

o. Aber seine Nachbarin, die die Getränke besorgt, kommt erst später.

36. Bestimmen Sie die Nebensätze in den folgenden Beispielen und geben Sie an, welche Form (Konjunktionalsatz, Verbzweitsatz usw.) sie aufweisen:

    a. Er weiß, dass sie gerne in die Kneipe geht.

    b. Er weiß, warum sie gerne in die Kneipe geht.

    c. Ich frage mich, wann sie kommen wird.

    d. Sie kommt und geht, wann immer sie will.

    e. Sie weiß, was er vermutet.

    f. Die Frage, wo sie ist, beunruhigt ihn.

    g. Der Ort, wo sie wohnt, ist klein.

    h. Die Frau, mit der er gesprochen hat, ist nett.

    i. Während sie telefoniert, kocht er.

    j. Hätte sie es nicht gesagt, wäre es ja nicht so schlimm gewesen.

    k. Ich glaube, sie kommt erst morgen.

    l. Sobald sie irgendwo auftaucht, geht alles schief.

    m. Er hat ihr verschwiegen, mit wem er sich getroffen hat.

    n. Wer jetzt noch kein Handy hat, ist selber schuld.

    o. Nachdem er gegessen hatte, ist er in die Kneipe gegangen.

    p. Er überredete sie, mehr zu arbeiten.

    q. Er hat nicht geahnt, worüber sie gesprochen haben.

    r. Sobald er kommt, geht sie.

37. Der Satz *Wen sie mag, verrät sie nicht* ist ambig. Erläutern Sie, wie diese Ambiguität zustande kommt.

38. Ist folgender Satz ambig? Wenn nicht, erklären Sie, warum nicht.

    Sie verrät es nicht, wen sie mag.

39. Liegt in Satz a), b), c) ein Relativsatz oder ein Interrogativsatz vor? Woran ist das zu erkennen?

    a. Die Frage, wo er geboren ist, ist ihm peinlich.

    b. Der Ort, wo er geboren ist, ist nicht schön.

    c. Die Ehe, wo es immer Krach gibt, wird bald scheitern.

40. Handelt es sich bei den folgenden *wie*-Sätzen um Konjunktional-, Relativ- oder Interrogativsätze? Wie kann man die *wie*-Sätze pronominalisieren, erfragen?

a. Wie er sich verhält, hat er keine Chance.

b. Wie er nach Hause kam, weiß er nicht mehr.

c. Er erkundigt sich, wie es ihr geht.

d. Er hat geschrieben, wie ich es erwartet habe.

41. Bestimmen Sie die syntaktische Funktion der eingebetteten Sätze.

a. Er wollte wissen, wo sie so lange gewesen ist.

b. Seine Freunde beunruhigt es sehr, dass Otto keine Arbeit hat.

c. Anna hofft, bald selbstständig zu sein.

d. Er macht, was er will.

e. Ich freue mich, dass Ferien sind.

f. Es freut mich, dass Ferien sind.

g. Glaubt ihr das, seid ihr selber schuld.

h. Die Frage ist, wann er nach Amerika gekommen ist.

i. Er bestand darauf, sie nach Hause zu bringen.

j. Statt vor dem Fernseher zu hocken, könntest du ruhig mal abspülen.

k. Er hat die Stadt nie wieder gesehen, wo er geboren ist.

42. Illustrieren Sie folgende Nebensatztypen anhand je eines Beispiels. Geben Sie stets einen vollständigen Hauptsatz an und unterstreichen Sie den zu illustrierenden Nebensatz.

Beispiel: Akkusativobjektsatz – Ich weiß, <u>dass er kommt</u>.

a. Adverbialsatz

b. eingebetteter Verberstsatz

c. Präpositionalobjektsatz

d. Konjunktionalsatz

e. Subjektsatz

43. Die Kategorie der Elemente *ohne, (an)statt, um*, die einen infiniten Adverbialsatz einleiten, ist umstritten. Welche Argumente sprechen für eine Klassifizierung als Konjunktion oder als Präposition?

📖 Literaturtipps zum Weiterlesen

Die syntaktischen Funktionen von Nebensätzen wurden in verschiedenen Monographien untersucht, siehe Breindl (1989) für Präpositionalobjektsätze, Bausewein (1990) für Akkusativobjektsätze, Oppenrieder (1991) für Subjektsätze und Pittner (1999) für Adverbialsätze. Reis (1997) beschäftigt sich mit der Frage, welchen Status unselbstständige Verbzweitsätze haben. Der freie Relativsatz wird in Bausewein (1991b) besprochen. Die Unterscheidung freier Relativsatz versus eingebetteter Interrogativsatz wird in Eisenberg (2006:323ff.) diskutiert. Zu den weiterführenden Nebensätzen siehe insbesondere Helbig (1983) und Brandt (1990).

8 Infinite Strukturen

Was in diesem Kapitel behandelt wird:
- Syntaktische Unterschiede zwischen satzwertigen und nicht-satzwertigen Infinitiven
- AcI-Konstruktionen

Im Folgenden geht es um Strukturen, die infinite Verben enthalten. Infinite Verben sind Verben, die weder Person- noch Numerusmerkmale tragen. Zu den infiniten Verben zählen daher die Partizipien, der (reine) Infinitiv und der *zu*-Infinitiv, wie z.B. *gelacht, lachen, zu lachen*. Infinite Verben können von einem Auxiliar, einem Modalverb oder einem Halbmodalverb statusregiert werden. Das finite und das infinite Verb bilden zusammen das Prädikat bzw. den Verbalkomplex. In einem Verbendsatz bilden das finite und das infinite Verb zusammen die rechte Satzklammer.

(1) a. da er laut **gelacht hat**
     b. da er laut **lachen musste**
     c. da er laut **zu lachen schien**

Es gibt jedoch auch Vollverben, die zusammen mit einem infiniten Verb, einem *zu*-Infinitiv, auftreten wie z.B. *versprechen, versuchen, zwingen* usw.:

(2) a. da er den Wagen **zu reparieren versuchte**
     b. da er nicht **zu lachen versprach**
     c. da er ihn sie **zu heiraten zwang**

Es stellt sich nun die Frage, ob auch die Vollverben mit dem infiniten Verb zusammen das Prädikat bilden oder ob hier ein Satzgefüge vorliegt, das aus zwei Teilsätzen besteht, nämlich dem Hauptsatz und dem infiniten Nebensatz bzw. dem satzwertigen Infinitiv.

8.1 Satzwertige versus nicht-satzwertige Infinitive

Regiert ein Vollverb einen *zu*-Infinitiv, so können wir als Erstes feststellen, dass das infinite Verb samt seinem Komplement auch im Nachfeld stehen kann, eine typische Position für Nebensätze.

(3) a. da er versuchte, den Wagen zu reparieren
     b. da er versprach, nicht zu lachen
     c. da er ihn zwang, sie zu heiraten

Somit liegen in (3) komplexe Sätze vor. Infinite Nebensätze können jedoch nicht nur im Nachfeld, sondern auch im Vorfeld und im Mittelfeld auftreten (vgl. Kapitel 7.3.5).

(4)   a. Den Wagen zu reparieren hat er versucht.

b. Er hat den Wagen zu reparieren versucht.

Satz (4b) ist im Hinblick auf unsere Fragestellung besonders interessant. In Satz (4b) stehen die infiniten Verben unmittelbar nebeneinander. (4b) hat somit zwei unterschiedliche Strukturmöglichkeiten. Es kann sich hier entweder um zwei separate Teilsätze mit eigener Felderstruktur handeln oder die infiniten Verben bilden zusammen das Prädikat eines einfachen Satzes und stehen zusammen in der rechten Satzklammer.

Erste Möglichkeit: Es liegt ein komplexer Satz mit zwei Teilsätzen vor. Jeder Teilsatz hat seine eigene Felderstruktur:

Vorfeld	linke Klammer	Mittelfeld	rechte Klammer
Er	hat	den Wagen zu reparieren	versucht
		den Wagen	zu reparieren

In diesem Fall haben die beiden Verben ihre eigene Argumentstruktur. *Versuchen* fordert ein Subjekt und ein Akkusativobjekt, nämlich *er* und den infiniten Satz. *Reparieren* ist ebenfalls zweiwertig. Es fordert ein Subjekt und ein Akkusativobjekt. Das Subjekt wird nicht realisiert, da das Verb infinit ist. Das Akkusativobjekt des Verbs *reparieren* ist *den Wagen*.

Zweite Möglichkeit: Es liegt ein einfacher Satz vor.

Vorfeld	linke Klammer	Mittelfeld	rechte Klammer
Er	hat	den Wagen	zu reparieren versucht

In dieser Struktur wird angenommen, dass *den Wagen* das Akkusativobjekt des komplexen Verbs *zu reparieren versuchen* ist.

Wir müssen also Tests anwenden, die erstens die Existenz beider Strukturen belegen und die es uns zweitens erlauben, zwischen den beiden Konstruktionen zu unterscheiden.

Anhand distributioneller Eigenschaften haben wir bereits Evidenz für den komplexen Satz finden können. Der Infinitiv kann zusammen mit seinen Komplementen und Adverbialen extraponiert sein. Es gibt jedoch auch distributionelle Evidenz für die Annahme, dass ein einfacher Satz vorliegt (also für eine monosentential Struktur). In einfachen Sätzen können die infiniten Verben zusammen das Vorfeld besetzen, da sie einen Verbalkomplex bilden. Im Folgenden sei dies zuerst an einem einfachen Satz gezeigt, der ein infinites Modalverb und ein infinites Vollverb enthält:

(5)   a. Er hat sie nicht [verstehen können].

b. [Verstehen können] hat er sie nicht.

Wie verhalten sich nun die Strukturen, die ein Vollverb und einen *zu*-Infinitiv enthalten?

(6) a. Er hat seinen Wagen [zu reparieren versucht].
     b. [Zu reparieren versucht] hat er seinen Wagen (nicht).

Auch hier können die beiden infiniten Verben zusammen im Vorfeld auftreten. Dies spricht dafür, dass die beiden Vollverben ein komplexes Prädikat bilden. Bei dieser Konstruktion zeigen sich jedoch erste Unterschiede zwischen Vollverben wie *versuchen* und Vollverben wie *zwingen*. Während der Satz mit *versuchen* die Topikalisierung der infiniten Verben erlaubt, ist sie mit *zwingen* ungrammatisch.

(7) a. Er hat sie seinen Wagen zu reparieren gezwungen.
     b. *Zu reparieren gezwungen hat er sie seinen Wagen (nicht).

Versuchen kann mit dem infiniten Verb einen Verbalkomplex bilden. Bei *zwingen* ist dies nicht möglich. In Satz (7a) liegt demnach ein komplexer Satz vor, der aus zwei Teilsätzen mit jeweiligem Prädikat besteht (also eine bisententiale Struktur). Verben wie *versuchen* werden fakultativ kohärent (konstruierende) Verben genannt. Sie können entweder mit dem eingebetteten Verb einen Verbalkomplex bilden oder aber einen infiniten Nebensatz einbetten. Verben wie *zwingen* werden inkohärent (konstruierende) Verben genannt. Sie können mit dem Infinitiv kein komplexes Prädikat bilden, sondern betten einen infiniten Nebensatz (einen satzwertigen Infinitiv) ein.

Ein weiteres Kriterium, das es erlaubt, zwischen diesen beiden Konstruktionen zu unterscheiden, ist die Stellung der Pronomen. Die unmarkierte Stellung der Pronomen ist am Anfang des Mittelfelds. Liegt ein einfacher Satz vor, so gibt es nur ein Mittelfeld. Liegt ein komplexer Satz vor, so haben die Teilsätze ihre eigene Felderstruktur:

(8) a. dass Ella [sich zu erinnern] versucht
     b. dass sich Ella zu erinnern versucht

In (8a) steht das Reflexivpronomen am Anfang des Mittelfelds des infiniten Satzes. In (8b) tritt das Reflexivpronomen vor das Subjekt *Ella*. Es muss sich folglich in (8b) um einen einfachen Satz handeln, in dem *sich* und *Ella* in dessen Mittelfeld stehen. Versuchen wir dieselbe Umstellung bei Sätzen mit *zwingen* vorzunehmen:

(9) a. dass ihn Ella [sich zu entschuldigen] zwang
     b. *dass sich ihn Ella zu entschuldigen zwang

Hier kann das Reflexivpronomen nicht vor das Subjekt treten. Es liegen zwei Teilsätze vor. Die Ungrammatikalität von (9b) erklärt sich dadurch, dass das Reflexivpronomen nicht an die Spitze des Mittelfelds des anderen Teilsatzes treten kann.

Als letztes Kriterium soll das so genannte ‚lange Passiv‘ diskutiert werden, an dem sich besonders eindrucksvoll die fakultative Kohärenz zeigen lässt (vgl. Höhle 1978, Haider 1993 und 1994). Vergleichen wir folgende Beispiele insbesondere in Bezug auf den Kasus der NP:

(10) a. weil versucht wurde, **den Wagen** zu reparieren
      b. weil **den Wagen** zu reparieren versucht wurde
      c. *Zu reparieren versucht wurde **den Wagen** nicht.
      d. Zu reparieren versucht wurde **der Wagen** nicht.

Satz (10a) ist ein komplexer Satz mit extraponiertem infinitem Satz in der Funktion Subjekt. In Satz (10b) steht der infinite Satz im Mittelfeld. Es handelt sich also in beiden Fällen um inkohärente Konstruktionen. In (10c) wurde die kohärente Lesart erzwungen, indem die beiden infiniten Verben zusammen topikalisiert wurden. Die akkusativisch markierte NP *den Wagen* ist nun ungrammatisch. Stattdessen muss die NP, wie in Satz (10d), nominativisch markiert werden. Dies liegt daran, dass in einem Passivsatz das ursprüngliche Akkusativobjekt zum Subjekt wird. Da der Satz (10c/d) ein einfacher Satz ist, muss die NP hier Subjekt sein, also im Nominativ stehen. In (10a/b), einer bisententialen Struktur, muss die NP dagegen akkusativisch markiert sein, da sie in den Subjektsatz *den Wagen zu reparieren* eingebettet und Akkusativobjekt von *reparieren* ist.

Zusammenfassung: Auxiliare, Modalverben und Halbmodalverben regieren infinite Verben und bilden mit diesen zusammen das Prädikat des Satzes. Das bedeutet, dass diese Verben kohärent konstruieren, d.h. zusammen den Verbalkomplex eines Teilsatzes bilden. Auch Vollverben können zusammen mit infiniten Verben (stets *zu*-Infinitiven) auftreten. Dabei gilt es, zwischen fakultativ kohärenten und inkohärenten Verben zu unterscheiden. Fakultativ kohärente Verben lassen beide Konstruktionen zu. Sie bilden entweder zusammen mit dem *zu*-Infinitiv einen Verbalkomplex oder sie betten einen infiniten Nebensatz ein, sodass ein komplexer Satz entsteht. Inkohärente Verben betten stets einen infiniten Nebensatz ein.

8.2 AcI-Konstruktionen

AcI (Accusativus cum Infinitivo)-Konstruktionen treten im heutigen Deutsch vor allem nach Wahrnehmungsverben und *lassen* auf. AcI-Konstruktionen enthalten per definitionem eine Akkusativ-NP und einen Infinitiv. Sie können auch weitere Ergänzungen enthalten, die vom infiniten Verb regiert werden.

(11) a. Er hört sie singen.
      b. Man ließ ihn das Geschirr abspülen.

Die Akkusativ-NP wird dabei als ‚Subjekt' des eingebetteten infiniten Verbs verstanden.

(12) a. Sie sieht **ihn** die Straße überqueren.
b. Sie sieht, wie **er** die Straße überquert.

Umstritten ist die Valenz der AcI-Verben. Sie können als zweiwertige (Nominativ-NP und satzwertige AcI-Konstruktion) oder dreiwertige Verben (Nominativ-NP, Akkusativ-NP, Infinitivgruppe) oder als Verben, die mit dem infiniten Verb einen Verbalkomplex bilden, analysiert werden.

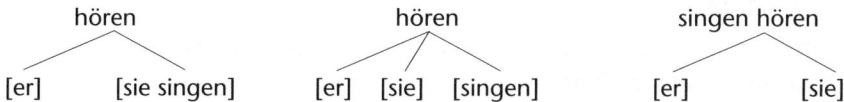

Wiederum stellt sich die Frage, ob es sich hierbei um kohärente oder inkohärente Konstruktionen handelt, also ob die Infinitivphrase satzwertig ist oder nicht.

Aus topologischer Sicht verhalten sich Sätze mit AcI-Konstruktionen wie einfache Sätze.

Die Infinitivphrase der AcI-Konstruktionen ist im Gegensatz zu Nebensätzen nicht extraponierbar.

(13) a. Er erzählte, dass er gesehen hat, wie sie tanzt.
b. Er erzählte, dass er sie tanzen gesehen hat.
c. *Er erzählte, dass er gesehen hat, sie tanzen.

Das infinite Verb und das Wahrnehmungsverb können zusammen ins Vorfeld gestellt werden. Sie bilden also einen Verbalkomplex.

(14) a. Er wollte sie schon lange singen hören.
b. Singen hören wollte er sie schon lange.

(15) a. Er hat den Papagei noch nie sprechen gehört.
b. Sprechen gehört hat er den Papagei noch nie.

Die Akkusativ-NP und das infinite Verb lassen sich dagegen nur schlecht zusammen ins Vorfeld stellen. Dies müsste möglich sein, wenn die Akkusativ-NP und das infinite Verb zusammen eine Konstituente bilden würden.

(16) a. ??Sie singen wollte er schon lange hören.
b. ??Den Papagei sprechen hat er noch nie gehört.

Die Topikalisierung ist nur möglich, wenn das Wahrnehmungsverb mit ins Vorfeld gestellt wird.

(17) a. Sie singen hören wollte er schon lange.
      b. Den Papagei sprechen gehört hat er noch nie.

Die topologischen Eigenschaften sprechen somit gegen eine satzwertige Infinitivphrase der AcI-Verben.

Diese Einordnung wird zusätzlich durch die morphologischen Eigenschaften der AcI-Verben unterstützt. Bei AcI-Verben ist die Verwendung des Ersatzinfinitivs gebräuchlich:

(18) a. Er hat sie ein Lied singen hören/gehört.
      b. Er hat den Papagei sprechen hören/gehört.

Wird der Ersatzinfinitiv gewählt, so kann das Auxiliar *haben* in einem Verbendsatz umgestellt werden.

(19) a. weil er sie ein Lied singen gehört/hören hat
      b. weil er sie ein Lied hat singen *gehört/hören

Die Statusrektion des Ersatzinfinitivs und die Umstellung des Auxiliars sind Eigenschaften, die auch Modalverben aufweisen. Modalverben bilden zusammen mit den anderen verbalen Bestandteilen einen Verbalkomplex. Da das AcI-Verb morphologische Eigenschaften eines Modalverbs aufweist, deutet dies darauf hin, dass AcI-Verben ebenfalls nichtsatzwertige Infinitive einbetten.

Sowohl topologische als auch morphologische Eigenschaften der AcI-Verben weisen darauf hin, dass sie keine satzwertigen Infinitive einbetten.

8.3   Übungsaufgaben

⮕ 44. Liegt in den folgenden Beispielen ein einfacher oder ein komplexer Satz vor? Woran erkennen Sie das?

    a. Er hat ihr versprochen bald einen Brief zu schreiben.
    b. Zu schreiben versprochen hat er ihr nicht.
    c. Er hat ihr einen Brief zu schreiben versprochen.
    d. weil Regine mich anzurufen versucht
    e. weil mich Regine anzurufen versucht

⮕ 45. In der Literatur wird zwischen kausativem (paraphrasierbar mit *veranlassen, zulassen*) und nichtkausativem *lassen* (ein bereits bestehender Zustand wird nicht verändert) unterschieden:

    a. Ich lasse mir Kaffee und Kuchen bringen. (kausatives *lassen*)
    b. Ich lasse Kaffee und Kuchen stehen. (nichtkausatives *lassen*)

Bei den beiden Verwendungsweisen besteht ein Unterschied hinsichtlich der Verwendung des Ersatzinfinitivs. Welcher?

📖 Literaturtipps zum Weiterlesen

Der Klassiker zu infiniten Strukturen ist Bech ([2]1983). Haider (1993, 1994) untersucht satzwertige versus nicht satzwertige Infinitivkonstruktionen im Rahmen der generativen Grammatik. Eisenberg (2006, Kap. 11) gibt eine gute Übersicht über die verschiedenartigen Infinitivkonstruktionen.

9 Die Pronomen *es* und *sich*

Was in diesem Kapitel behandelt wird:
- Die verschiedenen Verwendungsweisen und Eigenschaften der Pronomen *es* und *sich*
- Die Unterscheidung zwischen inhärent reflexiven und reflexiv gebrauchten Verben
- Das Reflexivpassiv

Das Pronomen *es* und das Reflexivpronomen *sich* treten in unterschiedlichen syntaktischen Umgebungen auf. In den verschiedenen Umgebungen haben sie ganz unterschiedliche Eigenschaften und Funktionen. Im Folgenden sollen die Verwendungsweisen von *es* und *sich* vorgestellt und diskutiert werden.

9.1 Verwendungsweisen von *es*

Bei den Verwendungsweisen von *es* wird unterschieden zwischen:
- *es* als Personalpronomen mit Satzgliedfunktion
- expletivem *es* in der Funktion eines formalen Arguments
- Vorfeld-*es*
- *es* als Korrelat zu einem extraponierten Subjekt- oder Akkusativobjektsatz

Die Unterschiede zwischen den einzelnen Verwendungsweisen von *es* lassen sich durch verschiedene Tests, wie z.B. Permutation, Erfragbarkeit, Tilgung, Überprüfung der Kongruenzeigenschaften, Kombinatorik und Substitution herausarbeiten. So ist z.B. nur das Personalpronomen *es* erfragbar, das Korrelat *es* muss immer mit einem Nebensatz auftreten, das Vorfeld-*es* kann ausschließlich im Vorfeld auftreten (daher der Name) usw. Im Folgenden werden die verschiedenen Verwendungsweisen von *es* vorgestellt und deren Eigenschaften diskutiert. Vorweg aber noch ein Wort zur Wortart von *es*. Es steht in einem Paradigma mit *ich, du, er, sie, wir, ihr* bzw. *seiner, ihm*. Es ist deklinierbar und kann alleine als NP auftreten. Es handelt sich also um ein Personalpronomen. Dies trifft uneingeschränkt zu, wenn es als Satzglied auftritt. Die Bestimmung der Wortart von *es* in den anderen Verwendungsweisen ist problematisch, da es nicht in Bezug auf das oben genannte Paradigma gesehen werden kann. In diesen Verwendungsweisen kann nur *es* und keine andere Form auftreten. Es wird daher häufig darauf verzichtet, die Wortart von *es* in diesen Verwendungsweisen genauer zu spezifizieren. Stattdessen spricht man von Korrelat, Vorfeld-*es* bzw. expletivem *es*. Dies sind natürlich im strengen Sinn keine Wortarten.

9.1.1 *Es* als Personalpronomen mit Satzgliedfunktion

Dem Personalpronomen *es* ist stets eine thematische Rolle wie Agens, Patiens, Experiencer usw. zugeordnet. So ist *es* beispielsweise in (1a) ein Agens bzw. in (1b) ein Patiens.

(1) a. Es lacht.
     b. Sie lachen es aus.

Im Text verweist das Pronomen entweder auf ein Element im vorangegangenen oder nachfolgenden Kontext:

(2) a. Das Kind ist im Hof. Es spielt. (rückbezüglich/anaphorisch gebraucht)
     b. Da stand es wieder, das Mädchen mit den grünen Haaren. (vorausweisend/kataphorisch gebraucht)

Das Antezedens, der Ausdruck, auf den sich das Pronomen bezieht, kann von ganz unterschiedlicher Kategorie sein:

(3) a. Das Kind ist im Hof. Es spielt. (verweist auf eine NP)
     b. Das Kind möchte im Hof spielen. Es ist aber nicht erlaubt. (verweist auf eine VP)
     c. Dass im Hof keine Kinder spielen, ist schade, aber es überrascht mich nicht. (verweist auf einen Satz)
     d. Er ist müde und sie ist es auch. (verweist auf eine AdjP)

Das Personalpronomen *es* ist nominativisch bzw. akkusativisch markiert. Aufgrund seiner Kasusmarkierung kann *es* als Subjekt, als Akkusativobjekt, als Prädikativ (alles Satzgliedfunktionen) und als Komplement einer Präposition, die einen Akkusativ regiert, auftreten, z.B.:

(4) a. Es lacht. (Subjekt)
     b. Sie lachten es aus. (Akkusativobjekt)
     c. Sie ist es. (Prädikativ)
     d. Sie lachen über es. (Teil eines Präpositionalobjektes)

Als Subjekt kongruiert das Personalpronomen *es* mit dem finiten Verb:

(5) a. Es lacht.
     b. *Es lachen.

Bezüglich seiner Distribution ist es relativ frei. Es kann, wie NPs allgemein, im Vorfeld und im Mittelfeld auftreten. Allerdings ist eine Ausnahme zu beachten: Als Akkusativobjekt ist *es* im Vorfeld ungrammatisch.

(6) a. Es liebt ihn.
     b. IHN liebt es.
     c. Er liebt es.
     d. *Es liebt er.

Diese Eigenschaft ist wahrscheinlich dadurch zu erklären, dass *es* prinzipiell nicht betonbar ist. Akkusativobjekte müssen im Vorfeld jedoch einen Akzent tragen. Dies ist unvereinbar mit der Unbetonbarkeit von *es*.

Als Satzglied ist *es* erfragbar, kann durch andere NPs substituiert werden und ist je nach Valenzeigenschaft der Verben obligatorisch oder fakultativ:

(7) a. Es spielt. – Wer spielt? – Es.
     b. Es/das Mädchen/das Kind spielt.
     c. Sie isst es/das Gemüse/das Gericht gerne.
     d. Sie isst (es) gerne.

9.1.2 Expletives *es*

Einem expletiven *es* ist keine thematische Rolle zugeordnet. Es ist daher nicht referentiell, d.h. es bezieht sich nicht auf einen Gegenstand in der außersprachlichen Welt:

(8) a. Es regnet.
     b. Es gibt keine Quastenflosser mehr.
     c. Er hat es eilig.
     d. Es klopft.

In (8) kann *es* nicht als das Agens oder Patiens der Verben *regnen, geben* usw. verstanden werden. Es kann dementsprechend auch nicht durch eine andere semantisch gehaltvolle NP substituiert werden.

(9) *Die Wolken regnen.

Interessant ist (8d). Hier liegen zwei Lesarten vor. Einmal kann sich *es* auf eine im Kontext bereits genannte bzw. noch zu nennende Person beziehen. Es handelt sich dann um das Personalpronomen *es*. Andererseits kann es irgendetwas, etwas nicht näher Spezifiziertes, bezeichnen. Es liegt dann ein expletives *es* vor.

Zu beachten ist, dass das expletive *es* in (8a/b/d) im Nominativ steht und mit dem Verb kongruiert. Man kann daraus schließen, dass es die Funktion Subjekt ausübt.

(10) a. *Es regnen.
     b. *Es geben keine Quastenflosser mehr.

Da es jedoch nicht erfragbar ist und auch nicht durch eine semantisch gehaltvolle NP substituiert werden kann, bezeichnet man es als **formales Subjekt**. Entsprechend verhält sich das akkusativisch markierte *es* in (8c) und wird daher als **formales Objekt** bezeichnet. Schauen wir uns als Erstes die Eigenschaften des formalen Subjekts genauer an.

Distributionell verhält sich das formale Subjekt wie ein ‚normales' Subjekt. Es kann sowohl im Vorfeld (siehe Beispiel (8)) als auch im Mittelfeld auftreten:

(11) a. Heute regnet es.
     b. Heute gibt es keine Quastenflosser mehr.

Zu beobachten ist ferner, dass auch das formale Subjekt valenzabhängig ist, d.h. bestimmte Verben subkategorisieren ein formales Subjekt. Das heißt im

Umkehrschluss auch, dass ein formales Subjekt nur dann auftreten kann, wenn es von einem Verb bzw. Adjektiv subkategorisiert wird, also von der Valenz eines Verbs oder Adjektivs gefordert wird. Die lexikalische Füllung des Subjekts ist bei diesen Verben/Adjektiven aber auf das expletive *es* beschränkt. Wenn sie kein weiteres Argument verlangen, werden sie daher auch häufig als nullwertige Verben bezeichnet. Typische Vertreter der nullwertigen Verben sind die sogenannten Wetterverben wie *regnen, schneien, blitzen, donnern*. Es gibt jedoch auch Verben, die neben dem formalen Subjekt noch weitere Argumente subkategorisieren, siehe (8b) und folgende Beispiele:

(12) a. Es bleibt dabei.
      b. Es fehlt uns an nichts.

Eine Besonderheit des formalen Subjekts ist es, dass es einige Verben/ Adjektive gibt, bei denen das Subjekt fakultativ ist. Subjekte mit thematischer Rolle (also Subjekte, die z.B. Agens oder Patiens sind) sind immer obligatorische Mitspieler.

(13) a. Mich friert (es).
      b. Mir ist (es) kalt.

Weglassbar ist das formale Subjekt nur dann, wenn es im Stellenplan des Verbs als fakultativ gekennzeichnet ist.

(14) a. *Heute regnet.
      b. *In der Wand klopft.
      c. Mich friert.
      d. Mir ist kalt.

Der Umstand, dass das formale Subjekt nicht frei auftreten kann, sondern vom Verb subkategorisiert werden muss, erklärt auch die Ungrammatikalität des formalen Subjekts beim unpersönlichen Passiv.

(15) *Heute wird es getanzt.

Das formale Objekt tritt wesentlich seltener auf als das formale Subjekt. Verben oder Adjektive, die ein formales Objekt subkategorisieren, sind z.B.:

(16) a. Er hat es darauf abgesehen.
      b. Er hat es dabei belassen.
      c. Er hat es eilig.

Eigenschaften: Ein formales Objekt ist stets subkategorisiert (kann also nur zusammen mit bestimmten Verben und Adjektiven auftreten), nicht weglassbar, nicht durch eine andere semantisch gehaltvolle NP substituierbar, nicht erfragbar und nicht vorfeldfähig (was auf die Unbetonbarkeit von *es* zurückzuführen ist).

Aufgrund der genannten Eigenschaften wurde vorgeschlagen, formale Argumente als Teil des Prädikats zu analysieren (Zifonun et al. 1997:38). Da aber bestimmte Eigenschaften, z.B. die Subjekt-Verb-Kongruenz oder auch die Kasusmarkierung von *es* auf den Argumentstatus hinweist, sollen sie hier weiterhin als formale Subjekte bzw. Objekte bezeichnet werden.

9.1.3 Vorfeld-*es*

Im Gegensatz zu den gerade besprochenen Verwendungsweisen von *es*, hat das Vorfeld-*es* (auch Platzhalter-*es* genannt) keinen Argumentstatus und ist auch nicht abhängig von einem bestimmten Verb. Sein Auftreten ist rein strukturell bedingt. Es hat die Funktion, die deklarative Lesart des Satzes zu gewährleisten, wenn alle anderen Ergänzungen und Angaben des Satzes im Mittelfeld oder im Nachfeld stehen, z.B.:

(17) a. Es warten drei Studenten auf dich.
      b. Es werden dich viele Leute im Fernsehen sehen.

Da bei einem Deklarativsatz das Verb an zweiter Position steht, muss das Vorfeld durch einen Platzhalter besetzt werden, damit die interrogative Lesart verhindert wird.

(18) a. Warten drei Studenten auf dich?
      b. Werden dich viele Leute im Fernsehen sehen?

Die Füllung des Vorfelds durch einen Platzhalter ermöglicht es somit, die Satzglieder nach ihrem Informationsstatus anzuordnen. Neue, fokussierte Information steht weiter hinten im Satz. Die bei Deklarativsätzen obligatorische Vorfeldposition wird durch *es* besetzt. Steht eine andere Konstituente im Vorfeld, so kann das Vorfeld-*es* entsprechend seiner Funktion nicht ins Mittelfeld verschoben werden.

(19) a. *Vielleicht warten es drei Studenten auf dich.
      b. *Viele Leute werden es dich im Fernsehen sehen.

Die Beispiele in (17) zeigen auch, dass das Vorfeld-*es* keinen Subjektstatus hat. Dies erkennt man daran, dass in (17) das finite Verb mit der im Mittelfeld auftretenden NP kongruiert (das Verb steht in der 3. Person Plural) und nicht mit *es*. D.h. *drei Studenten* bzw. *viele Leute* sind Subjekt des Satzes.

Das Vorfeld-*es* hat keine Satzgliedfunktion (es ist nicht erfragbar, nicht permutierbar) und ist nicht im Stellenplan des Verbs verankert. Sein Auftreten ist an die Besetzung einer obligatorischen strukturellen Position geknüpft und sichert die deklarative Lesart.

9.1.4 *Es* als Korrelat zu einem extraponierten Komplementsatz

Eine weitere Verwendungsweise von *es* ist die als Korrelat zu einem extraponierten Subjekt- bzw. Akkusativobjektsatz. Das Korrelat-*es* ist leicht zu erkennen, da es nur in Kombination mit einem Satz auftritt. Die Funktion des

Korrelats ist es, eine Art Stellvertreter für den extraponierten Satz zu sein. Der Satz tritt erst im Nachfeld, also am Ende des Satzes auf. Das Korrelat dagegen steht im Vorfeld oder im Mittelfeld. Die Valenzstelle des Verbs kann durch das Korrelat früher gefüllt werden. Zusätzlich signalisiert das Korrelat-*es* durch seine morphologische Form, dass es entweder in der Funktion Subjekt oder Objekt auftritt. Die Funktion eines Satzes ist nicht morphologisch identifizierbar. Selegiert beispielsweise ein Verb einen Subjektsatz, wie z.B. das Verb *freuen*, so wird durch das Korrelat bereits am Satzanfang signalisiert, dass ein Subjekt realisiert ist. *Es* tritt an einer für Subjekte typischen Position auf, es steht im Nominativ und kongruiert mit dem finiten Verb.

(20) a. Es freut ihn, dass er sie wiedersieht.
b. Ihn freut es, dass er sie wiedersieht.

Im Zusammenhang mit seiner Stellvertreterfunktion ist es auch interessant, dass das Korrelat nur auftreten kann, wenn der Nebensatz extraponiert ist, d.h. im Nachfeld steht.

(21) a. Es ist sicher, dass er kommt.
b. Sie bedauert es, dass er kommt.

Ist der Subjekt- bzw. Objektsatz topikalisiert, so ist das Auftreten des Korrelats ungrammatisch.

(22) a. *Dass er kommt, ist es sicher.
b. *Dass er kommt, bedauert sie es.

Das Auftreten des Korrelats *es* ist meist optional, jedoch insbesondere beim Subjektsatz sehr häufig.

(23) a. Ihn freut (es), dass er sie wiedersieht.
b. Sicher ist (es) nicht, dass er wiederkommt.

Auch eingebettete Interrogativsätze und infinite Sätze können zusammen mit einem Korrelat auftreten.

(24) a. Er weiß es nicht, warum es so ist.
b. Er bereut es, sie besucht zu haben.

Interessant ist, dass Verbzweitsätze kein Korrelat erlauben:

(25) a. Ich habe es geglaubt, dass Hans Recht hat.
b. *Ich habe es geglaubt, Hans habe Recht.
c. Ich habe geglaubt, Hans habe Recht.

Zu beachten ist wiederum, dass das Korrelat zum Objektsatz nicht im Vorfeld auftreten kann.

(26) *Es bedauert sie, dass er kommt.

Abschließend sei auf die Frage hingewiesen, welche syntaktische Funktion das Korrelat bzw. der Satz haben. Die Tatsache, dass *es* und Satz nicht zusammen im Vorfeld auftreten können, spricht dagegen, den Satz als Attributsatz zu analysieren.

(27) *Es, dass er kommt, ist sicher.

Es wird häufig angenommen, dass der Satz selbst Satzgliedfunktion hat, dass es sich also entweder um einen Subjektsatz oder einen Akkusativobjektsatz handelt.

Aber was hat dann das Korrelat für eine syntaktische Funktion? Denn eigentlich kann eine syntaktische Funktion nur einmal besetzt sein:

(28) *Er ist Hans gekommen.

Das Auftreten zweier verschiedener Subjekte führt zur Ungrammatikalität. Im Fall von Korrelat und extraponiertem Satz muss somit eine besondere Situation vorliegen, dergestalt, dass sich die beiden Phrasen eine syntaktische Funktion teilen können. Es handelt sich also um eine Art diskontinuierliche Konstituente. Das Korrelat kann durch seine morphologische Markierung als Subjekt oder Akkusativobjekt identifiziert werden, der Satz enthält die inhaltliche Spezifikation.

9.1.5 Syntaktische Eigenschaften von *es* im Überblick

Abschließend sind die Eigenschaften der verschiedenen Verwendungsweisen von *es* nochmals in einer Tabelle zusammengefasst:

	Personal-pronomen-*es*	Expletives *es*	Vorfeld-*es*	Korrelat-*es*
Beispiel	Es weint.	Es regnet.	Es wird getanzt.	Es stimmt, dass er kommt.
Substitution durch eine andere NP	+	–	–	–
ist erfragbar	+	–	–	–
kann im Mittelfeld auftreten	+	+	–	+
kongruiert mit dem finiten Verb (falls Subjekt)	+	+	–	+
Weglassbarkeit wird vom regierenden Verb gesteuert	+	+	–	+
tritt nur in Verbindung mit extraponiertem Nebensatz auf	–	–	–	+

9.2 Verwendungsweisen des Reflexivpronomens

Ein Reflexivpronomen tritt auf, wenn zwei Satzglieder desselben Teilsatzes referenzidentisch sind, d.h. wenn sie sich auf ein und dieselbe Person bzw. ein und dasselbe Objekt beziehen.

(29) a. Lili will sich nicht kämmen.
      b. Lili will sie nicht kämmen.

In Satz (29a) beziehen sich das Subjekt und das Objekt auf dieselbe Person. Das Objekt ist als Reflexivpronomen realisiert. In Satz (29b) werden unterschiedliche Personen bezeichnet. Das Objekt ist als Personalpronomen realisiert. Refererenzidentität wird durch so genannte Indizes markiert. NPs, die sich auf denselben Referenten beziehen, bekommen denselben Index, NPs, die nicht referenzidentisch sind, haben dagegen unterschiedliche Indizes:

(30) a. Lili$_i$ will sich$_i$ nicht kämmen.
      b. Lili$_i$ will sie$_j$ nicht kämmen.

Das Reflexivpronomen weist nur in der 3. Person eine eigenständige Form auf. Die anderen Formen stimmen mit den Formen der Personalpronomen überein. Das Reflexivpronomen kann nicht im Nominativ stehen.

	Akkusativ		Dativ		Genitiv	
	Sg	Pl	Sg	Pl	Sg	Pl
1. Pers.	mich	uns	mir	uns	meiner	unser
2. Pers.	dich	euch	dir	euch	deiner	eurer
3. Pers.	sich	sich	sich	sich	seiner	ihrer

Das Reflexivpronomen bezieht sich i.d.R. auf das Subjekt des Satzes und kongruiert mit dem Subjekt in Person und Numerus.

(31) a. Ich$_i$ bestelle mir$_i$ einen Kaffee.
      b. Er$_i$ erzählte sich$_i$ eine Geschichte.
      c. Er$_i$ spricht mit ihm$_j$ nur ungern über sich$_i$.

Reflexivpronomen können in unterschiedlichen syntaktischen Kontexten auftreten, wobei insbesondere die auftretenden Verben ausschlaggebend sind. Dabei ergeben sich verschiedene Verwendungsweisen des Reflexivpronomens.

- Verben, deren Objekt durch ein Reflexivpronomen, aber auch durch irgendeine andere NP besetzt werden kann, werden **reflexiv gebrauchte Verben** genannt. Das Reflexivpronomen wird dann als **anaphorisches** *sich* bezeichnet (vgl. Reis 1982b, Haider 1985, Abraham 1995).

(32) a. Lili kauft sich ein Eis.
     b. Lili kauft Lennart ein Eis.

- Davon abzugrenzen ist das Reflexivpronomen, das von den so genannten **inhärent reflexiven Verben** lexikalisch gefordert wird – daher auch **lexikalisches** *sich* genannt, z.B.

(33) a. Lili ärgert sich darüber.
     b. *Lili ärgert Lennart darüber.

Bei diesen Verben wird im Lexikoneintrag festgelegt, dass sie mit einem Reflexivpronomen auftreten müssen. Die Ersetzung durch eine andere NP ist nicht möglich.

- Eine dritte Verwendungsweise, das **mediale** *sich*, tritt i.d.R. zusammen mit einem Adverbial auf.

(34) a. Der Text liest sich schwer.
     b. Hier lebt es sich gut.

Im Folgenden soll auf das unterschiedliche Verhalten des Reflexivpronomens bei inhärent reflexiven Verben und bei reflexiv gebrauchten Verben näher eingegangen werden.

9.2.1 Anaphorisches vs. lexikalisches *sich*

Inhärent reflexive Verben sind z.B. *sich erholen, sich schämen, sich auskennen,* reflexiv gebrauchte Verben *sich anziehen, sich widersprechen, sich beschuldigen.* Es soll nun das Verhalten des Reflexivpronomens bei diesen beiden Verbklassen anhand der klassischen Satzgliedtests wie Permutation, Erfragbarkeit, Substitution und weiterer syntaktischer Tests untersucht werden. Als Beispiel für ein inhärent reflexives Verb wurde *sich erholen* gewählt, für ein reflexiv gebrauchtes Verb *sich beschuldigen*:

- Substitution: Kann das Reflexivpronomen durch eine andere NP ersetzt werden?

(35) a. Er erholt sich/*sie.
     b. Er beschuldigt sich/sie.

- Vorfeldfähigkeit: Kann das Reflexivpronomen ins Vorfeld verschoben werden?

(36) a. *Sich erholt er.
     b. Sich beschuldigt er.

- Erfragbarkeit: Kann das Reflexivpronomen erfragt werden?

(37) a. *Wen erholt er?
     b. Wen beschuldigt er?

- Koordination: Kann das Reflexivpronomen mit einer anderen NP koordiniert werden?

    (38) a. *Er erholt sich und seine Tochter.
          b. Er beschuldigt sich und seine Tochter.

- Akzentuierbarkeit: Kann das Reflexivpronomen akzentuiert werden?

    (39) a. *Er erholt SICH.
          b. Er beschuldigt SICH.

- Negation: Kann das Reflexivpronomen negiert werden?

    (40) a. *Er erholt nicht sich, sondern ...
          b. Er beschuldigt nicht sich, sondern ...

- Kann das Reflexivpronomen mit einer Fokuspartikel kombiniert werden?

    (41) a. *Er erholt nicht nur sich, sondern ...
          b. Er beschuldigt nicht nur sich, sondern ...

In der Tabelle zusammengefasst wird das unterschiedliche Verhalten deutlich:

Test	Anaphorisches *sich*	Lexikalisches *sich*
Substitution	+	−
Vorfeldfähigkeit	+	−
Erfragbarkeit	+	−
Akzentuierbarkeit	+	−
Koordination	+	−
Negation	+	−
mit Fokuspartikel	+	−

Die Tests zeigen klar, dass das Reflexivpronomen bei den reflexiv gebrauchten Verben wie *sich beschuldigen* ein Satzglied ist, nämlich in diesem Fall ein Akkusativobjekt. Das anaphorische *sich* kann (falls es betont ist) im Vorfeld stehen, es kann durch *wen oder was?* erfragt, negiert und mit einer anderen NP in derselben Funktion koordiniert werden. Das anaphorische Reflexivpronomen besetzt also eine Valenzstelle des Verbs, die gegebenenfalls auch durch eine andere NP gefüllt werden kann. Der Kasus des Reflexivpronomens wird vom Verb regiert. Insofern sind die reflexiv gebrauchten Verben ‚normale' transitive Verben, bei denen eine Valenzstelle mit einem Reflexivpronomen besetzt wurde. Es lassen sich Verben mit akkusativisch oder dativisch markierten Reflexivpronomen finden (veraltet auch mit Genitivmarkierung). Dies wird insbesondere bei der ersten und zweiten Person Singular deutlich.

(42) a. Ich beschuldige mich.
      b. Du beschuldigst dich.
      c. Sie beschuldigt sich.

(43) a. Ich widerspreche mir.
      b. Du widersprichst dir.
      c. Sie widerspricht sich.

Im Gegensatz zum reflexiv gebrauchten Verb deuten beim inhärent reflexiven Verb die Tests darauf hin, dass das Reflexivpronomen keinen Satzgliedstatus hat. Hier liegt ein lexikalisches Reflexivpronomen vor. Es kann nicht im Vorfeld stehen und ist nicht erfragbar. Das lexikalische Reflexivpronomen ist nicht betonbar. Andere Eigenschaften können davon abgeleitet werden. Da es nicht betont werden kann, kann es beispielsweise nicht negiert oder fokussiert werden. Seine Unbetonbarkeit lässt sich wiederum durch die Tatsache erklären, dass es keine alternativen Realisierungen gibt, zu denen das Reflexivpronomen im Kontrast stehen könnte. Dies zeigt sich auch daran, dass es nicht durch eine andere NP substituiert werden kann. Das Reflexivpronomen bei inhärent reflexiven Verben wird daher häufig als Bestandteil des Prädikats, also zum Verb gehörig, analysiert. Es ist nicht von der Valenz des Verbs gefordert, sondern ist bereits im Lexikoneintrag der Verben festgelegt. Zwei Eigenschaften bleiben aber bei dieser Analyse ungeklärt, nämlich die Stellungseigenschaften und die Kasusmarkierung: Wenn es sich um einen verbalen Bestandteil handelt, würde man erwarten, dass das lexikalische Reflexivpronomen positionell an das Verb gebunden ist. Dies ist nicht der Fall. Hinsichtlich seiner Distribution verhält es sich wie ein Pronomen, d.h. es steht i.d.R. am Anfang des Mittelfelds.

(44) a. weil er **sich** gestern über das neue Fahrrad sehr gefreut hat.
      b. *weil er gestern über das neue Fahrrad sehr **sich** gefreut hat.

In diesem Punkt verhalten sich die inhärent reflexiven Verben anders als die Partikelverben wie z.B. *ausmachen* oder *herunterwerfen*. Die Stellungseigenschaften weisen bei den Partikelverben eindeutig darauf hin, dass die Partikel als Bestandteil des Verbs zu analysieren ist. Die Partikel tritt immer in der rechten Satzklammer auf. Sie verhält sich somit wie der (infinite) Bestandteil eines Prädikats. Wenn das finite Verb in der linken Satzklammer auftritt (in einem Verbzweitsatz), so besetzt die Partikel die rechte Satzklammer.

(45) a. weil Mila nie das Licht **ausmacht**.
      b. Mila **macht** nie das Licht **aus**.
      c. *Mila **macht aus** nie das Licht.

Das lexikalische Reflexivpronomen verhält sich aber gerade nicht so. Es besetzt nicht die rechte Satzklammer, sondern tritt im Mittelfeld auf.

Das zweite Argument, das gegen die Analyse als Verbbestandteil spricht, ist die Kasusmarkierung. Das lexikalische Reflexivpronomen steht entweder im Dativ oder im Akkusativ. Tritt ein weiteres Argument auf, so kann dies nicht den gleichen Kasus tragen. Das spricht dafür, dass das lexikalische Reflexivpronomen nicht völlig losgelöst von der Valenz des Verbs gesehen werden kann. Von daher kann das lexikalische Reflexivpronomen auch als formales Objekt analysiert werden (vgl. die Eigenschaften des Pronomens *es* als formales Argument).

(46) a. Du hast dir (DAT) die Gefahr (AKK) eingebildet.
　　　 b. Du hast dich (AKK) ihm (DAT) anvertraut.

Zusammenfassung: Bei inhärent reflexiven Verben hat das Reflexivpronomen keinen Satzgliedstatus. Sein obligatorisches Auftreten und die Nicht-Ersetzbarkeit durch eine andere NP sprechen für die Analyse als Bestandteil des Verbs. Die Kasusmarkierung und die Stellungseigenschaften zeigen jedoch noch den pronominalen Charakter des Reflexivpronomens und Objekteigenschaften. Die Eigenschaften des lexikalischen Reflexivpronomens sind daher mit den Eigenschaften des formalen Objekt-*es* zu vergleichen (siehe Abschnitt 9.1.2). Im Gegensatz dazu hat das Reflexivpronomen bei reflexiv gebrauchten Verben Satzgliedstatus und tritt in der Funktion eines semantisch gehaltvollen Objekts auf.

Im Folgenden sei nochmals auf die Frage nach den möglichen Antezedenten des Reflexivpronomens eingegangen. Wie bereits erwähnt, bezieht sich das Reflexivpronomen meist auf das Subjekt. Es lassen sich aber auch Ausnahmen dazu beobachten (Beispiele aus Duden 1998:332, Fußnote 2):

(47) a. Die Bitte brachte [den Mann]$_i$ außer sich$_i$.
　　　 b. Wir überlassen [die beiden]$_i$ am besten [sich selbst]$_i$.

Diese ‚Ausnahmen' lassen sich folgendermaßen erklären:
Das Antezedens eines Reflexivpronomens muss in einem Kasus stehen, der auf der Kasushierarchie (Nom > Dat > Akk > Präp) höher liegt als der Kasus des Reflexivpronomens (vgl. Grewendorf 1983). Im unmarkierten Fall bezieht sich das Reflexivpronomen auf das Subjekt, da der Nominativ der ranghöchste Kasus ist. Der Bezug auf andere Satzglieder ist aber möglich, solange sie einen höheren Kasus tragen als das Reflexivpronomen, z.B.

(48) a. Er$_i$ erzählte [dem Hans]$_j$ von sich$_{i/j}$.
　　　 b. Er$_i$ erzählte sich$_i$/*$_j$ vom Hans$_j$.

In Satz (48a) steht das Reflexivpronomen in einer Präpositionalphrase. Es kann sich daher auf das Subjekt und auf das Dativobjekt beziehen. In Satz (48b) steht das Reflexivpronomen im Dativ. Es kann sich daher nur auf das Subjekt beziehen, aber nicht auf das Präpositionalobjekt.

9.2.2 Reflexivpassiv

Zum Abschluss soll noch eine weitere Besonderheit diskutiert werden, nämlich das so genannte Reflexivpassiv. Es handelt sich dabei um ein unpersönliches Passiv (also um ein Passiv ohne Subjekt), das aus einem reflexiv gebrauchten oder inhärent reflexiven Verb gebildet ist. Die Folge ist, dass das
(anaphorische oder lexikalische) Reflexivpronomen kein Antezedens hat,
wodurch die Akzeptabilität beeinträchtigt wird. (49a) ist ein Beispiel mit dem
reflexiv gebrauchten Verb *sich waschen*, (49b) mit dem inhärent reflexiven
Verb *sich amüsieren*.

(49) a. Jetzt wird sich aber gewaschen.
      b. Jetzt wird sich aber amüsiert.

Abgesehen von der Frage nach der fehlenden Bezugs-NP und der daraus resul-
tierenden Markiertheit der Konstruktion, ist insbesondere (49a) erstaunlich.
Sich waschen ist ein reflexiv gebrauchtes transitives Verb, d.h. im folgenden
Satz hat das Reflexivpronomen die Funktion Akkusativobjekt.

(50) Er wäscht sich.

Von transitiven Verben kann ein Passiv gebildet werden, wobei das Akkusativobjekt des Aktivsatzes im Passivsatz zum Subjekt wird. Auch ein unpersönliches Passiv ist möglich, falls das Akkusativobjekt des Aktivsatzes fakultativ
ist. Vgl. folgende Beispiele mit dem transitiven Verb *essen*:

(51) a. Sie essen (einen Kuchen).
      b. Ein Kuchen wird gegessen.
      c. Da wird gegessen.
      d. *Da wird einen Kuchen gegessen.

(51d) ist ungrammatisch, da hier das Akkusativobjekt des Aktivsatzes nicht
zum Subjekt des Passivsatzes wurde. (49a) entspricht nun eigentlich (51d)
und müsste ungrammatisch sein. Das Reflexivpronomen hat bei den reflexiv gebrauchten Verben Satzgliedstatus und fungiert als Akkusativobjekt.
Das Objekt müsste im Passiv zum Subjekt werden. Das Reflexivpronomen
besitzt nun aber keine Nominativform und kann somit gar nicht als Subjekt
realisiert werden. Die fehlende Nominativform hängt wahrscheinlich mit der
Bedingung zusammen, dass das Reflexivpronomen in einem rangniedrigeren
Kasus stehen muss als sein Antezedens.
    Bei inhärent reflexiven Verben fungiert das Reflexivpronomen nicht als
Satzglied. Von daher ist zu erwarten, dass das akkusativisch markierte Reflexivpronomen im Passiv auftreten kann (wie in (49b)) und nicht zum Subjekt
des Satzes wird.

9.3 Übungsaufgaben

➲ 46. Bestimmen Sie die Verwendungsweise von *es* in den folgenden Beispielen:

    a. Es kommt uns nicht nur auf Ihre Noten an.

    b. Es ist doch offensichtlich, dass der betrunken ist.

    c. Es hat schon wieder jemand für dich angerufen.

    d. Leider war es sehr teuer.

    e. Mir ist es so kalt.

    f. Es ist so kalt hier.

    g. Es kommt immer wieder vor, dass jemand einfach aussteigt.

    h. Es ist schon wieder eine Niete.

    i. Es gibt zwei Möglichkeiten, wie Sie sich für den Workshop bewerben können.

    j. Er hat es immer eilig.

    k. Er glaubt, dass es ein Leben nach dem Tod gibt.

    l. Ich habe es mir gedacht, dass du hier bist.

    m. Es sind zu viele Leute hier.

    n. Es ist spät geworden.

    o. Es ist vom Wetter abhängig.

    p. Es glaubt der Mensch sein Leben lang, er müsse nicht sterben.

➲ 47. Welche Verwendungsweisen von *es* liegen im folgenden Satz vor?

(Zur Information: Lenerz' Begriff ‚Topik-*es*' entspricht dem hier eingeführten Vorfeld-*es*)

(1) *Es* handelt sich in diesem Aufsatz um das zunehmende Auftreten des nichtreferentiellen, sogenannten ‚expletiven' *es* in der Geschichte des Deutschen (und entsprechender Elemente in anderen germ. Sprachen). (2) *Es* wird mit der Darstellung der Fakten und einer Kritik an Haiman (1974) begonnen. (3) *Es* erweist sich, daß strukturell zwischen einem ‚Topik-*es*' und einem ‚Subjekt-*es*' unterschieden werden muß. (4) *Es* wird gezeigt, daß sich die Entwicklung im Deutschen als Re-Analyse der strikten Subkategorisierung im Lexikon darstellen läßt. (5) *Es* werden dabei nullwertige Prädikate zunehmend als einwertige und das ‚Topik-*es*' als ‚Subjekt-*es*' umgedeutet. (6) *Es* ergibt sich dafür eine syntaktische Erklärung, wenn man eine (in Lenerz 1984a unabhängig begründete) diachron gleichbleibende Struktur zugrundelegt, die eine restringierende Bedingung für die Re-Analyse darstellt. (7) *Es* bedarf daher lediglich eines ‚Re-Analyse-Prinzips', das die möglichen Subkategorisierungen im Lexikon auf die zugrundeliegenden syntaktischen Strukturen bezieht. (8) *Es* erweist sich also, daß man auf eine Theorie syntaktischen Wandels weitgehend verzichten kann, da die diachrone Variation im Wesentlichen

durch die gleichen allgemeinen Bedingungen der Syntaxtheorie eingeschränkt ist, die auch die mögliche synchrone Variation definieren. (9) (*Es*
empfiehlt sich, die oben hervorgehobenen *es* zu bestimmen: ‚Topik-*es*'
oder ‚Subjekt-*es*'?)

Aus: Lenerz, Jürgen (1992): Zur Theorie syntaktischen Wandels: Das expletive *es* in der Geschichte des Deutschen. In: W. Abraham (ed.), *Erklärende Syntax des Deutschen*. Tübingen: Narr, S. 99.

48. Bestimmen Sie, ob in folgenden Fällen ein inhärent reflexives oder ein reflexiv gebrauchtes Verb vorliegt:

   a. Er bildet es sich nur ein.
   b. Sie begaben sich in Gefahr.
   c. Er gefällt sich in dieser Rolle.
   d. Er stellte sich vor, wieder daheim zu sein.
   e. Er betrachtet sich im Spiegel.

49. Begründen Sie anhand von Tests die Einordnung als lexikalisches bzw.
anaphorisches Reflexivpronomen:

   a. Klicken Sie sich auf unsere Homepage!
   b. Man kann sich nur als Gast einloggen.

Literaturtipps zum Weiterlesen

Die verschiedenen Verwendungsweisen von *es* wurden am ausführlichsten von Pütz
(1986) diskutiert. Einen Überblick über das nichtreferentielle *es* in Subjektsposition
bietet Hentschel (2003). Eine sehr detaillierte Diskussion der verschiedenen Vorkommen des Reflexivpronomens bietet Kunze (1997). Haider (1985) bespricht das Auftreten der verschiedenen Verwendungsweisen von *sich* im Rahmen der generativen
Grammatik. Hundt (2002) untersucht das Reflexivpassiv sowohl bei reflexiv gebrauchten als auch bei inhärent reflexiven Verben.

10   Wortstellung und Informationsstruktur

Was in diesem Kapitel behandelt wird:

- Ebenen der Informationsstruktur: Topik-Kommentar, Thema-Rhema, Fokus-Hintergrund
- Auswirkungen der Informationsstruktur auf die Wortstellung im Vorfeld und Mittelfeld
- markierte (normale) und unmarkierte (nicht-normale) Abfolgen

In Kapitel 6 haben wir gesehen, dass es zwar einige grundlegende Regularitäten der Wortstellung im Deutschen gibt, wie z.B. dass vor dem finiten Verb nur eine Konstituente stehen kann, dass es andererseits jedoch große Variationsmöglichkeiten bei der Anordnung der Satzglieder gibt. Es ist z.B. nicht festgelegt, welche Konstituente im Vorfeld auftritt und wie die Konstituenten im Mittelfeld angeordnet sind.

Vorfeld	linke Klammer	Mittelfeld	rechte Klammer
Ein Mann	hat	einem Freund ein Buch	geschenkt
Einem Freund	hat	ein Mann ein Buch	geschenkt
Ein Buch	hat	ein Mann einem Freund	geschenkt

Obwohl alle diese Sätze grammatisch sind, ist es doch nicht beliebig, welche Anordnung der Satzglieder man wählt. Dies hängt von dem Kontext und den kommunikativen Absichten ab, die man verfolgt.

In diesem Kapitel werden wir uns damit beschäftigen, welche Faktoren diese Wahlmöglichkeiten steuern. Dabei wird sich zeigen, dass die Wahl einer bestimmten Anordnung der Satzglieder von dem informationellen Status der einzelnen Satzglieder bestimmt wird, das heißt, ob sie z.B. „neue" oder „alte" Information beinhalten und wo der Informationsschwerpunkt liegt. Wie die Satzglieder angeordnet werden, hängt also ganz entscheidend davon ab, was als bekannt vorausgesetzt wird und welcher Teil des Satzes neue Information enthält. Diese Faktoren werden unter dem Begriff „Informationsstruktur" zusammengefasst.

10.1   Ebenen der Informationsstruktur

Zur Informationsstruktur gehören zum einen Begriffe wie Thema und Rhema, die auf vorerwähnte, bekannte vs. neue Information Bezug nehmen oder auch das in der neueren Literatur häufig verwendete, mit den gerade erwähnten Begriffen eng verwandte Begriffspaar Hintergrund und Fokus, wobei der Fokus den Informationsschwerpunkt des Satzes bildet. Eine weitere Ebene der Informationsstruktur bildet die Topik-Kommentar-Gliederung, auf die wir zunächst eingehen.

10.1.1 Topik-Kommentar-Gliederung

Als **Topik** wird der Satzgegenstand bezeichnet, also das, worüber der Satz eine Aussage macht. Das, was darüber ausgesagt wird, ist der **Kommentar**.

(1)   Das Haus   hat vier Fenster.

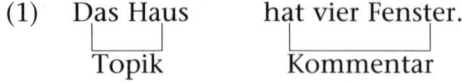

      Topik   Kommentar

Das Topik wird auch häufig aufgefasst als eine Art Adresse, unter der die Information eines Satzes abgespeichert wird und ist in der Hinsicht vergleichbar mit dem Eintrag, unter dem eine Karteikarte abgelegt wird. Damit hängt es zusammen, dass die Konstituente, die das Topik eines Satzes darstellt, einen Referenten haben muss, d.h. sie muss sich auf etwas in der außersprachlichen Wirklichkeit beziehen.

Reinhart (1981) charakterisiert das Topik mit dem Begriff „pragmatic aboutness", da es in gewisser Weise vom Kontext abhängig ist, was das Topik in einem Satz ist. Mit dem kontextabhängigen Teil der Bedeutung von Sätzen beschäftigt sich die Pragmatik.

Was nun die Wortstellung betrifft, gibt es eine gewisse sprachübergreifend gültige Tendenz, dass das Topik eher am Satzanfang auftritt und der Kommentar folgt. Aus Gründen der Sprachverarbeitung ist dies einsichtig, denn offensichtlich ist es leichter, eine Aussage zu verarbeiten, wenn man schon weiß, worauf sich diese Aussage bezieht.

Die Vorfeldbesetzung (Bewegung einer Konstituente ins Vorfeld) wird auch Topikalisierung genannt. Damit wird suggeriert, dass es eine enge Verbindung zwischen dem Vorfeld und dem Topik gibt. Allerdings kann man nicht davon ausgehen, dass die Vorfeldkonstituente stets das Topik ist. Damit eine Konstituente überhaupt Topik sein kann, muss sie referentiell sein, d.h. sie muss sich auf etwas beziehen. Im Vorfeld können jedoch auch Elemente auftreten, die nicht topikfähig sind:

(2)   a. Hoffentlich kommt er morgen.
      b. Es bestanden große Bedenken gegen diesen Vorschlag. („Vorfeld-
         es")

Es ergibt keinen Sinn, zu sagen, dass der Satzgegenstand von (2a) *hoffentlich* oder in (2b) *es* ist, da beide Konstituenten keinen Referenten benennen. *Es* ist in diesem Fall völlig inhaltsleer, was man gut daran erkennen kann, dass es nicht erfragt werden kann. Darüber hinaus ist dieses Auftreten von *es* an das Vorfeld gebunden, der Satz wird ungrammatisch, wenn es z.B. im Mittelfeld auftreten würde. Dies deutet darauf hin, dass *es* hier nur die Funktion hat, das Vorfeld zu füllen.

Die Topikfähigkeit einer Konstituente lässt sich damit testen, ob die fragliche Konstituente in einer Phrase wie *da wir gerade von X reden* oder *reden über X* erscheinen kann.

(3) a. da wir gerade von Hans/deinen Vorschlägen/den Ergebnissen reden
    b. *da wir gerade von hoffentlich reden

Sehr häufig ist das Subjekt das Topik eines Satzes. Im Deutschen können jedoch alle Satzglieder, die einen Referenten haben, Topik sein.

Bestimmte syntaktische Konstruktionen werden mit dem Topik-Begriff in Verbindung gebracht. Dazu gehört die Linksversetzung, deren Hauptfunktion darin gesehen werden kann, das Topik zu kennzeichnen:

(4) a. Die Schule, die langweilt ihn.
    b. Dass es so schön werden würde, das hatte er nicht gedacht.

Auch bestimmte andere Konstruktionen wie die folgende dienen dazu, das Topik zu kennzeichnen:

(5) Was Hans betrifft, so brauchen wir uns keine Sorgen zu machen.

10.1.2 Thema-Rhema-Gliederung

Das **Thema** stellt (durch den Kontext oder die Situation) gegebene Information dar, das **Rhema** dagegen neue Information. Vor allem in der älteren Literatur dazu ist im Zusammenhang mit der Wortstellung sehr häufig von Thema und Rhema die Rede.

Es gibt verschiedene Vorschläge, nicht von einer strikten Dichotomie Thema-Rhema auszugehen und stattdessen graduelle Abstufungen zuzulassen. Prince (1981) hat dazu einen differenzierten Vorschlag gemacht, den wir hier kurz vorstellen. Sie unterscheidet die folgenden Bekanntheitsgrade:

(6) a. „brand new": *Gestern bin ich <u>mit einem Taxi</u> nach Hause gefahren.*
    b. „brand new, anchored": *<u>Ein Kollege von mir</u> kennt dich.*
    c. „unused": *<u>Noam Chomsky</u> lehrt am MIT.*
    d. „inferrable": *Gestern fuhr ich mit einem Taxi heim und <u>der Fahrer</u> war betrunken.*
    e. „evoked":
       • vorerwähnt: *Hans sagt, dass <u>er</u> deine Schwester kennt.*
       • durch die Situation gegeben: *Kannst <u>du</u> mir fünf Mark leihen?*

Prince unterscheidet vollständig neue Einheiten („brand-new") von solchen, die zwar auch völlig neu sind, aber mit einer bereits bekannten Einheit verknüpft („brand new, anchored"). Eine nächste Abstufung auf der Skala bilden solche Einheiten, die zwar nicht vorher erwähnt wurden und auch in der Situation nicht präsent sind, jedoch als bekannt vorausgesetzt werden können („unused"). Einheiten, die zwar nicht erwähnt wurden, aber deren Existenz erschlossen werden kann, wie der Fahrer des Taxis in (d) nennt sie „inferrable". An der Spitze der Bekanntheitsskala rangieren bereits vorerwähnte oder durch die Situation gegebene Einheiten.

Auch die Thema-Rhema-Gliederung ist für die Wortstellung relevant, denn in der Regel stehen thematische Elemente vor rhematischen.

10.1.3 Fokus-Hintergrund-Gliederung

Die Fokus-Hintergrund-Gliederung weist gewisse Parallelen zur Thema-Rhema-Gliederung auf, ist jedoch nicht völlig mit dieser gleichzusetzen. Als **Fokus** gilt der Teil eines Satzes, der die wichtigste Information beinhaltet und durch Akzentuierung hervorgehoben ist.

(7)   Hans hat seine KATze gefüttert.

Um zu testen, was in einem Satz Fokus sein kann, wird ein Fragetest angewendet. Man untersucht, auf welche Frage der Satz eine Antwort sein kann, in dem Fall z.B. auf die Frage *Wen hat Hans gefüttert?* Der Teil des Satzes, der die Frage beantwortet, ist der Fokus, in dem Fall *die Katze*.

Die Zusammenhänge der Fokus-Hintergrund-Gliederung mit der Wortstellung sind komplex und werden im nächsten Abschnitt über die Wortstellung im Mittelfeld behandelt.

10.2 Die Abfolge der Satzglieder im Mittelfeld

Im Mittelfeld bestehen viele Variationsmöglichkeiten hinsichtlich der Anordnung der einzelnen Satzglieder:

(8)   a. dass ein Kollege der Ehefrau den Rasenmäher wegnahm
       b. dass den Rasenmäher ein Kollege der Ehefrau wegnahm
       c. dass der Ehefrau den Rasenmäher ein Kollege wegnahm

Wir wählen für das Beispiel einen Nebensatz, da sich hier alle Satzglieder im Mittelfeld befinden. Alle drei Abfolgen sind grammatisch, allerdings ist es nicht völlig egal, welche man wählt. Intuitiv ist es jedoch vielleicht schon zu erkennen, dass die Reihenfolge in (8a) „normaler" klingt als die beiden anderen Reihenfolgen und dass die Abfolgen in (8b) und (8c) ganz bestimmte Kontexte erfordern. Wir möchten hier ausführlicher auf die Arbeiten von Lenerz (1977) und Höhle (1982) eingehen, die für die Forschungen zur Wortstellung im Mittelfeld wegweisend waren. Beide Autoren zeigen, dass bestimmte Abfolgen als „unmarkiert" bzw. als „normal" zu betrachten sind.

10.2.1 Unmarkierte Abfolgen

Lenerz (1977) vertritt für das Deutsche die Ansicht, dass nicht alle möglichen Abfolgen gleichwertig sind, sondern dass es markierte und unmarkierte Abfolgen gibt. Die markierten Abfolgen unterliegen bestimmten Bedingungen, denen die unmarkierten Abfolgen nicht unterliegen:

Wenn zwei Satzglieder A und B sowohl in der Abfolge A – B wie in der Abfolge B – A auftreten können, und wenn B – A nur unter bestimmten testbaren Bedingungen auftreten kann, denen A – B nicht unterliegt, dann ist A – B die ‚unmarkierte Abfolge'. (Lenerz 1977:27)

Zu diesen „testbaren Bedingungen" gehören die Thema-Rhema-Bedingung und die Definitheitsbedingung. Die Begriffe Thema und Rhema nehmen Bezug auf die Bekanntheit bzw. Neuheit der Information: Thema ist etwas bereits Bekanntes, Vorerwähntes, während das Rhema neue Information enthält. In den Sätzen, die auf (9) antworten, ist also *das Geld* Thema, während *der Kassierer* Rhema ist:

Die Thema-Rhema-Bedingung illustriert Lenerz (1977:43) anhand des folgenden Beispiels:

(9)   Wem hast du das Geld gegeben?
       a. Ich habe dem KasSIERer das Geld gegeben.
       b. Ich habe das Geld dem KasSIERer gegeben.

(10)   Was hast du dem Kassierer gegeben?
       a. Ich habe dem Kassierer das GELD gegeben.
       b. ?*Ich habe das GELD dem Kassierer gegeben.

Hier ist entscheidend, dass die Antwort (10b) in diesem Kontext unpassend wirkt. Lenerz führt dies darauf zurück, dass bei der Abfolge Akkusativobjekt (DO) vor Dativobjekt (IO) das Akkusativobjekt nicht Rhema sein darf und formuliert die folgende Bedingung:

(11)   „Thema-Rhema-Bedingung":
       Die Abfolge BA zweier NPs A und B kann dadurch gegenüber der Abfolge AB eingeschränkt sein, dass in ihr (bei thematischem A) das B nicht Rhema sein darf.

Eine weitere Einschränkung, der diese Abfolge unterliegt, liegt in der sog. Definitheitsbedingung, die Lenerz wie folgt formuliert:

(12)   „Definitheitsbedingung":
       Die Abfolge BA zweier NPs A und B kann dadurch gegenüber der Abfolge AB eingeschränkt sein, dass in ihr das erste Element, also B, definit sein muß. (Lenerz 1977:63)

Die Abfolge Akkusativobjekt vor Dativobjekt wirkt eher schlecht, wenn das Akkusativobjekt indefinit ist. Entscheidend ist, dass die Thema-Rhema-Bedingung in den folgenden Sätzen beachtet ist.

(13)   Wem hast du ein Buch geschenkt?
       a. *Ich habe ein Buch dem Schüler geschenkt.
       b. *Ich habe ein Buch einem Schüler geschenkt.

Dagegen ist ein indefiniter Artikel bei dem Dativobjekt in jedem Fall akzeptabel.

Anhand der beiden vorgestellten Tests ermittelt Lenerz die Abfolge Dativobjekt (IO) > Akkusativobjekt (DO) als unmarkierte Abfolge:

(14) a. DO IO ist nicht möglich, wenn DO „rhematischer" ist als IO. (Lenerz 1977:45)
   b. Die Abfolge DO IO ist nicht möglich, wenn DO eine nichtdefinite NP ist. (Lenerz 1977:55)

Das bisher Gesagte gilt für nichtpronominale NPs. Bei Pronomen gilt dagegen als unmarkierte Abfolge Subjekt > Akkusativobjekt > Dativobjekt. Der Grund dafür ist sehr wahrscheinlich in der Unbetonbarkeit von *es* zu suchen, denn unbetonte Pronomen können nur am Anfang des Mittelfelds stehen.

(15) a. weil er es ihm geschenkt hat
   b. *weil er ihm es geschenkt hat
   c. *weil es ihm er geschenkt hat

Wenn man nach den oben genannten Kriterien die Abfolgeregeln zwischen Subjekt und den Objekten untersucht, so ergibt sich, dass in der Regel die Abfolge Subjekt vor den Objekten die unmarkierte ist.

> Unmarkierte Abfolgen nach Lenerz:
> bei vollen NPs: Subjekt > Dativobjekt > Akkusativobjekt
> bei pronominalen NPs: Subjekt > Akkusativobjekt > Dativobjekt

Allerdings lässt sich bereits bei Lenerz die Beobachtung finden, dass dies nicht ausnahmslos gilt. Eine Abweichung von der unmarkierten Abfolge Subjekt > Objekt führt Lenerz darauf zurück, dass bei bestimmten Verben das Objekt das sog. „Mitteilungszentrum" ist. Dies ist der Fall bei den „psychischen Verben" mit einem Stimulus-Subjekt, wie etwa *gefallen*:

(16) a. Ich glaube, dass diese Tänzerin dem Kritiker der Abendzeitung gefallen würde.
   b. Ich glaube, dass dem Kritiker der Abendzeitung diese Tänzerin gefallen würde.

Hier wirken beide Abfolgen unmarkiert. Fügt man ein Modalverb wie *wollen* ein, wird das Subjekt zum Agens. Ein Agens-Subjekt ist jedoch stets das Mitteilungszentrum. Eine Umstellung ist daher in diesem Fall nach Lenerz nicht möglich.

(17) a. Ich glaube, dass diese Tänzerin dem Kritiker der Abendzeitung gefallen wollte.
   b. *Ich glaube, dass dem Kritiker der Abendzeitung diese Tänzerin gefallen wollte.

Neben der Satzgliedfunktion (wie Subjekt, Akkusativobjekt etc.) ist also offensichtlich auch die semantische Rolle des Satzglieds für die Abfolge relevant. Agens-Subjekte sind stets in der unmarkierten Abfolge vorangestellt, während dies z.B. für Stimulus-Subjekte nicht gilt. Wir können an dieser Stelle festhalten, dass es eine starke Tendenz gibt, ein Satzglied, das Agens ist, vor anderen Verbkomplementen zu platzieren.

Daneben sind eine Reihe von weiteren Faktoren wirksam wie z.B. das auf Behaghel (1932) zurückgehende „Gesetz der wachsenden Glieder" (umfangreichere Konstituenten tendieren dazu, weiter hinten zu stehen) und die von Lenerz formulierte „Satzklammerbedingung" (Sätze ohne rechte Satzklammer sollen nicht auf ein gewichtsloses Satzglied enden). Eine Verletzung dieser beiden Bedingungen liegt in dem folgenden Satz vor:

(18) ??Ich widme den vielen überaus hilfreichen Kollegen, die durch ihre Kritik erst seine Entstehung ermöglicht haben, dieses Buch. (Beispiel bei Lenerz 1977:61, Akzeptabilitätsurteil von ihm)

Auch Höhle (1982) untersucht „normale Abfolgen" und „normale Betonung" und sieht das entscheidende Kriterium dafür im Fokuspotential eines Satzes. Das Fokuspotential eines Satzes ist umso größer, je mehr mögliche Foki er zulässt. Wie schon erwähnt, können die Fokusmöglichkeiten in einem Satz anhand eines Fragetests überprüft werden. Durch die Frage von A wird festgelegt, dass im folgenden Satz *seine Schwester* **Fokus ist.**

(19) A: Wen hat Hans gestern besucht?
      B: Hans hat gestern [seine SCHWEster]$_F$ besucht.

Die fokussierte Konstituente erhält den stärksten Akzent im Satz (Satzakzent). Der Fokus muss sich allerdings nicht immer auf die unmittelbar akzentuierte Konstituente beschränken, sondern kann sich nach bestimmten Regeln im Satz ausbreiten (sog. „Fokusprojektion"). Obiger Satz z.B. könnte auch eine Antwort auf die folgenden Fragen sein:

(20) A: Was hat Hans gestern gemacht?
      B: Hans hat gestern [seine SCHWEster besucht]$_F$

      A: Was hat Hans gemacht?
      B: Hans hat [gestern seine SCHWEster besucht]$_F$

      A: Was war los?
      B: [Hans hat gestern seine SCHWEster besucht]$_F$

Wir haben in diesem Satz die normale Wortstellung, da die Ausweitung des Fokus auf den ganzen Satz möglich ist.

Die normale (unmarkierte) Abfolge der Satzglieder lässt es zu, dass sich bei geeigneter Betonung des Satzes der Fokus auf den ganzen Satz ausbreitet.

Das Fokuspotential eines Satzes ist nach Höhle (1982) ein Kriterium zur Bestimmung der stilistisch normalen Betonung (auch: neutraler Satzakzent).

Die folgenden Sätze unterscheiden sich jeweils nur durch ihre Betonung:

(21) a. HANS wird morgen nach Berlin fahren.
      b. Hans wird MORgen nach Berlin fahren.
      c. Hans wird morgen nach BerLIN fahren.
      d. Hans wird morgen nach Berlin FAHren.
      e. Hans WIRD morgen nach Berlin fahren.

Wenn man nun überlegt, auf welche Fragen diese Sätze jeweils als Antwort stehen können, kann man die Fokusmöglichkeiten dieser Sätze ermitteln. (21a) ist die Antwort auf die Frage *Wer wird morgen nach Berlin fahren*, (21b) auf *Wann wird Hans nach Berlin fahren*, (21c) auf *Wohin wird Hans morgen fahren*. Die Akzentuierung in (21d) ist nur dann möglich, wenn man die Fortbewegungsart hervorheben möchte (*fahren* etwa im Gegensatz zu *fliegen* oder *wandern*). Mit der Akzentuierung in (21e) wird Nachdruck auf die Wahrheit der Aussage gelegt, was in der Regel nur dann geschieht, wenn sich im sprachlichen oder situativen Kontext die gegenteilige Annahme findet. Höhle (1992) hat für diese Hervorhebung des Zutreffens den Begriff „Verum-Fokus" geprägt.

Entscheidend für Höhles Überlegungen ist jedoch, dass der Satz nur mit der Akzentuierung in (21c) eine Antwort auf eine Frage wie *Was gibt es Neues?* darstellen kann, die keine der Konstituenten als bekannt vorgibt. Das bedeutet, dass mit dieser Betonung der ganze Satz neue Information enthalten kann, also fokussiert ist. Dies ist also der Satz mit maximaler Fokusprojektion.

Die Akzentuierung von (21c) gilt deswegen als die normale Betonung, da sie die Ausbreitung des Fokus auf den ganzen Satz zulässt (s. Höhle 1982).

> „Ein Satz S_i hat stilistisch normale Betonung g.d.w. er unter allen Sätzen, die sich von S_i nur hinsichtlich der Konstituentenbetonung unterscheiden, die meisten möglichen Foki hat." (Höhle 1982:141)

Wie wir gesehen haben, fällt die normale Betonung auf eine sehr nahe am Verb (in Endstellung) stehende Konstituente.

Ganz analog definiert Höhle (1982) auch „normale Wortstellung". Die Anordnung, die eine Ausbreitung des Fokus auf den ganzen Satz zulässt, wird als die normale Wortstellung betrachtet.

> „Ein Satz S_i weist ‚stilistisch normale Wortstellung' auf g.d.w. er unter allen Sätzen, die sich von S_i nur hinsichtlich der Wortstellung und/oder der Betonung unterscheiden, bei geeigneter Betonung die meisten möglichen Foki hat." (Höhle 1982: 141)

Die Sätze unter (21) haben also ‚stilistisch normale Wortstellung', da sie bei geeigneter Betonung die meisten möglichen Foki zulassen. Zum Vergleich:

Würden wir z.B. *nach Berlin* an den Satzanfang stellen, so wären – egal, wie die Betonung aussieht – die Fokusmöglichkeiten stark eingeschränkt:

(22) Nach Berlin wird Hans morgen fahren.

Bestimmte Umstellungen sind zwar möglich, sie erfordern dann jedoch eine bestimmte Betonung und einen Informationsschwerpunkt auf einer Konstituente:

(23) Hans hat das Fahrrad dem Kind geschenkt.

Hier erhält *dem Kind* den Fokusakzent und es stellt die hervorgehobene Information dar. (Der Satz könnte die Antwort auf die Frage sein: *Wem hat Hans das Fahrrad geschenkt?*). Es gibt die Tendenz, die fokussierte Konstituente möglichst spät im Mittelfeld zu platzieren.

Während Lenerz davon ausging, dass die unmarkierte Abfolge weitgehend unabhängig von bestimmten Verben gilt, geht man seit Höhle eher davon aus, dass die normale Abfolge von Verben festgelegt wird und daher bei bestimmten Verben z.B. auch Akkusativobjekt > Dativobjekt sein kann:

(24) a. weil Hans das Kind der Kälte ausgesetzt hat
      b. weil sie die Kandidatin einer eingehenden Prüfung unterzogen

Umstritten ist dabei die Rolle der Belebtheit für die Erklärung der Grundabfolgen. Für die Verben mit der Grundabfolge Akkusativobjekt > Dativobjekt wurde u.a. vorgeschlagen, dass das Dativobjekt hier keinen Rezipienten bezeichnet, sondern eher eine Art Ziel und damit mit Direktionaladverbialen verwandt ist, die auch nach den Akkusativobjekten ihre Grundposition haben (s. nächster Abschnitt). Andererseits lässt es sich aber kaum leugnen, dass ein Faktor wie Belebtheit Auswirkungen auf die Anordnung der Satzglieder hat. Man betrachte dazu die folgenden Verben:

(25) a. weil einem Spieler ein Fehler unterlaufen ist
      b. weil dem Hans die Vase zerbrochen ist
      c. weil dem Schüler die Formel entfallen ist

Bei allen diesen Verben ist in der Regel das Dativobjekt belebt, während das Subjekt einen unbelebten Aktanten benennt. Wir können daher festhalten, dass es eine Tendenz gibt, belebte vor unbelebten Aktanten zu platzieren.

Im Rahmen der generativen Grammatik werden bestimmte Tests verwendet, die alle einen Hinweis darauf liefern, dass bestimmte Abfolgen die „normalen" sind, während andere als durch Umstellungen entstanden erklärt werden können. In diesem Grammatikmodell wird davon ausgegangen, dass die „normalen" Abfolgen diejenigen sind, die in der Tiefenstruktur auftreten, während die markierten, „nichtnormalen" Abfolgen durch Umstellungen entstanden sind, die als „Scrambling" (engl. *to scramble* ‚herumrühren') bezeichnet werden. Die Gründe für diese Bewegungen liegen zum großen Teil in informationsstrukturellen Gesetzmäßigkeiten, wie z.B. dass Topiks eher am Anfang eines Satzes erscheinen als gegen Ende.

Wir möchten hier nur einen dieser Tests kurz vorstellen. Es lässt sich beobachten, dass w-Pronomen, die unbestimmt interpretiert werden (im Sinn von ‚irgendjemand'), sich nicht umstellen lassen. Daher geben diese Pronomen einen Hinweis auf die Position des betreffenden Satzglieds in der Normalabfolge:

(26) a. weil eine Studentin wen beleidigt hat
      b. ??weil wen eine Studentin beleidigt hat

Dieser Test zeigt, dass die Normalabfolge Subjekt > Akkusativobjekt ist. Zu weiteren Tests siehe Haider (1993:153), Frey/Pittner (1998).

10.2.2 Abfolge der Adverbiale

Adverbiale sind meist keine Komplemente des Verbs, sondern Angaben, die hinzugefügt werden können. Daher nahm man lange an, dass Adverbiale praktisch beliebig irgendwo im Satz platziert werden können. Doch auch zwischen Adverbialen lassen sich bestimmte Abfolgeregeln erkennen. Für ihre Abfolge ist entscheidend, welchen semantischen Bezugsbereich (Skopus) sie haben. Wie in 3.1.3 schon erwähnt wurde, gibt es Satzadverbiale, die sich auf die Proposition eines Satzes beziehen, zu der eine Art von Stellungnahme abgegeben wird. Daneben können Adverbiale jedoch noch ganz andere Bezugsbereiche haben, die kurz vorgestellt werden sollen. Wir gehen dabei von den Adverbialen mit dem weitesten Bezugsbereich zu den Adverbialen mit engeren Bezugsbereichen.

Den weitesten Bezugsbereich haben Adverbiale, die sich auf die Äußerung beziehen und bestimmte Aspekte von ihr kommentieren wie z.B. die gewählte Formulierung oder die Sprecherintention.

(27) a. Mit Verlaub, Sie sind ein Arschloch. (Joschka Fischer)
      b. Offen gesagt, das war eine ziemliche Sauerei.

Diese Art von Adverbialen beziehen sich auf die Sprechhandlung und die Umstände der Äußerung und werden daher auch pragmatische Adverbiale oder **Sprechakt-Adverbiale** genannt. Sie stehen quasi außerhalb des Satzes, sehr häufig vor dem Vorfeld. Da sie parenthetischen Charakter haben, können sie jedoch an vielen Stellen im Satz eingeschoben werden und sind dann aber immer durch Kommas als parenthetischer Einschub gekennzeichnet.

Wie schon erwähnt wurde, beziehen sich **Satzadverbiale** auf die Proposition. Sie schränken entweder ihre Gültigkeit ein, indem sie z.B. eine Bewertung der Wahrscheinlichkeit des Sachverhalts geben oder eine emotionale Stellungnahme des Sprechers dazu. Diese Adverbiale haben ihren Platz in der unmarkierten Abfolge vor den Komplementen des Verbs. Zu beachten ist allerdings, dass Satzglieder, die als Topiks fungieren, in jedem Fall vor den Satzadverbialen stehen. Die Satzadverbiale stehen an der Grenze zwischen Topik und Kommentar. Dies erkennt man auch daran, dass Elemente, die auf nichts referieren (wie *keiner*) und daher auch kein Topik sein können, nicht vor Satzadverbialen im Mittelfeld auftreten können (b,c):

(28) a. Er will mit diesem Geld anscheinend ein Boot kaufen.
　　 b. Morgen ist wahrscheinlich keiner da.
　　 c. ??Morgen ist keiner wahrscheinlich da.

Wir lassen hier eine fokussierende Verwendung der Satzadverbiale außer Betracht: Satzadverbiale können sich ähnlich wie Fokuspartikeln an bestimmte fokussierte Konstituenten anlagern und verhalten sich dann stellungsmäßig ähnlich wie diese.

Nach den Satzadverbialen stehen Adverbiale, die sich auf die in einem Satz enthaltene Situation beziehen, also auf das Ereignis oder den Zustand, der benannt wird. Auch diese Adverbiale nehmen ihre Grundposition oberhalb der Komplemente des Verbs ein. Zu den **situationsbezogenen** Adverbialen gehören Kausaladverbiale und Temporaladverbiale, die einen Zeitpunkt angeben.

(29) a. weil wegen der anhaltenden Zurückhaltung der Verbraucher sich die Konjunkturflaute weiter ausbreitet
　　 b. weil an Weihnachten viele Leute Geschenke kaufen

Andere Adverbiale benennen dagegen an der Situation beteiligte oder in ihr verankerte Referenten. Zu diesen **situationsinternen** Adverbialen gehören vor allem Komitativadverbiale und Instrumentaladverbiale. Komitativadverbiale bezeichnen einen Begleiter (*mit X* oder *zusammen mit X*) und Instrumentaladverbiale das Instrument oder Mittel, das für eine bestimmte Handlung eingesetzt wird. Diese Art von Adverbialen haben ihre Grundposition zwischen den Komplementen des Verbs. Instrumentaladverbiale stehen nach dem Agens-Subjekt, das in Sätzen mit diesen Adverbialen praktisch immer vorhanden sein muss und Komitative stehen nach ihrem Bezugsargument, also nach dem Mitspieler, auf den sie sich beziehen.

(30) a. weil Hans mit einem Hammer eine Scheibe eingeschlagen hat (Instrument)
　　 b. weil der Opa mit dem Hund spazieren geht (Komitativ mit Bezug auf das Subjekt)
　　 c. weil der Hans das Fleisch mit dem Gemüse kocht (Komitativ mit Bezug auf das Objekt)

Einen sehr engen semantischen Bezugsbereich haben die Adverbiale der Art und Weise, die sich auf den im Verbalkomplex ausgedrückten Prozess beziehen. Die **prozessbezogenen Adverbiale** stehen daher sehr nah beim Verb (wobei wir davon ausgehen, dass die Verbendstellung die unmarkierte Verbstellung ist).

(31) a. weil Hans das Geschirr gründlich gespült hat
       b. weil Eva das Bier langsam ausgetrunken hat

Am engsten an das Verb geknüpft sind jedoch die Direktionaladverbiale. Sie können kaum im Mittelfeld verschoben werden und stehen so platzfest vor dem Verbalkomplex, dass sie von manchen Autoren zur rechten Satzklammer gerechnet werden (z.B. von Altmann/Hahnemann 2007). Bei ihnen handelt es sich auch nicht um freie Angaben, sondern sie sind durchweg als Ergänzungen zu werten, da sie nicht wie die anderen Adverbiale zu beliebigen Verben hinzugefügt werden können.

(32) a. weil er das Paket nach Honolulu geschickt hat
       b. ??weil er nach Honolulu das Paket geschickt hat

Als allgemeine Regel lässt sich also festhalten, dass Adverbiale mit weiterem Bezugsbereich vor Adverbialen mit engerem Bezugsbereich stehen. Etwas vereinfacht kann man folgende Hierarchie formulieren:

(33) Sprechakt-Adverbiale > propositionsbezogene Adverbiale > situations-bezogene Adverbiale > situationsinterne Adverbiale > prozessbezoge-ne Adverbiale

Wie wir in diesem Kapitel gesehen haben, sind für die Abfolge der Satzglieder im Mittelfeld des deutschen Satzes eine ganze Reihe von Faktoren von Bedeutung, die hier noch einmal kurz zusammengefasst werden.

Tendenzen der Wortstellung im Mittelfeld:
- Thema vor Rhema
- Pronomen vor nicht-pronominaler NP
- kürzere vor längeren Konstituenten
- Subjekt vor anderen Satzgliedern
- Agens vor anderen thematischen Rollen
- belebt vor unbelebt
- Adverbiale mit weiterem Skopus vor Adverbialen mit engerem Skopus

10.3 Übungsaufgaben

➲ 50. Wählen Sie aus den folgenden Sätzen denjenigen aus, der die normale (unmarkierte) Abfolge aufweist und begründen Sie Ihre Entscheidung kurz!

a. Gestern hat ihrer Tochter Anna ein Fahrrad gekauft.
b. Gestern hat Anna ihrer Tochter ein Fahrrad gekauft.
c. Gestern hat ein Fahrrad Anna ihrer Tochter gekauft.
d. Gestern hat Anna ein Fahrrad ihrer Tochter gekauft.

➲ 51. Geben Sie jeweils an, auf welcher Konstituente in den folgenden Sätzen die normale Betonung liegt!

    a. Otto ist heute ins Spielkasino gegangen.

    b. Petra möchte im Lotto einen Sechser haben.

    c. Martina wird sich nach einer neuen Stelle umsehen.

    d. Das Schnitzel hat zehn Minuten in der Pfanne gebrutzelt.

    e. Der Käufer hat den Gebrauchtwagen einer eingehenden Prüfung unterzogen.

➲ 52. Prüfen Sie anhand des Fragetests, welche Konstituenten in den folgenden Sätzen fokussiert sind:

    a. Der KUNde hat vor dem Kauf den Wagen Probe gefahren.

    b. Der Kunde hat vor dem KAUF den Wagen Probe gefahren.

    c. Der Kunde hat vor dem Kauf den WAGen Probe gefahren.

    d. Der Kunde hat vor dem Kauf den Wagen PRObe gefahren.

📖 **Literaturtipps zum Weiterlesen**

Der Klassiker zur Wortstellung im Deutschen ist Behaghel (1932). Grammatiken, die sich ausführlich mit Wortstellung beschäftigen, sind die Grundzüge (Heidolph et al. 1981) und Zifonun et al. (1997). Eine knappe Zusammenstellung der Wortstellung im Mittelfeld findet sich bei Wöllstein-Leisten et al. (1997). Welke (1992) gibt eine Einführung in die Informationsstruktur, die gut lesbar, jedoch terminologisch nicht ganz auf dem neuesten Stand ist. Eine umfassende Darstellung der Informationsstruktur aus sprachübergreifender Perspektive bietet Lambrecht (1995).

In Molnár (1991) und (1993) wird ausführlich begründet, warum drei Ebenen der Informationsstruktur anzusetzen sind. Mit der Abfolge der Adverbiale und den Tests, die zur Ermittlung der Grundabfolgen eingesetzt werden können, beschäftigen sich Frey/Pittner (1998).

Kapitelübergreifende Übungen

➲ 53. Satzanalysen
- Analysieren Sie die folgenden Sätze nach dem topologischen Feldermodell.
- Bestimmen Sie die syntaktischen Kategorien der Wörter und Phrasen (bei den Phrasen nur NP, PP, AdjP, AdvP).
- Bestimmen Sie die syntaktischen Funktionen in den Haupt- und in den Nebensätzen (Vergessen Sie nicht, dass der Nebensatz eine syntaktische Funktion im Matrixsatz ausübt!).

a) Gefragt sind Menschen, die ihre Entwicklung selbst gestalten wollen, statt in Strukturen stecken zu bleiben.

b) Wenn ihr glaubt, ,Big Brother' gäbe es nur im Fernsehen, dann irrt ihr euch gewaltig.

c) Das ist Zukunft, mit der man rechnen kann.

d) Trotzdem weiß ich nicht, ob ich meinem ältesten Sohn (...) raten soll, Landwirt zu werden.

e) Das war genau der Tag, für den es sich lohnt, das Motorrad über den Winter nicht abzumelden.

f) Es bringt nichts, sich als Gast einzuloggen, denn sobald man prüfen will, ob Plätze frei sind, muss man erst ein Nutzerprofil von sich erstellen lassen.

g) Merkt die erzählende Mutter etwa, dass ihr Kind bei einer Geschichte Angstgefühle zeigt, kann sie einfach improvisieren.

h) Ein Kind, das sich häufig am Entstehen einer frei erzählten Geschichte beteiligt hat, wird wahrscheinlich auch bald allein versuchen, eine Geschichte zu erfinden.

i) Wer gerne ins Ungewisse fliegt, der ist hier richtig, denn das in Deutschland noch junge Unternehmen gibt erst ganz am Ende der Klicksession an, welche Airline fliegt.

j) Der Unmut bekam neue Nahrung, als bekannt wurde, dass das Innenministerium die Elternbeiträge erhöhen wolle.

k) Weht der Wind ein Blatt Papier in ein Amt, sind nach einiger Zeit zwei Ochsen nötig, den angewachsenen Aktenmist wegzuschaffen. (Chinesisches Sprichwort)

Lösungshinweise

Kapitel 1

☑ Aufgabe 1

a) Macht man nach *vergibt* eine Pause (bzw. setzt man ein Komma), so haben wir zwei Teilsätze. Im ersten ist *Gott* Subjekt, im zweiten *Django*. Im zweiten Teilsatz fehlt ein Verb, dies kann jedoch aus dem ersten ergänzt werden. Damit besagt der zweite Teilsatz, dass Django nie vergibt. Fehlt die Pause bzw. das Komma, so liegt nur ein Teilsatz vor, *Django* ist das Objekt zu dem Verb *vergeben*, also ist er derjenige, dem Gott nie vergibt.

b) *Der Lehrer sagt, Hans beherrscht die deutsche Grammatik nicht.*
   Setzt man ein Komma nach *sagt*, so beginnt mit *Hans* ein Nebensatz. Der Lehrer ist derjenige, der etwas sagt und Hans derjenige, der nach Meinung des Lehrers die Grammatik nicht beherrscht.
   Völlig anders wird der Satz mit der folgenden Kommasetzung interpretiert:
   Der Lehrer, sagt Hans, beherrscht die deutsche Grammatik nicht.
   Hier ist Hans derjenige, der etwas sagt, und der Lehrer derjenige, der nach Meinung von Hans die Grammatik nicht beherrscht.

Kapitel 2

☑ Aufgabe 2

während	**subordinierende Konjunktion:** unflektierbar, leitet Verbendsatz ein
	Präposition: tritt zusammen mit einer NP auf, deren Kasus sie regiert
und	**koordinierende Konjunktion:** verbindet gleichrangige Sätze und Satzteile
blau	**Adjektiv:** deklinierbar in den Flexionskategorien Genus, Kasus und Numerus, kann zwischen Artikel und Nomen stehen
	Nomen: genusfest, artikelfähig, deklinierbar in den Flexionskategorien Kasus und Numerus
sucht	**Vollverb:** konjugierbar, kann alleine das Prädikat bilden
	Nomen: genusfest, artikelfähig, deklinierbar in den Flexionskategorien Kasus und Numerus
übermorgen	**Adverb:** unflektierbar, kann alleine im Vorfeld stehen
möglicherweise	**Satzadverb:** unflektierbar, kann alleine im Vorfeld stehen, kann die Antwort auf eine Entscheidungsfrage bilden
unter	**Präposition:** tritt zusammen mit einer NP auf, deren Kasus sie regiert

sein	**Possessivpronomen:** deklinierbar nach Genus, Numerus und Kasus, steht anstelle eines Artikels oder bildet alleine eine Nominalphrase
	infinites Verb: konjugierbar: Vollverb (*Ich denke, also bin ich*), Kopulaverb (*Sie ist schüchtern*), Hilfsverb (*Sie ist gefallen*)
	Nomen: (*das Sein*) genusfest, artikelfähig, deklinierbar in den Flexionskategorien Kasus und Numerus
Pech	**Nomen:** genusfest, artikelfähig, deklinierbar in den Flexionskategorien Kasus und Numerus
kein	**Pronomen:** deklinierbar in den Flexionskategorien Genus, Kasus und Numerus, steht anstelle eines Artikels oder bildet alleine eine Nominalphrase
unser	**Possessivpronomen:** deklinierbar in den Flexionskategorien Genus, Kasus und Numerus: steht anstelle eines Artikels oder bildet alleine eine Nominalphrase
	Personalpronomen: im Genitiv (veraltet: *Sie gedachten unser*)
dörflich	**Adjektiv:** deklinierbar in den Flexionskategorien Genus, Kasus und Numerus, kann zwischen Artikel und Nomen stehen
heute	**Adverb** (temporal): unflektierbar, kann alleine im Vorfeld stehen
sicher	**Adjektiv:** deklinierbar in den Flexionskategorien Genus, Kasus und Numerus, kann zwischen Artikel und Nomen stehen
	Satzadverb: unflektierbar, kann alleine im Vorfeld stehen, kann die Antwort auf eine Entscheidungsfrage bilden
oft	**Adverb:** kann alleine im Vorfeld stehen, ist nicht deklinierbar, aber komparierbar
fit	**Adjektiv:** deklinierbar in den Flexionskategorien Genus, Kasus und Numerus kann zwischen Artikel und Nomen stehen
laut	**Präposition:** tritt zusammen mit einer NP auf, deren Kasus sie regiert
	Nomen: genusfest, artikelfähig, deklinierbar in den Flexionskategorien Kasus und Numerus
	Adjektiv: deklinierbar in den Flexionskategorien Genus, Kasus und Numerus, kann zwischen Artikel und Nomen stehen
denn	**koordinierende Konjunktion:** unflektierbar, verbindet gleichrangige Sätze und Satzteile
	Modalpartikel: ist unbetonbar, tritt im Mittelfeld auf, gibt Sprechereinstellung wieder (*Wie alt bist du denn?*)
überaus	**Steigerungspartikel:** modifiziert Adjektive, ist nicht allein vorfeldfähig (*überaus erfolgreich*)

☑ Aufgabe 3

Als	subordinierende Konjunktion
er	Personalpronomen
nach	Präposition
Hause	Nomen
kam	Vollverb
war	Kopulaverb
seine	Possessivpronomen
Schwester	Nomen
schon	Adverb (temporal)
da	Adverb (lokal)

☑ Aufgabe 4

Finite Verbformen tragen Person- und Numerusmarkierungen (Tempus, Modus, Genus Verbi sind dagegen nur eingeschränkt bzw. gar nicht am finiten Verb alleine erkennbar).

Finite Verbformen: *gehst, lache, sang, achtet*

Infinite Verbformen: *gegangen, umgekehrt, zu arbeiten, pfeifend*

Je nach Kontext finit oder infinit: *laufen, kichern* (1./3. Pl. Präsens oder Infinitiv Präsens), *gelebt haben* (1./3. Pl. Perfekt oder Infinitiv Perfekt)

☑ Aufgabe 5

Für NPs stehen die Personalpronomen, das Reflexivpronomen und *wer/was* (selten auch *welcher*). Die Possessiv- und Demonstrativpronomen stehen in der Regel anstelle eines Artikels (ebenso *welcher*), können jedoch auch allein eine ganze NP vertreten.

☑ Aufgabe 6

nirgends, nie, nirgendwo, niemals sind Adverbien:
unflektierbar, vorfeldfähig, können als Adverbiale fungieren, erfragbar mit *wo* bzw. *wann*

niemand, nichts, kein sind Pronomen:
deklinierbar, stehen anstelle von NPs (*niemand, nichts, kein*) oder anstelle des Artikels (*kein*)

Die Iterativa (*einmal, zweimal, dreimal* etc.) sind Adverbien (unflektierbar, vorfeldfähig, erfragbar mit *wie oft*?). Ordinalzahlen und Multiplikativzahlen sind Adjektive (flektierbar, attributiv und prädikativ verwendbar). Auch die Kardinalzahlen verhalten sich weitgehend wie Adjektive: Sie können attributiv und prädikativ verwendet werden, der definite Artikel kann dazutreten (*das eine*

Mal, die drei Männer), allerdings sind nur die sehr niedrigen Kardinalzahlen und auch die nur eingeschränkt flektierbar (*das Kind zweier Väter*).

☑ Aufgabe 7

Schon ist in a) Modalpartikel, in b) Fokuspartikel, in c) Modalpartikel, in d) und e) Temporaladverb.
Besonders ist in f) Steigerungspartikel, in g) Adverb und in h) Fokuspartikel.
Eben ist in i) Adjektiv, in j) Adverb und in k) Modalpartikel.
Doch ist in l) und o) Modalpartikel, in m) koordinierende Konjunktion und in n) Konjunktionaladverb.

☑ Aufgabe 8

Wird ist in a) und b) Hilfsverb, in c) Kopulaverb. Satz a) steht im Futur I, die Sätze b) und c) im Präsens.

☑ Aufgabe 9

a. *ist* – Kopulaverb; b. *ist* – Hilfsverb, *erkrankt* – Vollverb; c. *will* – Modalverb, *sein* – Kopulaverb; d. *wird* – Hilfsverb, *sein* – Kopulaverb; e. *wird* – Kopulaverb; f. *wird* – Hilfsverb, *gelesen* – Vollverb; g. *ist* – Hilfsverb, *gewesen* – Kopulaverb; h. *hat* – Hilfsverb, *gehabt* – Vollverb

☑ Aufgabe 10

a. $_{NP}$[Alle drei <u>Beschäftigten</u>] haben gekündigt.
b. Hans ist $_{AdjP}$[ganz <u>wild</u> auf Snowboardfahren].
c. $_{NP}$[Die <u>Behauptung</u> ihn noch nie gesehen zu haben] ist bodenlos.
d. $_{NP}$[<u>Der</u> der das gemacht hat] ist ganz schön gewieft.
e. Der Sohn ist $_{AdjP}$[seinem Vater <u>ähnlich</u>].
f. Der $_{AdjP}$[bei vielen <u>unbekannte</u>] Autor schreibt großartig.
g. $_{PP}$[Genau <u>hinter</u> der Brücke] liegt der Bauernhof.
h. $_{PP}$[<u>Bis</u> zur Haustür] hat er sie verfolgt.

☑ Aufgabe 11

a. $_{NP}$[der Wettbewerb $_{PP}$[um $_{NP}$[$_{AdjP}$[finanzielle] Unterstützung]]]
b. $_{NP}$[die $_{AdjP}$[$_{PP}$[von $_{NP}$[$_{AdjP}$[friedlichen] Fans]] begleiteten] Bochumer]
c. $_{NP}$[$_{NP}$[Meyers] $_{AdjP}$[einziger] Trost]
d. $_{NP}$[der $_{AdjP}$[gegenwärtige] Präsident $_{NP}$[der $_{AdjP}$[Vereinigten] Staaten $_{PP}$[von $_{NP}$[Amerika]]]]
e. $_{NP}$[das $_{AdjP}$[rege] Interesse $_{NP}$[des Handels] $_{PP}$[an $_{NP}$[$_{AdjP}$[billigen] Produkten $_{PP}$[aus $_{NP}$[China]]]]]
f. $_{NP}$[das Treffen $_{AdvP}$[damals]]

☑ **Aufgabe 12**

a. [Heutzutage] kann man an fast allen Bahnhöfen Fahrkarten an Automaten kaufen.
b. [Man] kann heutzutage an fast allen Bahnhöfen Fahrkarten an Automaten kaufen.
c. [An fast allen Bahnhöfen] kann man heutzutage Fahrkarten an Automaten kaufen.
d. [An Automaten] kann man heutzutage an fast allen Bahnhöfen Fahrkarten kaufen.
e. [Fahrkarten] kann man heutzutage an fast allen Bahnhöfen an Automaten kaufen.

Heutzutage, man, an fast allen Bahnhöfen, an Automaten, Fahrkarten können alle verschoben werden. Sie können alle die Vorfeldposition besetzen und sind somit Satzglieder.

☑ **Aufgabe 13**

Permutationstest:

a) Den Studenten mit dem teuren Auto hat er beeindruckt.
b) Den Studenten hat er mit dem teuren Auto beeindruckt.

Pronominalisierungstest:

a) Er hat ihn beeindruckt.
b) Er hat ihn damit beeindruckt.

Kapitel 3

☑ **Aufgabe 14**

a)

Hans	hat	gestern	im	Kino	einen	tollen	Film	gesehen.
						Attribut zu *Film*		
Subjekt		Temp.advb.	Lokaladvb.		Akkusativobjekt			

b)

Der	Verkauf	ihrer	Wohnungen	an	einen	unberechenbaren	Spekulanten
						Attribut zu *Spekulanten*	
		Attribut zu *Verkauf*			Attribut zu *Verkauf*		
Subjekt							

schockierte	die	Mieter	der	Neuen	Heimat	zutiefst.
				Attribut zu *Heimat*		
		Attribut zu *Mieter*				
Akkusativobjekt						Modaladvb.

c)

Die	grausame		Ermordung	von	Walter	Sedlmayr
	Attribut zu *Ermordung*			Attribut zu *Ermordung*		
Subjekt						

beschäftigte	die	Münchner		Boulevardzeitungen	monatelang.
		Attribut zu *Boulevardzeitungen*			
	Akkusativobjekt				Temp.advb.

d)

Otto	hat	seiner	Tante
Subjekt		Dativobjekt	

einen	schönen	Blumenstrauß	geschenkt,	der	aus	Nachbars	Garten	stammt.
	Attr. zu *Blumenstrauß*				Attribut zu *Blumenstrauß*			
	Akkusativobjekt							

Satzglieder innerhalb des Attributsatzes:

der	aus	Nachbars	Garten	stammt.
		Attribut zu *Garten*		
Subjekt	Lokaladverbial (Herkunft)			

☑ Aufgabe 15

a. *auf besseres Wetter* – erfragbar und pronominalisierbar durch Pronominaladverbien: *worauf? darauf* – Präpositionalobjekt

auf dem Bahnhof – erfragbar und pronominalisierbar durch Adverbien: *wo?*
dort – Lokaladverbial

b. *an Otto* – nur erfragbar und pronominalisierbar in Kombination mit der
Präposition: *an wem? an ihm* – Präpositionalobjekt

an der Wand – erfragbar und pronominalisierbar durch Adverbien: *wo? dort*
– Lokaladverbial

c. *mit Eva* – erfragbar und pronominalisierbar mit der Präposition, Präposition
vom Verb gefordert, nicht austauschbar – Präpositionalobjekt

mit dem Taschenrechner – hier erscheint zwar auch die Präposition in der
Frage und bei Pronominalisierung, doch ist sie durch *ohne* austauschbar.
Sie wird nicht vom Verb gefordert, hier liegt ein Instrumentaladverbial vor,
das zu relativ vielen Verben hinzugefügt werden kann.

d. *den ganzen Tag – wie lange? so lange –* Temporaladverbial
   den ganzen Apfel – was? ihn – Akkusativobjekt

e. *dieses Tages – wessen? seiner –* Genitivobjekt
   eines Tages – wann? damals/dann – Temporaladverbial

☑ Aufgabe 16

a. *vor der Reise*   Temporaladverbial
   vor dem Flug   Attribut zu A*ngst*
b. *vor der Kirche*   Attribut zu *Haus*
c. *nach Stuttgart*   Direktionaladverbial
d. *aus Lübeck*   Attribut zu *Marzipan*/Direktionaladverbial
e. *in München*   Lokaladverbial
f. *von großen Tigern* Präpositionalobjekt
g. *im Morgenmantel*   freies Prädikativ
   zum Bäcker   Direktionaladverbial
h. *zur Zeit*   Temporaladverbial
   in Rom   Subjektsprädikativ

☑ Aufgabe 17

a) *meines Lebens –*   Genitivobjekt zu *freuen*
   der kleinen Welt –   Attribut zu *Wimmeln*
   der Würmchen, der Mückchen – Attribute zu *Gestalten*
   des Allmächtigen –   Attribut zu *Gegenwart*
   ihrer –   Genitivobjekt zu *spotten*
   der Gelehrten –   Attribut zu *einer*
   der Base und Lottens –   koordinierte Attribute zu *Tänzer*
   ihrer Frauenzimmer –   Genitivobjekt *zu bemächtigen*
   übler Laune –   Prädikativ
   des Abends –   Temporaladverbial
   meines Herzens –   Attribut zu *Freude*

b) Heute würden statt der beiden Genitivobjekte eher Präpositionalobjekte auftreten. Die vorangestellten Genitiv-Attribute würden eher nachgestellt auftreten. Statt der adverbialen Genitiv-NP *des Abends* würde eher ein Adverb (*abends*) oder eine Präpositionalphrase (*am Abend*) verwendet werden.

Kapitel 4

☑ Aufgabe 18

schenken:

Nom-NP	Dat-NP	Akk-NP
Subjekt	Dativobjekt	Akkusativobjekt

telefonieren:

Nom-NP	*mit*-PP
Subjekt	Präpositionalobjekt

sich aufregen:

Nom-NP	*über*-PP
Subjekt	Präpositionalobjekt

steigen:

Nom-NP	direktionale PP
Subjekt	Richtungsadverbial

denken:

Nom-NP	*an*-PP/*dass*-Satz
Subjekt	Präpositionalobjekt

☑ Aufgabe 19

Die realisierte Valenz ist eingerahmt.

a) [Nom-NP] Akk-NP

b) [Nom-NP] Dat-NP   *bei*-PP

c) [Nom-NP] direktionale PP

d) [Nom-NP] Dat-NP   Akk-NP

e) [Nom-NP] modale PP

☑ Aufgabe 20

auf den Tisch und *in München* sind adverbiale Ergänzungen: der Satz wird ungrammatisch, wenn sie weggelassen werden und sie lassen sich nicht nachtragen:

*Sie stellt die Vase, und zwar auf den Tisch.

*Sie wohnt schon lange, und zwar in München.

Die Adverbiale in den Sätzen c.–e. erfüllen diese Tests und sind Angaben.

☑ Aufgabe 21

Bei den Verben handelt es sich durchwegs um Bewegungsverben. Durch das Hinzufügen des Richtungsadverbials wird der Aspekt der Zustandsveränderung des Subjektsreferenten und damit eine Patienseigenschaft in den Vordergrund gerückt. Deswegen muss das Hilfsverb *sein* im Perfekt erscheinen, das regelmäßig bei Verben mit Patienssubjekt auftritt.

☑ Aufgabe 22

a. Dativobjekt
b. Dativobjekt
c. dativus iudicantis oder Dativobjekt (verschiedene Lesarten)
d. Dativobjekt
e. dativus incommodi
f. Dativobjekt
g. Dativobjekt
h. dativus possessivus
i. dativus possessivus
j. dativus iudicantis (*mir*), Dativobjekt (*ihr*)
k. dativus ethicus (*mir*), Dativobjekt (*der Oma*)
l. dativus commodi oder Dativobjekt (verschiedene Lesarten)
m. dativus commodi
n. dativus ethicus
o. Dativobjekt

☑ Aufgabe 23

a. Ihr bringt er Zigaretten.
b. Wem bringt er Zigaretten?
c. Sie bekommt Zigaretten gebracht.

→ Dativobjekt

a. Ihm raucht sie zu viel.
b. Wem raucht sie zu viel?
c. *Er bekommt zu viel geraucht.
d. *Sie raucht ihm viel.

→ dativus iudicantis

☑ Aufgabe 24

Die Verben *abreisen, auftauchen, verblühen, aufblühen, verschwinden* sind ergative Verben. Sie lassen weder die Bildung eines Nomen agentis mit Hilfe des Suffixes *-er* (**Abreiser, *Auftaucher, *Verblüher, *Aufblüher, *Verschwinder*) noch die Passivbildung zu (**es wurde abgereist, aufgetaucht, verblüht, aufgeblüht, verschwunden*) und bilden ihr Perfekt mit dem Hilfsverb *sein*. *Malen* und *schlafen* sind hingegen keine ergativen Verben: sie bilden ihr Perfekt mit *haben*, lassen die Passivierung sowie die Ableitung eines Nomen agentis zu: *Maler, Schläfer*.

Kapitel 5

☑ Aufgabe 25

a. Aktiv, Präsens
b. Vorgangspassiv, Präsens
c. Zustandspassiv, Präsens
d. Aktiv, Präsens
e. Aktiv, Futur I
f. Zustandspassiv, Perfekt
g. Aktiv, Perfekt
h. Zustandspassiv, Futur I
i. Aktiv, Perfekt
j. Vorgangspassiv, Perfekt
k. Aktiv, Futur I
l. Vorgangspassiv, Futur I
m. Aktiv, Perfekt
n. Aktiv, Perfekt
o. Aktiv, Perfekt
p. Aktiv, Perfekt
q. Aktiv, Präsens

☑ Aufgabe 26

a. Hilfsverb
b. Vollverb
c. Hilfsverb oder Vollverb
d. Vollverb
e. Hilfsverb
f. Vollverb
g. Hilfsverb
h. Vollverb
i. Hilfsverb (mit *geschrieben*)/Vollverb (ohne *geschrieben*)

Kapitel 6

☑ Aufgabe 27

KOOR	Vorfeld	linke Klammer	Mittelfeld	rechte Klammer	Nachfeld
	Hans	weiß	die Antwort nicht.		
	Was	weiß	Hans nicht?		
	Wie schön	sind	diese Bilder!		
	Anna	sagt,			Hans weiß die Antwort nicht.*

KOOR	Vorfeld	linke Klammer	Mittelfeld	rechte Klammer	Nachfeld
	Hans	weiß	die Antwort nicht		
		Sei	doch nicht so dumm!		
		Ist	er tatsächlich so dumm?		
		Hat	der aber ein Glück	gehabt!	
	Komm' ich heut' nicht,	komm'	ich morgen.		
		komm'	ich heut' nicht		
		Kommt	ein Mann in die Kneipe,		
		bestellt	zehn Bierchen ...		
		kippt	eines nach dem anderen	hinunter	
	Er	weiß	nicht,		ob/wann sie kommt.
		ob	sie	kommt	
	wann		sie	kommt	
		Ob	er wohl	geht	
	Wann		er wohl	kommt?	
		Dass	der das alles	weiß	
	Was		der alles	gelesen hat!	
	Hans	fuhr	nach München		
und	(er)	besuchte	eine alte Freundin.		
	Dass Hans kein Geld mehr hat,	stört	ihn gar nicht.		
		Dass	Hans kein Geld mehr	hat	
	Die Vermietung ihrer Wohnungen an einen unberechenbaren Spekulanten	scho-ckierte	die Mieter des Altbaus.		
Und	sie	bewegt	sich doch.		
Aber		hast	du ihm	geantwor-tet?	

*Dass der Nebensatz im Nachfeld steht, ist hier nicht ohne weiteres ersichtlich, da keine rechte Klammer realisiert ist. Formt man den Satz aber so um, dass eine rechte Klammer vorhanden ist, so wird deutlich, dass der Nebensatz nicht im Mittelfeld, sondern nur im Nachfeld stehen kann.

Anna hat gesagt, Hans weiß die Antwort nicht.
*Anna hat, Hans weiß die Antwort nicht, gesagt.

☑ **Aufgabe 28**

Vorfeld	LK	Mittelfeld	RK	Nachfeld
wer	kommt?			
sie	wollte		wissen	wer kommt
wer			kommt	

Im einen Fall handelt es sich um einen selbstständigen w-Fragesatz (mit Verbzweitstellung), im anderen Fall um einen Nebensatz (mit Verbendstellung). Dies wird deutlich sichtbar, wenn man ein weiteres Element hinzufügt:

Wer kommt alles?
Sie wollte wissen, wer alles kommt.

☑ **Aufgabe 29**

In diesem „Satz" im Telegrammstil haben wir eine verdeckte Verbzweitstellung, da das Pronomen „ich" getilgt ist. Das trennbare Verb *ankommen* wird nicht getrennt, sondern steht als linke Klammer. Normalerweise müsste der trennbare Teil in der rechten Klammer erscheinen. Der Grund für diese Abweichung liegt wohl darin, dass sich bei Telegrammen der Preis nach der Anzahl der Wörter richtete und auf diese Weise ein „Wort" eingespart werden konnte.

linke Klammer	Mittelfeld
Ankomme	Freitag, den 13.

☑ **Aufgabe 30**

a. Das will$_1$ gelernt$_3$ sein$_2$.
b. Er hat$_1$ sie tanzen$_4$ sehen$_3$ wollen$_2$.
c. weil er sie nicht mehr hat$_1$ turteln$_4$ sehen$_3$ können$_2$.
d. Sie scheint$_1$ das nicht gekonnt$_3$ zu haben$_2$.
e. dass er sie die Arie hat$_1$ singen$_4$ hören$_3$ wollen$_2$.

☑ **Aufgabe 31**

Die Elemente, die die infiniten Verbformen in ihrem Status regieren, sind eingerahmt.

a. Ich bin froh , bald Ferien zu haben.

b. Sie hat die Gelegenheit , das Examen zu wiederholen.

c. Sie arbeitet, um zu leben.

☑ Aufgabe 32

wollen, werden (als Tempushilfsverb zur Bildung des Futurs): reiner Infinitiv (1. Status)
werden (als Passivhilfsverb): Partizip II (3. Status)
sein (als Tempushilfsverb zur Bildung des Perfekts): Partizip II (3. Status)
müssen: reiner Infinitiv (1. Status)
haben (als Tempushilfsverb zur Bildung des Perfekts: Partizip II (3. Status)
scheinen (als Halbmodalverb): *zu*-Infinitiv (2. Status)
versprechen: zu-Infinitiv (2. Status)
behaupten: zu-Infinitiv (2. Status)

Kapitel 7

☑ Aufgabe 33

a. hypotaktisch
b. hypotaktisch
c. *denn* verknüpft die beiden Hauptsätze parataktisch, der *wer*-Satz ist dem zweiten Hauptsatz untergeordnet
d. hypotaktisch

☑ Aufgabe 34

Bestimmte Verben fordern obligatorisch einen Nebensatz, so dass auch der Hauptsatz nicht alleine auftreten kann; z.B. *Hans behauptet, dass er Recht hat* – **Hans behauptet.*

☑ Aufgabe 35

a. Wann sie kommt (NS-VE) , hat er nicht gewusst (HS-V2).
b. Er meinte (HS-V2), sie habe Recht (NS-V2).
c. Wer wagt (NS-VE), gewinnt (HS-V2).
d. Warum hat sie denn nicht gewusst (HS-V2), warum er nicht mitmacht (NS-VE)?
e. Kommt sie nicht (NS-V1), komm ich auch nicht (HS-V2).
f. Sagte er etwa (HS-V1), sie habe Recht (NS-V2)?
g. Wen sie nicht mag (NS-VE), verrät sie nicht (HS-V2).
h. Sie verrät ihn nicht (HS-V2) , denn sie mag ihn (HS-V2).
i. Sie verrät ihn nicht (HS-V2), weil sie ihn mag (NS-VE).
j. Sie mag ihn nicht (HS-V2), trotzdem verrät sie ihn nicht (HS-V2).
k. Sie liebt die Stadt (HS-V2), wo sie geboren ist (NS-VE).
l. Die Behauptung nervt (HS-V2)/sie habe keine Zeit (NS-V2).
m. Hat sie ihm erlaubt (HS-V1)/sich neben sie zu setzen (NS).

n. Aber seine Nachbarin, die besorgt die Getränke (HS-V2).

o. Aber seine Nachbarin kommt erst später (HS-V2)/die die Getränke besorgt (NS-VE).

☑ Aufgabe 36

a. Konjunktionalsatz

b. Interrogativsatz

c. Interrogativsatz

d. freier Relativsatz

e. Interrogativsatz/freier Relativsatz

f. Interrogativsatz

g. Relativsatz

h. Relativsatz

i. Konjunktionalsatz

j. Verberstsatz

k. Verbzweitsatz

l. Konjunktionalsatz

m. Interrogativsatz

n. Freier Relativsatz

o. Konjunktionalsatz

p. infiniter Satz

q. Interrogativsatz

r. Konjunktionalsatz

☑ Aufgabe 37

verraten fordert ein Akkusativobjekt. Dieses kann sowohl als NP (daher ist auch ein freier Relativsatz möglich) als auch als ein Interrogativsatz realisiert sein. *Wen* ist also entweder ein Relativpronomen oder ein Interrogativpronomen.

☑ Aufgabe 38

Der eingebettete *wen*-Satz kann nur ein eingebetteter Interrogativsatz sein. Das Korrelat *es* unterbindet die Lesart als Relativsatz. Handelt es sich um einen Relativsatz, so kann anstelle des Korrelats *es* das Bezugselement *den* hinzugefügt werden: *Sie verrät den nicht, den sie mag.*

☑ Aufgabe 39

In a) liegt ein Interrogativsatz vor, in b) und c) ein Relativsatz. Zu erkennen ist dies z.B. daran, dass beim Interrogativsatz das einleitende Element frei variieren kann, beim Relativsatz dagegen nicht, da sich das Relativum auf das Bezugselement bezieht, vgl. *Die Frage, wann er geboren ist, ist ihm peinlich, *Der Ort, wann er geboren ist, ist ihm peinlich.*

☑ **Aufgabe 40**

  a. Freier Relativsatz. Pronominalisierung durch *so*. Erfragung durch *wie?*
  b. Interrogativsatz. Pronominalisierung durch *das*. Erfragung durch *was?*
  c. Interrogativsatz. Pronominalisierung durch *danach*. Erfragung durch *wonach?*
  d. Freier Relativsatz oder weiterführender Nebensatz. Als freier Relativsatz pronominalisierbar durch *so* und erfragbar durch *wie?* Als weiterführender Nebensatz weder pronominalisierbar noch erfragbar.

☑ **Aufgabe 41**

  a. Akkusativobjektsatz
  b. Subjektsatz
  c. Präpositionalobjektsatz/Akkusativobjektsatz
  d. Akkusativobjektsatz
  e. Präpositionalobjektsatz
  f. Subjektsatz
  g. Konditionaladverbialsatz
  h. Prädikativsatz
  i. Attributsatz
  j. Adverbialsatz
  k. Attributsatz

☑ **Aufgabe 42** *ist ohne Musterlösung.*

☑ **Aufgabe 43**

um, ohne, statt treten als Präpositionen auf, z.B. *ohne den Zucker*. Als einleitendes Element eines infiniten Satzes regieren sie jedoch keinen Kasus.
Sie leiten wie subordinierende Konjunktionen einen Nebensatz ein. Jedoch muss der Nebensatz infinit sein. Einen finiten Nebensatz kann *ohne* oder *statt* nur in Kombination mit *dass* einleiten, z.B. *ohne/statt dass er angerufen hat*.

Kapitel 8

☑ **Aufgabe 44**

  a. Komplexer Satz: Nebensatz steht im Nachfeld.
  b. Einfacher Satz: Infinite Verben bilden eine Konstituente. Sie sind zusammen topikalisiert.
  c. Einfacher Satz: Infinite Verben stehen zusammen in der rechten Satzklammer oder komplexer Satz: Nebensatz steht im Mittelfeld.
  d. Komplexer Satz: Der infinite Satz hat seine eigene Felderstruktur. Das Pronomen *mich* steht an der Spitze des Mittelfelds des infiniten Satzes.
  e. Einfacher Satz: Das Pronomen *mich* steht an der Spitze des Mittelfelds vor dem Subjekt *Regine*.

☑ Aufgabe 45

a. Ich habe mir Kaffee und Kuchen bringen lassen/*gelassen.
b. Ich habe Kaffee und Kuchen stehen lassen/gelassen.
c. weil ich Kaffee und Kuchen habe stehen lassen/*gelassen

Bei kausativem *lassen* ist nur der Ersatzinfinitiv zulässig. Bei nichtkausativem *lassen* kann je nach Konstruktion der Ersatzinfinitiv oder das Partizip II verwendet werden.

Kapitel 9

☑ Aufgabe 46

a. formales Subjekt
b. Korrelat zum Subjektsatz
c. Vorfeld-*es*
d. Personalpronomen in der Funktion Subjekt
e. fakultatives formales Subjekt
f. obligatorisches formales Subjekt
g. Korrelat zum Subjektsatz
h. Personalpronomen in der Funktion Subjekt
i. formales Subjekt
j. formales Objekt
k. formales Subjekt
l. Korrelat zum Objektsatz
m. Vorfeld-*es*
n. obligatorisches formales Subjekt
o. Personalpronomen in der Funktion Subjekt
p. Vorfeld-*es*

☑ Aufgabe 47

(1) formales Subjekt (2) Vorfeld-*es* (3) Korrelat (4) Korrelat (5) Vorfeld-*es* (6) Vorfeld-*es* (7) formales Subjekt (8) Korrelat (9) Korrelat

☑ Aufgabe 48

a. inhärent reflexives Verb
b. inhärent reflexives Verb
c. reflexiv gebrauchtes Verb
d. inhärent reflexives Verb
e. reflexiv gebrauchtes Verb

☑ **Aufgabe 49**

   a. *Klicken Sie ihre Freunde auf unsere Homepage!
   b. *Sich klicken Sie auf unsere Homepage!
   c. *Wen klicken Sie auf unsere Homepage?
   d. *Klicken Sie sich und ihre Freunde auf unsere Homepage!
   e. *Klicken Sie SICH auf unsere Homepage!
      → Es liegt ein lexikalisches Reflexivpronomen vor.
   a. ?Man kann einen Besucher nur als Gast einloggen.
   b. *Sich kann man nur als Gast einloggen.
   c. *Wen kann man nur als Gast einloggen?

Die Tests liefern kein eindeutiges Ergebnis: Einerseits kann man das Reflexivpronomen weder topikalisieren noch erfragen, andererseits kann es (markiert?) durch eine andere NP substituiert werden.

Kapitel 10

☑ **Aufgabe 50**

Die normale Abfolge liegt in b) vor, da bei dieser Wortstellung bei geeigneter Betonung die Ausbreitung des Fokus auf den ganzen Satz möglich ist.

☑ **Aufgabe 51**

Die normale Betonung lässt in diesen Sätzen die maximale Fokusprojektion, d.h. die Ausbreitung des Fokus auf den ganzen Satz zu. Sie fällt in diesen Sätzen jeweils auf die verbnächste Konstituente (vor dem rechten Klammerelement):

   a. Otto ist heute ins SPIELkasino gegangen.
   b. Petra möchte im Lotto einen SECHser haben.
   c. Martina wird sich nach einer neuen STELle umsehen.
   d. Das Schnitzel hat zehn Minuten in der PFANne gebrutzelt.
   e. Der Käufer hat den Gebrauchtwagen einer eingehenden PRÜfung unterzogen.

☑ **Aufgabe 52**

In a), b) und c) ist jeweils nur die akzentuierte Konstituente fokussiert, diese Sätze können auf die folgenden Fragen als Antwort stehen:

   a. Wer hat vor dem Kauf den Wagen Probe gefahren?
   b. Wann hat der Kunde den Wagen Probe gefahren? (Fokus auf *vor dem Kauf*)
      Wovor hat der Kunde den Wagen Probe gefahren? (Fokus auf *dem Kauf*)
   c. Was hat der Kunde vor dem Kauf Probe gefahren?

Satz d) kann dagegen auf die folgenden Fragen antworten:

Was hat der Kunde vor dem Kauf mit dem Wagen gemacht? (Fokus auf *Probe gefahren*)
Was hat der Kunde vor dem Kauf gemacht? (Fokus auf *den Wagen Probe gefahren*)
Was hat der Kunde gemacht? (Fokus auf *vor dem Kauf den Wagen Probe gefahren*)
Was war los? (Fokus auf dem ganzen Satz)

Kapitelübergreifende Übungen

☑ Aufgabe 53

a)

Hauptsatz

	Gefragt	sind	Menschen,
Wortarten	Adjektiv	fin. KV	Nomen
Phrasen	AdjP		NP
synt. Funkt.	Prädikativ		Subjekt

Nebensatz 1: Attributsatz zu ‚Menschen'

	die	ihre	Entwicklung	selbst	gestalten	wollen,
Wortarten	Rel.pron.	Poss.pron.	Nomen	Adverb	inf. VV	fin. MV
Phrasen	NP	NP		AdvP		
syn. Funkt.	Subjekt	Akkusativobjekt		Modaladvb.		

Nebensatz 2: Adverbialsatz zum Nebensatz 1

	statt	in	Strukturen	stecken	zu	bleiben.
Wortarten	Infinitivkonj.	Präp.	Nomen	inf. VV	Inf.part.	inf. VV
Phrasen		PP				
synt. Funkt.		Lokaladverbial				

Topologische Analyse

	Vorfeld	linke Klammer	Mittelfeld	rechte Klammer	Nachfeld
HS	Gefragt	sind	Menschen,		die … bleiben.
NS 1	die		ihre … selbst	gestalten wollen	statt … bleiben.
NS 2		statt	in Strukturen	stecken zu bleiben.	

b)

Nebensatz 1: Konditionaladverbialsatz zum Hauptsatz

	Wenn	ihr	glaubt,
Wortarten	sub. Konj.	Pers.pron.	fin. VV
Phrasen		NP	
synt. Funkt.		Subjekt	

Nebensatz 2: Akkusativobjektsatz zum Nebensatz 1

	Big Brother	gäbe	es	nur	im	Fernsehen,
Wortarten	Eigenname	fin. VV	Pers.pron.	Fokuspartikel	Präp.+Art.	Nomen
Phrasen	NP		NP		PP	
synt. Funkt.	Akkusativ-objekt		formales Subj.		Lokaladverbial	

Hauptsatz

	dann	irrt	ihr	euch	gewaltig.
Wortarten	Adverb	fin. VV	Pers.pron.	Refl.pron.	Adjektiv
Phrasen	AdvP		NP	NP	AdjP
synt. Funkt.	Resumptivum		Subjekt	formales Obj.	Modaladverbial

Topologische Analyse

	Linksversetzung	Vorfeld	linke Klammer	Mittelfeld	rechte Klammer	Nachfeld
HS	Wenn ... Fern-sehen,	dann	irrt	ihr ... gewaltig.		
NS 1			Wenn	ihr	glaubt,	Big Brother ... Fernsehen
NS 2		Big Brother	gäbe	es ... im Fernsehen		

c)

Hauptsatz

	Das	ist	Zukunft,
Wortarten	Dem.pron.	fin. KV	Nomen
Phrasen	NP		NP
synt. Funkt.	Subjekt		Prädikativ

Nebensatz 1: Attributsatz zu ‚Zukunft'

	mit	der	man	rechnen	kann.
Wortarten	Präp.	Rel.pron.	Indef.pron.	inf. VV	fin. MV
Phrasen	PP		NP		
synt. Funkt.	Präpositionalobjekt		Subjekt		

Topologische Analyse

	Vorfeld	linke Klammer	Mittelfeld	rechte Klammer	Nachfeld
HS	Das	ist	Zukunft,		mit ... kann.
NS	mit der		man	rechnen kann.	

d)

Hauptsatz

	Trotzdem	weiß	ich	nicht,
Wortarten	Konj.adv.	fin. VV	Pers.pron.	Neg.part.
Phrasen	AdvP		NP	
synt. Funkt.	Adverbial		Subjekt	

Nebensatz 1: Akkusativobjektsatz zum Hauptsatz

	ob	ich	meinem	ältesten	Sohn	raten	soll,
Wortarten	sub. Konj.	Pers.pron.	Poss.pron.	Adjektiv	Nomen	inf. VV	fin. MV
Phrasen		NP	NP				
synt. Funkt.		Subjekt	Dativobjekt				

Nebensatz 2: Präpositionalobjektsatz zum Nebensatz 1

	Landwirt	zu	werden.
Wortarten	Nomen	Inf.part.	KV
Phrasen	NP		
synt. Funkt.	Prädikativ		

Topologische Analyse

	Vorfeld	linke Klammer	Mittelfeld	rechte Klammer	Nachfeld
HS	Trotzdem	weiß	ich nicht,		ob ... werden.
NS 1		ob	ich ... Sohn	raten soll,	Landwirt zu werden.
NS 2			Landwirt	zu werden.	

e)

Hauptsatz

	Das	war	genau	der	Tag,
Wortarten	Dem.pron.	fin. KV	Fokuspartikel	best. Artikel	Nomen
Phrasen	NP			NP	
synt. Funkt.	Subjekt			Prädikativ	

Nebensatz 1: Attributsatz zu ‚Tag'

	für	den	es	sich	lohnt,
Wortarten	Präp.	Rel.pron.	Pers.pron.	Refl.pron.	fin. VV
Phrasen	PP		NP	NP	
synt. Funkt.	Präpositionalobjekt		Korrelat Subj.	formales Obj.	

Nebensatz 2: Subjektsatz zum Nebensatz 1

	das	Motorrad	über	den	Winter	nicht	abzumelden.
Wortarten	best. Artikel	Nomen	Präp.	best. Artikel	Nomen	Neg.part.	inf. VV
Phrasen		NP			PP		
synt. Funkt.		Akkusativobjekt			Temporaladverbial		

Topologische Analyse

	Vorfeld	linke Klammer	Mittelfeld	rechte Klammer	Nachfeld
HS	Das	war	genau der Tag,		für ... abzumelden.
NS 1	für den		es sich	lohnt,	das ... abzumelden.
NS 2			das ... nicht	abzumelden	

f)

Hauptsatz 1

	Es	bringt	nichts,
Wortarten	Pers.pron.	fin. VV	Indef.pron.
Phrasen	NP		NP
synt. Funkt.	Korrelat Subj.		Akkusativobjekt

Nebensatz 1: Subjektsatz zum Hauptsatz 1

	sich	als	Gast	einzuloggen,
Wortarten	Refl.pron.	Partikel	Nomen	inf. VV
Phrasen	NP			
synt. Funkt.	Akk.Objekt		Modaladverbial	

Hauptsatz 2

	denn	sobald ... sind	muss	man	erst	ein	Nutzer-profil	von	sich
Wort-arten	koor.-Konj.		MV	Indef.-pron.	Adv.	Art	Nomen	Präp.	Refl.-pron.
Phrasen									PP
Phrasen				NP	AdvP		NP		
synt. Funkt.									Attribut
synt. Funkt.				Subjekt	Temporal-advb.		Akkusativobjekt		

erstellen	lassen
inf. VV	inf. VV

Nebensatz 2: Temporaladverbialsatz zum Hauptsatz 2

	sobald	man	prüfen	will,
Wortarten	sub. Konj.	Indef.pron.	inf. VV	fin. MV
Phrasen		NP		
synt. Funkt.		Subjekt		

Nebensatz 3: Akkusativobjektsatz zum Nebensatz 2

	ob	Plätze	frei	sind,
Wortarten	sub. Konj.	Nomen	Adjektiv	fin. KV
Phrasen		NP	AdjP	
synt. Funkt.		Subjekt	Prädikativ	

Topologische Analyse

	KOOR	Vorfeld	linke Klammer	Mittelfeld	rechte Klammer	Nachfeld
HS 1		Es	bringt	nichts,		sich … einzuloggen.
NS 1				sich als Gast	einzuloggen	
HS 2	denn	sobald … sind	muss	man … sich	erstellen lassen	
NS 2			sobald	man	prüfen will,	ob … sind
NS 3			ob	Plätze frei	sind	

g)

Nebensatz 1: Konditionaladverbialsatz zum Hauptsatz

	Merkt	die	erzählende	Mutter	etwa
Wortarten	VV	best. Artikel	Adj. (Part I)	Nomen	Modalpart.
Phrasen		NP			
synt. Funkt.		Subjekt			

Akkusativobjektsatz zum Nebensatz 1

	dass	ihr	Kind	bei	einer	Geschichte	Angst-gefühle	zeigt
Wort-arten	subord. Konj.	Poss.pron.	Nomen	Präp.	Art.	Nomen	Nomen	VV
Phrasen		NP		PP			NP	
synt. Funkt.		Subjekt		Adverbial			Akkusativ-objekt	

Hauptsatz

	kann	sie	einfach	improvisieren
Wortarten	MV	Pers.pron.	Modalpart.	VV
Phrasen		NP		
synt. Funkt.		Subjekt		

Topologische Analyse

	Vorfeld	linke Klammer	Mittelfeld	rechte Klammer	Nachfeld
HS	Merkt ... zeigt	kann	sie einfach	improvisieren	
NS1		Merkt	die ... etwa		dass ... zeigt
NS2		dass	ihr Kind ... Angstgefühle	zeigt	

h) Hauptsatz

	Ein	Kind	das ... beteiligt hat	wird	wahrscheinlich	auch
Wortarten	Art.	Nomen		HV	Satzadverb	Fokuspart.
Phrasen	NP				AdvP	
synt. Funkt.	Subjekt				Satzadverbial	

bald	allein	versuchen
Adv.	Adv.	VV
AdvP	AdvP	
Temporaladvb.	Modaladvb.	

Nebensatz 1: Attributsatz zu ‚Kind'

	das	sich	häufig
Wortarten	Rel.pron.	Refl.pron.	Adj.
Phrasen	NP	NP	AdjP
synt. Funkt.	Subjekt	Akkusativobjekt	Temporaladvb.

am	Entstehen	einer	frei	erzählten	Geschichte	beteiligt	hat
Präp. + Art.	Nomen	Art.	Adj.	Adj. (Part II)	Nomen	VV	HV
			NP				
	PP						
			Attribut				
	Präpositionalobjekt						

Nebensatz 2: Akkusativobjektsatz zum Hauptsatz

	eine	Geschichte	zu	erfinden
Wortarten	Art.	Nomen	Inf.part.	VV
Phrasen	NP			
synt. Funkt.	Akkusativobjekt			

Topologische Analyse

	Vorfeld	linke Klammer	Mittelfeld	rechte Klammer	Nachfeld
HS	Ein ... hat	wird	wahrscheinlich ... allein	versuchen	eine ... zu erfinden
NS1	das		sich ... Geschichte	beteiligt hat	
NS2			eine Geschichte	zu erfinden	

i)

Nebensatz 1: Subjektsatz zum Hauptsatz 1

	Wer	gerne	ins	Ungewisse	fliegt
Wortarten	Rel.pron.	Adverb	Präp.+ Art.	Nomen	fin. VV
Phrasen	NP	AdvP	PP		
synt. Funkt.	Subjekt	Modaladverbial	Direktionaladverb		

Hauptsatz 1

	der	ist	hier	richtig
Wortarten	Dem.pron.	fin. KV	Adv.	Adj.
Phrasen	NP		AdvP	AdjP
synt. Funkt.	Resumptivum		Lokaladverbial	Prädikativ

Hauptsatz 2

	denn	das	in	Deutsch-land	noch	junge	Unterneh-men
Wortarten	koor. Konj.	best. Artikel	Präp	Nomen	Adverb	Adjektiv	Nomen
Phrasen			PP				
Phrasen				AdjP			
Phrasen				NP			
synt. Funkt.				Attribut			
synt. Funkt.				Subjekt			

Hauptsatz 2 – Fortsetzung –

	gibt	erst	ganz	am	Ende	der	Klicksession	an
Wortarten	fin. VV	FP	Adjektiv	Präp+ best. Art.	Nomen	best. Art.	Nomen	Verbpartikel
Phrasen							NP	
Phrasen				PP				
synt. Funkt.							Attribut	
synt. Funkt.				Temporaladverbial				

Nebensatz 2: Akkusativobjekt zum Hauptsatz 2

	welche	Airline	fliegt
Wortarten	Fragepronomen	Nomen	fin. VV
Phrasen	NP		
synt. Funkt.	Subjekt		

Topologische Analyse

	KOOR	Linksver-setzung	Vorfeld	linke Klammer	Mittelfeld	rechte Klammer	Nach-feld
HS 1		Wer ... fliegt	der	ist	hier richtig		
NS 1			Wer		gerne ins Ungewisse	fliegt	
HS 2	denn		das ... Unterneh-men	gibt	erst ... Klickses-sion	an	welche Airline fliegt
NS 2			welche Air-line			fliegt	

j)
Hauptsatz

	Der	Unmut	bekam	neue	Nahrung
Wortarten	best. Artikel	Nomen	fin. VV	Adjektiv	Nomen
Phrasen	NP			NP	
synt. Funkt.	Subjekt			Akkusativobjekt	

Nebensatz 1: Temporaladverbialsatz zum Hauptsatz

	als	bekannt	wurde
Wortarten	sub. Konjunktion	Adjektiv	fin. KV
Phrasen		AdjP	
synt. Funkt.		Prädikativ	

Nebensatz 2: Subjektsatz zum Nebensatz 1

	dass	das	Innenminis-terium	die	Eltern-beiträge	erhö-hen	wolle
Wortarten	sub. Konj.	best. Art.	Nomen	best. Art.	Nomen	inf. VV	fin. MV
Phrasen		NP		NP			
synt. Funkt.		Subjekt		Akkusativobjekt			

Topologische Analyse

	Vorfeld	linke Klammer	Mittelfeld	rechte Klammer	Nachfeld
HS	Der Unmut	bekam	neue Nahrung		als ... wolle
NS 1		als	bekannt	wurde	dass ... wolle
NS 2		dass	das ... Eltern-beiträge	erhöhen wolle	

k)

Nebensatz 1: Konditionaladverbialsatz zum Hauptsatz

	Weht	der	Wind	ein	Blatt	Papier	in	ein	Amt
Wortarten	fin. VV	best. Art	N	unbest. Art	N	N	P	unbest. Art	N
Phrasen		NP		NP			PP		
synt. Funkt.		Subjekt		Akkusativobjekt			Direktionaladverbial		

Hauptsatz

	sind	nach	einiger	Zeit	zwei	Ochsen	nötig
Wortarten	fin. KV	P	Indef. Pron.	N	Adj	N	Adj
Phrasen			NP		NP		Adj P
			PP				
synt. Funkt.		Temporaladverbial			Subjekt		Prädikativ

Nebensatz 2: Finaladverbialsatz zum Hauptsatz

	den	angewachsenen	Aktenmist	wegzuschaffen
Wortarten	best. Art	Adj	N	VV
Phrasen	NP			
synt. Funkt.	Akkusativobjekt			

Topologische Analyse

	KOOR	Vorfeld	linke Klammer	Mittelfeld	rechte Klammer	Nachfeld
HS		Weht ... Amt	sind	nach ... nötig		den ... wegzuschaffen
NS1			Weht	der Wind ... Amt		
NS2				den ... Aktenmist	wegzuschaffen	

Glossar

Abtönungspartikel: s. Modalpartikel

AcI: lat. *accusativus cum infinitivo*, Infinitivkonstruktion mit einer Akkusativ-NP als logischem Subjekt. Diese Konstruktion tritt im heutigen Deutschen vor allem nach Verben der Wahrnehmung auf.

adjazent: Elemente, die direkt nebeneinander auftreten, stehen adjazent

Adjektiv: deklinierbare Wortart, die häufig auch komparierbar ist

Adjektivphrase: Wortgruppe, die ein → Adjektiv als → Kopf enthält

Adjunkt: → valenzfreies Satzglied oder andere frei hinzufügbare Elemente wie Attribute

Adverb: unflektierbares Wort, das im Gegensatz zu anderen unflektierbaren Wörtern alleine im → Vorfeld stehen kann und eine lokale, temporale, modale oder kausale Charakterisierung des im Satz bezeichneten Sachverhalts gibt

Adverbial: meist → valenzfreies Satzglied, das eine lokale, temporale, modale oder kausale Angabe zu dem im Satz bezeichneten Sachverhalt gibt oder eine Bewertung dieses Sachverhalts enthält

Adverbialsatz: Nebensatz, der in seinem übergeordneten Satz die syntaktische Funktion eines → Adverbials ausübt

Adverbphrase: Wortgruppe, die ein Adverb als → Kopf enthält

Agens: thematische Rolle des Handelnden, Verursacher eines Geschehens

Akkusativ: Kasus, der das direkte Objekt und einige Typen von → Adverbialen kennzeichnet

Akkusativobjekt: → Satzglied, das eine Ergänzung des Verbs im Akkusativ darstellt

Aktant: s. Ergänzung

Aktiv: → Genus verbi, s. auch Passiv

Aktivsatz: Satz, in dem das Verb in der Aktivform steht

Ambiposition: unflektierbares Wort, das einen Kasus bei seiner Ergänzung fordert und sowohl vor wie nach dieser Ergänzung stehen kann

analytische Verbform: Form eines Verbs wie bestimmte Tempusformen und alle Passivformen, die mit Hilfe eines Hilfsverbs gebildet wird

Angabe: valenzfreies → Satzglied

Antezedens: Ausdruck, auf den sich ein rückbezügliches Pronomen bezieht

Antwortpartikel: unflektierbares Wort, das als Antwort auf Entscheidungsfragesätze stehen kann

Apposition: nachgestellte Hinzufügung zu einer Nominalphrase, die meist im Kasus mit der Bezugs-NP übereinstimmt.

Argument: Element, das die Leerstelle eines Prädikats füllt

Argumentsatz: s. Komplementsatz

Artikel: deklinierbare Wortart, die zusammen mit → Nomina auftritt

asyndetisch: Verknüpfung ohne verbindende Wortarten

Attribut: Teil eines Satzglieds, das sich meist auf ein Nomen bezieht und dieses näher charakterisiert

Attributsatz: Nebensatz, der die syntaktische Funktion eines → Attributs ausübt

Ausklammerung: Stellung nach der rechten Satzklammer, d.h. im → Nachfeld

Ausrufesatz: s. Exklamativsatz

Aussagesatz: neutraler, häufigster → Satztyp, der durch → Verbzweitstellung und fallende Intonation gekennzeichnet ist

Auxiliar: s. Hilfsverb

Befehlssatz: s. Imperativsatz

Benefaktiv: → thematische Rolle des Nutznießers einer Handlung

Benefizient: s. Benefaktiv

Dativ: Kasus, der meist den → Rezipienten oder → Benefaktiv kennzeichnet

Dativobjekt: Satzglied, das eine Ergänzung des Verbs im Dativ darstellt

Deklination: → Flexion nach → Kasus, → Numerus und → Genus (bei Substantiven, Adjektiven, Artikeln und Pronomen)

Dependenz: Abhängigkeit eines Elements von einem anderen

Determinativ, Determinator, Determinans: s. Artikel

Diskursmarker/-partikel: s. Gesprächspartikel

Distribution: die Stellungsmöglichkeiten von einem Wort oder einer → Phrase im Satz

eingeleiteter Nebensatz: Nebensatz, an dessen Anfang entweder eine subordinierende Konjunktion, ein Relativpronomen/-adverb oder Fragepronomen/-adverb steht

Entscheidungsfragesatz: Fragesatz, der mit *ja* oder *nein* beantwortet werden kann und durch → Verberststellung und eine steigende Intonationskurve gekennzeichnet ist

Ergänzung: valenzgebundenes Satzglied

Ergänzungsfragesatz: Fragesatz, der ein Fragewort enthält, das meist am Satzanfang steht

Ergänzungssatz: s. Komplementsatz

Ersatzinfinitiv: reiner Infinitiv, der bei Modalverben im Perfekt anstelle des Partizips auftritt

Exklamativsatz: Satz, der einen Ausruf beinhaltet und meist einen ungewöhnlich starken Akzent enthält

Experiencer: → thematische Rolle des emotional oder kognitiv beteiligten Mitspielers

Expletivum: Element, das eine Valenzstelle des Verbs rein formal füllt, ohne semantische Referenz, z.B. das *es* bei Wetterverben wie *regnen*

Extraposition: Stellung nach der rechten Satzklammer, d.h. im → Nachfeld

Femininum: weibliches Geschlecht bei → Substantiven, → Adjektiven, → Artikeln und → Pronomen

Finalsatz: Adverbialsatz, der das Ziel bzw. den Zweck des Geschehens im übergeordneten Satz angibt

finite Verbform: Form eines Verbs, die Person- und Numerusmarkierungen trägt

Flexion: Beugung von Wörtern, Bildung von → Wortformen, die bestimmte grammatische Merkmale aufweisen, im Deutschen meist mit Hilfe von Suffixen

Fokus: Teil des Satzes, der die wichtigste Information im Satz enthält und durch Akzentuierung hervorgehoben ist

Fokuspartikel: unflektierbares Wort, das an verschiedenen Stellen im Satz auftreten kann und sich in besonderer Weise auf die fokussierte Konstituente bezieht

Fokusprojektion: Ausbreitung des → Fokus über die akzentuierte Konstituente hinaus

formales Subjekt: inhaltsleeres Subjekt, das weder erfragbar noch ersetzbar ist (z.B. *es regnet*)

Fragesatz: Satz, mit dem eine Frage gestellt werden kann. Die häufigsten Typen im Deutschen sind der Ergänzungsfragesatz (enthält ein Fragewort) oder der Entscheidungsfragesatz, der mit *ja* oder *nein* beantwortet werden kann

Fragetest: Test zur Ermittlung von → Konstituenten, bei dem geprüft wird, ob sich eine Folge von Wörtern durch ein Fragewort erfragen lässt

freier Dativ: Nominalphrase im Dativ, die nicht valenzgebunden ist

freier Relativsatz: Relativsatz ohne Bezugselement im Matrixsatz, der in einen attributiven Relativsatz umformbar ist

Funktionsverb: in seiner Semantik stark reduziertes Vollverb, das in phraseologischen Verbindungen mit einer Präpositionalphrase oder Nominalphrase auftritt, sog. Funktionsverbgefügen, die meist ein nominalisiertes Verb enthalten, wie z.B. *in Gang setzen, Einsicht nehmen*

Futur: mit dem Hilfsverb *werden* und dem → reinen Infinitiv gebildetes Tempus, das Zukunftsbezug ausdrückt

Genitiv: Kasus, der im heutigen Deutschen selten bei Objekten, doch sehr häufig bei Attributen auftritt

Genitivobjekt: vom Aussterben bedrohtes → Satzglied, das eine Ergänzung des Verbs im Genitiv darstellt

Genus Verbi: Aktiv- und Passivformen von Verben

Genus: das grammatische Geschlecht bei → Substantiven, → Adjektiven, → Artikeln und → Pronomen

Gesprächspartikel: unflektierbares Wort, das intonatorisch abgegrenzt außerhalb des Satzes steht und gesprächssteuernde Funktionen hat

Gliedsatz: Nebensatz, der eine Satzgliedfunktion ausübt

Gliedteilsatz: s. Attributsatz

Gradpartikel: s. Fokuspartikel

grammatische Relation: s. Satzgliedfunktion

Halbmodalverb: hilfsverbähnliches Verb, das sich mit Vollverben im *zu*-Infinitiv verbindet

Hauptsatz: selbstständiger Satz, der in keinen anderen Satz eingebettet ist und eine → Illokution ausdrückt

Hauptverb: s. Vollverb

Hilfsverb: Verb, das zur Bildung von → Tempus-, → Passiv- und → Modusformen eingesetzt wird und nicht alleine in einem Satz auftreten kann

Hintergrund: Teil des Satzes, der nicht im → Fokus steht

Hypotaxe: Verhältnis der Unterordnung, z.B. zwischen einem übergeordneten Satz und einem Nebensatz

Illokution: Handlung, die mit der Äußerung eines Satzes ausgeführt wird, z.B. Versprechen, Aufforderung, Befehl, Behauptung, Glückwunsch etc.

Imperativsatz: Satz, der einen Befehl ausdrücken kann und meist ein Verb in der Imperativform beinhaltet

Indefinitpronomen: sehr heterogene Klasse von Pronomen, die nicht definit sind. Sie quantifizieren (z.B. *alle, manche, einige*) oder bezeichnen unbestimmte Größen (z.B. *jemand, etwas*)

Indikativ: Modusform des Verbs, die hinsichtlich des Wirklichkeitsbezugs der Aussage neutral ist

indirekte Rede: Form der Redewiedergabe, bei der die wiedergegebene Äußerung nicht im ursprünglichen Wortlaut wiedergegeben wird

indirekter Fragesatz: Nebensatz, der durch ein Fragewort oder durch die Konjunktion *ob* eingeleitet wird

infinite Verbform: Form eines Verbs, die keine → Person- und keine Numerusmarkierungen (s. Numerus) trägt, dazu gehören Infinitive und → Partizipien

Infinitiv: Form eines Verbs, die keine Person- und keine Numerusmarkierungen trägt und im Gegensatz zu Partizipien nicht adjektivisch verwendet werden kann

infiniter Satz: s. satzwertige Infinitivphrase

Infinitivsatz: s. satzwertige Infinitivphrase

Informationsstruktur: Gliederung eines Satzes nach dem Informationswert der einzelnen Konstituenten, zur Informationsstruktur gehören → Thema → Rhema, → Topik, → Kommentar, → Fokus, → Hintergrund

inkohärente Konstruktion: Konstruktion mit einem infiniten Verb, das einen eigenen Verbalkomplex bildet und eine eigene Felderstruktur aufweist

Inkorporation: in ein Prädikat einverleibtes Element, das kein eigenständiges → Satzglied darstellt

Instrument: → thematische Rolle des Mittels, mit dem eine Handlung ausgeführt wird

Interjektion: Ausdruck, der rein expressive Funktion (*igitt, aua*) oder gesprächssteuernde Funktionen hat (*mmh, tja*)

Interpunktion: Zeichensetzung

Interrogativsatz: s. Fragesatz

Irrelevanzkonditionalsatz: Adverbialsatz, der mehrere Bedingungen beinhaltet, die für die Gültigkeit des im übergeordneten Satz bezeichneten Sachverhalts jedoch alle unerheblich sind

Kasus: Flexionskategorie, die bei deklinierbaren Wörtern auftritt. Die Kasus im Deutschen sind Nominativ, Akkusativ, Dativ und Genitiv.

Kategorie: Elemente mit gleichen oder ähnlichen grammatischen Eigenschaften. Man unterscheidet lexikalische Kategorien (Wortarten) und Phrasenkategorien

Kausalsatz: Adverbialsatz, der eine Ursache von dem Geschehen im übergeordneten Satz angibt

Kernsatz: Satz mit Verbzweitstellung

kohärente Konstruktion: Konstruktion mit einem infiniten Verb, das keinen eigenen Verbalkomplex bildet und keine eigene Felderstruktur aufweist

Kommentar: Satzaussage, bezieht sich auf das → Topik in einem Satz

Komparation: Steigerungsformen von Adjektiven, die den → Komparativ und den → Superlativ umfassen

Komparativ: Steigerungsform des Adjektivs, die (relativ zu den verglichenen Elementen) einen höheren Grad einer Eigenschaft bezeichnet

Komplement: s. Ergänzung

Komplementsatz: Nebensatz, der eine Valenzstelle des Verbs im übergeordneten Satz füllt

komplexer Satz: Satz, der aus mehreren → Teilsätzen besteht

Konditionalsatz: Adverbialsatz, der eine Bedingung zu dem Geschehen im übergeordneten Satz angibt

Kongruenz: regelhafte Übereinstimmung zwischen Wörtern in bestimmten grammatischen Merkmalen wie Person und Numerus bei der Subjekt-Verb-Kongruenz

Konjugation: Flexion bei Verben, nach Person, Numerus, Tempus, Modus und Genus Verbi

Konjunktion: unflektierbares Wort, das verknüpfende Funktion hat

Konjunktionalsatz: durch eine subordinierende Konjunktion eingeleiteter → Nebensatz

Konjunktiv I: Konjunktivform, die vom Präsensstamm der Verben gebildet wird und vor allem in der indirekten Rede auftritt

Konjunktiv II: Konjunktivform, die vom Präteritumsstamm der Verben gebildet wird und in der indirekten Rede oder zur Bezeichnung kontrafaktischer Sachverhalte auftritt

Konjunktiv: Modus des Verbs, der in der indirekten Rede oder bei kontrafaktischen Sachverhalten auftritt

Konsekutivsatz: Adverbialsatz, der die Folge des Geschehens im übergeordneten Satz angibt

Konstituente: mit Hilfe von Tests identifizierbarer Bestandteil eines Satzes, der aus einem oder mehreren Wörtern bestehen kann und sich mit Hilfe von → Konstituententests ermitteln lässt

Konstituentensatz: Nebensatz, der eine → Konstituente seines übergeordneten Satzes darstellt

Konstituententest: Tests zur Ermittlung von → Konstituenten. Die wichtigsten Tests sind der → Fragetest, → Pronominalisierungstest, → Verschiebetest, → Vorfeldtest

Kontrolle: Eigenschaft von Verben, die einen *zu*-Infinitivsatz als Ergänzung nehmen, das nicht ausgedrückte Subjekt des Infinitivsatzes festzulegen: Meist ist es entweder mit dem Subjekt oder dem Objekt des übergeordneten Satzes identisch (Subjekt- bzw. Objektkontrolle) oder unbestimmt im Sinne von *man* (arbiträre Kontrolle)

Konzessivsatz: Adverbialsatz, der einen Umstand angibt, der normalerweise dazu führen würde, dass der Sachverhalt im übergeordneten Satz nicht eintritt

Kopf: Element einer Phrase, das stellvertretend für diese → Phrase stehen kann und eine zentrale Rolle in ihr spielt

Kopulaverb: relativ inhaltsleeres Verb, das zusammen mit einem Prädikativ auftreten muss, das den semantischen Gehalt des Prädikats bestimmt

Korrelat: Proform, die auf einen Gliedsatz im Nachfeld vorausverweist

lexikalische Kategorie: s. Wortart

Linksversetzung: Herausstellung eines Satzglieds nach links, das durch eine Proform wiederaufgenommen wird

Maskulinum: männliches Geschlecht bei Substantiven, Adjektiven, Artikeln und Pronomen

Matrixsatz: Satz, in den ein anderer Satz eingebettet ist

Medium: Zwischenkategorie, die sowohl Züge von → Aktiv als auch von → Passiv trägt

Mitspieler: s. Ergänzung

Mittelfeld: Position zwischen der linken und der rechten → Satzklammer

Modalitätsverb: s. Halbmodalverb

Modalpartikel: unflektierbares Wort, das nur im → Mittelfeld des deutschen Satzes auftritt und die Sprechereinstellung kennzeichnet

Modalsatz: Adverbialsatz, der die Art und Weise des Geschehens im übergeordneten Satz angibt, z.B. Instrumentalsatz oder Vergleichssatz

Modalverb: hilfsverbähnliches Verb, das sich mit → Vollverben im → reinen Infinitiv verbindet

Modus: grammatisches Merkmal von Verben, das den Wirklichkeitsbezug der Aussage bestimmt, s. Indikativ, Konjunktiv, Imperativ

Morphologie: Teil der Grammatik, der sich mit der internen Struktur von Wörtern befasst

Nachfeld: Position nach der rechten → Satzklammer

Nebensatz: Satz, der in einen übergeordneten Satz eingebettet ist

Negationspartikel: unflektierbares Wort, das die Negation ausdrückt und keiner anderen Wortart zugerechnet werden kann (*nicht*)

neutraler Satzakzent: → Satzakzent, der keine besonderen Kontexte erfordert und die Ausbreitung des → Fokus auf den ganzen Satz zulässt (Fokusprojektion)

Neutrum: weder männliches noch weibliches, sondern neutrales Geschlecht, bei → Substantiven, → Adjektiven, → Artikeln und → Pronomen

Nomen: deklinierbare Wortart, die ein festes → Genus aufweist

Nominalphrase: Wortgruppe, die ein → Nomen als → Kopf enthält

Nominativ: Kasus, in dem das → Subjekt oder das → Subjektsprädikativ steht

normale Wortstellung: Anordnung der Satzglieder, die die Ausbreitung des → Fokus aus den ganzen Satz zulässt (s. auch Fokusprojektion)

Numerus: „Zahl" (Singular, Plural) bei deklinierbaren Wortarten und Verben

Objekt: → Satzglied, das vom Verb regiert wird, d.h. in seiner Form vom Verb bestimmt wird

Objektsatz: Nebensatz, der in seinem übergeordneten Satz die syntaktische Funktion des → Objekts ausübt

Objektsprädikativ: → Prädikativ, das sich auf ein → Objekt bezieht

Optativsatz: s. Wunschsatz

Parataxe: Nebenordnung von Sätzen, entweder mit Hilfe von koordinierenden Konjunktionen oder ohne verknüpfendes Element

Parenthese: in einen Satz eingefügte Elemente, die durch Kommas oder Gedankenstriche abgetrennt werden und in der gesprochenen Sprache durch Pausen markiert werden

Partikel: unflektierbares Wort, das weder verknüpfende Funktion hat noch einen Kasus regiert

Partikelverb: Verb, das einen trennbaren Teil enthält

Partizip II: Form des Verbs, die auch adjektivisch verwendet werden kann und vom Perfektstamm eines Verbs gebildet ist (*gelesen*)

Partizip: Form des Verbs, die auch adjektivisch verwendet werden kann und entweder vom Präsensstamm (*lesend*) oder vom Perfektstamm eines Verbs gebildet ist (*gelesen*)

Passiv: Genus verbi, bei dem das Agens aus seiner Subjektposition entfernt wird. Wird im Deutschen durch Hilfsverben und das Partizip II ausgedrückt

Passivsatz: Satz, in dem das Verb im → Passiv steht

Patiens: thematische Rolle, die den der Handlung unterworfenen Mitspieler bezeichnet, der einer Orts- oder Zustandsveränderung unterliegen kann

Perfekt: mit den Hilfsverben *sein* und *haben* und dem Partizip II analytisch gebildetes → Tempus, das Vergangenheitsbezug herstellt

Permutationstest: s. Verschiebetest

Person: grammatisches Merkmal von Verben, das den Sprecher, den Angesprochenen oder einen Dritten kennzeichnet

Phonologie: Teil der Grammatik, der sich mit der Lautstruktur befasst

Phrase: Wortgruppe, die nach einem Wort benannt ist, das eine zentrale Rolle innerhalb der Phrase spielt

Phrasenkategorien: Wortgruppen, die über gleiche oder ähnliche grammatische Eigenschaften verfügen, gehören zur gleichen Phrasenkategorie

Plural: „Mehrzahl", grammatisches Merkmal von deklinierbaren Wortarten und Verben

Plusquamperfekt: mit den Präteritumformen der Hilfsverben *sein* und *haben* und dem Partizip II analytisch gebildetes Tempus, das Vergangenheitsbezug herstellt

Positiv: im Gegensatz zu → Komparativ und → Superlativ unmarkierte Form eines Adjektivs

Postposition: unflektierbares Wort, das einen Kasus bei seiner Ergänzung fordert und nach dieser Ergänzung steht

Prädikat: die verbalen Teile eines Satzes, die die Aussage beinhalten. Bei Kopulaverben gehört auch das Prädikativ zum Prädikat.

Prädikativ: Eigenschaft, die einem Satzglied durch ein eigenständiges, nicht verbales Satzglied zugeschrieben wird, tritt in Verbindung mit Kopulaverben auf (Subjektsprädikativ) oder bei einigen Verben mit Bezug auf das Objekt (Objektsprädikativ) oder völlig unabhängig vom Verb (freies Prädikativ)

Prädikativsatz: Nebensatz, der in seinem übergeordneten Satz die syntaktische Funktion des → Prädikativs ausübt

Präfixverb: Verb, das ein nicht trennbares Präfix enthält

Präposition: unflektierbares Wort, das einen → Kasus bei seiner Ergänzung fordert

Präpositionalobjekt: Satzglied, das eine vom Verb geforderte, weitgehend inhaltsleere → Präposition beinhaltet

Präpositionalphrase: Wortgruppe, die eine → Präposition als → Kopf enthält

Präsens: unmarkiertes, vielfältig verwendbares → Tempus, das sich auf Gegenwärtiges beziehen kann

Präteritum: synthetisch gebildetes → Tempus, das Vergangenheitsbezug herstellt

Proform: relativ inhaltsleeres Wort, das anstelle von semantisch gehaltvolleren Wörtern und Wortgruppen stehen kann

Pronominalisierungstest: Test zur Ermittlung von → Konstituenten, bei dem geprüft wird, ob sich eine Folge von Wörtern durch eine → Proform erfragen lässt

Proposition: in einem Satz enthaltene Sachverhaltsbeschreibung

Referenz: Bezug von sprachlichen Ausdrücken auf Größen der außersprachlichen Realität

Reflexivpronomen: rückbezügliches Pronomen, das eingesetzt werden muss, wenn ein Satzglied die gleiche Referenz hat wie ein anderes in demselben Satz

reiner Infinitiv: ohne die Infinitivpartikel *zu* gebildete → infinite Verbform, die kein → Partizip ist

Rektion: Eigenschaft eines übergeordneten Elements, die grammatische Form eines abhängigen Elements zu bestimmen, z.B. die Festlegung der Kasus von Objekten durch das Verb

Relativsatz: durch ein Relativpronomen oder Relativadverb eingeleiteter → Nebensatz

Resumptivum: wiederaufnehmende Proform bei Linksversetzung

Rezipient: → thematische Rolle des Empfängers

Rezipientenpassiv: Passivform, bei der das Dativobjekt zum Subjekt angehoben wird

Rhema: neue Information in einem Satz, im Gegensatz zum → Thema

Satzadverb: → Adverb, das eine Bewertung des im Satz bezeichneten Sachverhalts beinhaltet

Satzakzent: stärkster Akzent im Satz

Satzgefüge: komplexer Satz, bei dem die verschiedenen Teilsätze nicht gleichrangig sind, s. Hypotaxe

Satzglied: Konstituente, die erfragbar, pronominalisierbar, verschiebbar ist und alleine im → Vorfeld stehen kann

Satzgliedfunktion: syntaktische Funktion eines → Satzglieds, s. Subjekt, Objekt, Adverbial, Prädikativ

Satzklammer: die Satzklammer entsteht durch die Distanzstellung der verbalen Teile mit dem finiten Verb als linke Klammer und den übrigen Verben als rechte Klammer. In eingeleiteten Nebensätzen bildet das subordinierende Element die linke Klammer.

Satzmodus: Satztypen, die durch bestimmte grammatische Merkmale wie Verbstellung, Fragewörter, Intonation und Partikeln gekennzeichnet sind und zur Ausführung einer bestimmten → Illokution dienen

Satzreihung: komplexer Satz, der aus mehreren gleichrangigen Sätzen besteht, s. Parataxe

Satztyp: Satztypen werden gekennzeichnet durch die → Verbstellung, Fragewörter, Intonation und Partikeln

satzwertige Infinitivphrase: Nebensatz mit einem Verb im *zu*-Infinitiv

Selektion: Eigenschaft von Ausdrücken, bestimmte inhaltliche und formale Eigenschaften von Ausdrücken in ihrer Umgebung festzulegen

Semantik: Teil der Grammatik, der die Bedeutung von Ausdrücken erfasst

semantische Rolle: s. thematische Rolle

Singular: „Einzahl", grammatisches Merkmal von deklinierbaren Wortarten und Verben

Skopus: semantische Reichweite von bestimmten Elementen wie der Negation oder von Quantoren, die vor allem durch ihre Stellung im Satz bestimmt ist

Spannsatz: Satz mit Verbendstellung

Status: infinite Form eines Verbs, wie der reine Infinitiv ohne *zu* (1. Status), der *zu*-Infinitiv (2. Status) oder das → Partizip II (3. Status)

Statusrektion: Eigenschaft von bestimmten Verben wie Modalverben oder bestimmten Vollverben, die Form (den → Status) der infiniten Verben festzulegen, die zusammen mit ihnen auftreten

Steigerungspartikel: unflektierbares Wort, das meist mit → Adjektiven auftritt und den Grad der Eigenschaft benennt

Stimulus: → thematische Rolle, die den Mitspieler bezeichnet der bestimmte Gefühle oder Gedanken bei dem → Experiencer auslöst

Stirnsatz: Satz mit → Verberststellung

Subjekt: Satzglied, das eine Ergänzung des Verbs im Nominativ darstellt und mit dem finiten Verb in Person und Numerus übereinstimmt

Subjektsatz: Nebensatz, der in seinem übergeordneten Satz die syntaktische Funktion des → Subjekts ausübt

Subjektsprädikativ: bildet zusammen mit einem Kopulaverb das Prädikat, kann in verschiedenen Formen auftreten

Subjunktion: subordinierende → Konjunktion, die → Nebensätze einleitet

Subkategorisierung: Eigenschaft von Verben, eine bestimmte Zahl und Art von Komplementen in ihrer Umgebung zu verlangen

subordinierter Satz: s. Nebensatz

Substantiv: deklinierbare Wortart, die ein festes → Genus aufweist

Superlativ: Steigerungsform des Adjektivs, die (relativ zu den verglichenen Elementen) den höchsten Grad einer Eigenschaft bezeichnet

syndetisch: Verknüpfung mit Hilfe von verbindenden Wörtern wie z.B. koordinierenden Konjunktionen

synthetische Verbform: Form eines Verbs, die kein Hilfsverb erfordert wie z.B. die Formen im → Präsens und → Präteritum Aktiv

Teilsatz: Haupt- oder Nebensatz, Einheit, die einen eigenen Verbalkomplex enthält

Temporalsatz: Adverbialsatz, der eine zeitliche Angabe zu dem Geschehen im übergeordneten Satz angibt

Tempus: Zeitform des Verbs, die entweder → analytisch oder → synthetisch gebildet werden kann

Thema (engl. *theme*): s. Patiens

Thema: aus dem Kontext oder der Situation bekannte Information, im Gegensatz zum → Rhema

thematische Rolle: Rolle, die die Art der Beteiligung am Geschehen charakterisiert, z.B. → Agens, → Patiens, → Rezipient etc.

Topik: Einheit, über die ein Satz eine Aussage (→ Kommentar) macht, Satzgegenstand

Topikalisierung: Bewegung einer Konstituente in das → Vorfeld

Topikalisierungstest: s. Vorfeldtest

uneingeleiteter Nebensatz: Nebensatz, der durch kein subordinierendes Element eingeleitet wird, sondern die Form eines selbstständigen Satzes mit Verbzweitstellung oder Verberststellung aufweist

unpersönliches Passiv: Form des Passivs, bei dem kein Subjekt vorhanden ist

Valenz: Eigenschaft von Verben, Adjektiven und bestimmten Substantiven, eine bestimmte Art von Leerstellen zu eröffnen, die durch → Ergänzungen gefüllt werden

Valenzpartner: s. Ergänzung

Verb: konjugierbares Wort (s. Konjugation)

Verbalkomplex: die verbalen Teile eines Satzes

Verbalphrase: Wortgruppe, die ein Verb als Kopf enthält

Verbendstellung: Stellung des finiten Verbs am Satzende

Verberststellung: Stellung des finiten Verbs am Satzanfang

Verbletztstellung: s. Verbendstellung

Verbmodus: grammatisches Merkmal von → Verben, das den Wirklichkeitsbezug der Aussage bestimmt, s. Indikativ, Konjunktiv, Imperativ

Verbstellung: Position des finiten Verbs im Satz, im Deutschen sind → Verberststellung, → Verbzweitstellung und → Verbendstellung möglich

Verbzweitstellung: Stellung des finiten Verbs nach einer Konstituente

Vergleichspartikel: Bezeichnung für *als* und *wie* in vergleichender Funktion, die weder eindeutig den Konjunktionen noch den Präpositionen zugeordnet werden können

Vergleichssatz: mit *wie* oder *als* eingeleiteter Satz, der sich meist auf ein Adjektiv im → Komparativ oder → Superlativ bezieht und die Vergleichsgröße benennt

Verschiebetest: Test zur Ermittlung von → Konstituenten, bei dem geprüft wird, ob sich eine Folge von Wörtern zusammen verschieben lässt

Vollverb: Verb, das über eine volle eigene Semantik verfügt und alleine das Prädikat in einem Satz bilden kann

Vorfeld: Position vor der linken → Satzklammer

Vorfeldtest: Test zur Ermittlung von → Konstituenten, bei dem geprüft wird, ob sich eine Folge von Wörtern zusammen ins → Vorfeld verschieben lässt

Vorgangspassiv: mit Hilfe von *werden* gebildete Passivform, bei der entweder ein Akkusativobjekt zum Subjekt angehoben wird oder gar kein Subjekt auftritt (beim unpersönlichen Passiv)

Weglasstest: Test zur Ermittlung obligatorischer Ergänzungen

Wortart: Gruppe von Wörtern, die über gleiche oder ähnliche grammatische Eigenschaften verfügen, s. Substantiv, Adjektiv, Pronomen, Artikel, Verb, Adverb, Präposition, Konjunktion, Partikel

Wortgruppe: s. Phrase

Wunschsatz: Satz, der einen kontrafaktischen Sachverhalt bezeichnet, den der Sprecher sich herbeiwünscht

Zirkumposition: unflektierbares Wort, das einen Kasus bei seiner Ergänzung fordert und aus mehreren Teilen besteht, von denen einer vor und einer nach der Ergänzung steht

Zustandspassiv: mit Hilfe von *sein* gebildete Passivform, bei der ein → Akkusativobjekt zum → Subjekt angehoben wird.

Literatur

Adamzik, Kirsten (1992): Ergänzungen zu Ergänzungen und Angaben. *Deutsche Sprache* 20, 289–313.

Ágel, Vilmos (2000): *Valenztheorie.* Tübingen: Narr.

Altmann, Hans (1981): *Formen der „Herausstellung" im Deutschen. Rechtsversetzung, Linksversetzung, Freies Thema und verwandte Konstruktionen.* Tübingen: Niemeyer.

Altmann, Hans (1987): Zur Problematik der Konstitution von Satzmodi als Formtypen. In: J. Meibauer (ed.), *Satzmodus zwischen Grammatik und Pragmatik.* Tübingen: Niemeyer, 22–56.

Altmann, Hans (1997a): Verbstellungsprobleme bei subordinierten Sätzen in der deutschen Sprache. In: Chr. Dürscheid et al. (eds.), *Sprache im Fokus. Festschrift für Heinz Vater.* Tübingen: Niemeyer, 69–84.

Altmann, Hans (1978): *Gradpartikel-Probleme. Zur Beschreibung von* gerade, genau, ausgerechnet, eben, insbesondere, zumindest, wenigstens. Tübingen: Narr.

Altmann, Hans/Hahnemann, Susan (³2007): *Syntax fürs Examen.* Göttingen: Vandenhoeck und Ruprecht.

Altmann, Hans/Hofmann, Ute (²2008): *Topologie fürs Examen. Verbstellung, Klammerstruktur, Stellungsfelder, Satzglied- und Wortstellung.* Göttingen: Vandenhoeck und Ruprecht.

Bausewein, Karin (1990): *Akkusativobjekt, Akkusativobjektsätze und Objektsprädikate im Deutschen.* Tübingen: Niemeyer.

Bausewein, Karin (1991a): AcI-Konstruktionen und Valenz. In: E. Klein, F. Puradier Duteil und K. H. Wagner (eds.), *Betriebslinguistik und Linguistikbetrieb. Akten des 24. Linguistischen Kolloquiums, Universität Bremen, 4.–6. September 1989.* Tübingen: Niemeyer, 245–251.

Bausewein, Karin (1991b): Haben kopflose Relativsätze tatsächlich keine Köpfe? In: G. Fanselow, S. Felix (eds.), *Strukturen und Merkmale syntaktischer Kategorien.* Tübingen: Narr, 144–158. (Studien zur deutschen Grammatik 39)

Bech, Gunnar (²1983): *Studien zum verbum infinitum.* Tübingen: Niemeyer. (1. Auflage 1955/1957 Kopenhagen)

Behaghel, Otto (1932): *Deutsche Syntax. Eine geschichtliche Darstellung. Band IV: Wortstellung, Periodenbau.* Heidelberg: Winter.

Beneš, Eduard (1968): Die Ausklammerung im Deutschen als grammatische Norm und als stilistischer Effekt. *Muttersprache* 78, 289–298.

Beneš, Eduard (1971): Die Besetzung der ersten Position im deutschen Aussagesatz. In: H. Moser (ed.), *Fragen der strukturellen Syntax und kontrastiven Grammatik.* Düsseldorf: Schwann, 160–182. (Sprache der Gegenwart 17)

Bergenholtz, Henning/Schaeder, Burkhard (1977): *Die Wortarten des Deutschen.* Stuttgart: Kohlhammer.

Berman, Judith (2001): On the Cooccurrence of *ES* with a Finite Clause in German: An LFG Analysis. In: W. D. Meurers, T. Kiss (eds.), *Constraint-Based Approaches to Germanic Syntax.* Stanford: CSLI, 7–30.

Berman, Judith (2003): Zum Einfluss der strukturellen Position auf die syntaktische Funktion der Komplementsätze. *Deutsche Sprache* 31/3, 263–286.

Brandt, Margareta (1990): *Weiterführende Nebensätze. Zu ihrer Syntax, Semantik und Pragmatik.* Stockholm: Almqvist und Wiksell. (Lunder germanistische Forschungen 57)

Breindl, Eva (1989): *Präpositionalobjekt und Präpositionalobjektsätze im Deutschen.* Tübingen: Niemeyer.

Busse, Dietrich (1997): Wortarten und semantische Typen. Überlegungen zu den Grundlagen der lexikalisch-syntaktischen Wortarten-Klassifikation. In: Ch. Dürscheid et al. (eds.), *Sprache im Fokus FS Heinz Vater*. Tübingen: Niemeyer, 219–240.

Bußmann, Hadumod (³2002): *Lexikon der Sprachwissenschaft*. Stuttgart: Kröner.

Diewald, Gabriele (1997): *Grammatikalisierung. Eine Einführung in Sein und Werden grammatischer Formen*. Tübingen: Niemeyer. (Germanistische Arbeitshefte 36)

Diewald, Gabriele (1999): *Die Modalverben im Deutschen. Grammatikalisierung und Polyfunktionalität*. Tübingen: Niemeyer.

Dowty, David (1991): Thematic Proto-Roles and Argument Selection. *Language* 67/3, 547–619.

Drach, Erich (1937): *Grundgedanken der deutschen Satzlehre*. Frankfurt/M.: Diesterweg.

Duden (⁶1998): *Grammatik der deutschen Gegenwartssprache*. Hrsg. von der Dudenredaktion. Mannheim: Bibliographisches Institut.

Duden (⁷2005): *Die Grammatik*. Hrsg. von der Dudenredaktion. Mannheim: Bibliographisches Institut.

Dürscheid, Christa (1989): *Zur Vorfeldbesetzung in deutschen Verbzweit-Strukturen*. Trier: Wissenschaftlicher Verlag.

Dürscheid, Christa (⁴2007): *Syntax. Grundlagen und Theorien*. Göttingen: Vandenhoeck und Ruprecht.

Ehlich, Konrad (1986): *Interjektionen*. Tübingen: Niemeyer.

Eisenberg, Peter (³2006): *Grundriss der deutschen Grammatik. Bd. 2: Der Satz*. Stuttgart: Metzler.

Engel, Ulrich (1977): *Syntax der deutschen Gegenwartssprache*. Berlin u.a.: Schmidt.

Engel, Ulrich (²1990): *Deutsche Grammatik*. Heidelberg: Groos.

Engel, Ulrich (2004): *Deutsche Grammatik. Neubearbeitung*. München: iudicium.

Eroms, Hans-Werner (2000): *Syntax der deutschen Sprache*. Berlin: de Gruyter.

Fagan, Sarah (1992): *The syntax and semantics of middle constructions*. Cambridge: Cambridge University Press.

Flämig, Walter (1991): *Grammatik des Deutschen: Einführung in Struktur und Wirkungszusammenhang; erarbeitet auf der theoretischen Grundlage der „Grundzüge einer deutschen Grammatik"*. Berlin: Akademie-Verlag.

Flösch, Margit (2007): *Zur Struktur von Kopulasätzen mit prädikativem Adjektiv*. Frankfurt/M.: Lang.

Frey, Werner/Pittner, Karin (1998): Zur Positionierung der Adverbiale im deutschen Mittelfeld. *Linguistische Berichte* 176, 489–534.

Frosch, Helmut et al. (2004) *Bibliographie zur deutschen Grammatik 1994–2002*. Tübingen: Stauffenburg.

Gallmann, Peter/Sitta, Horst (³2001): *Deutsche Grammatik*. Zürich: Lehrmittelverlag.

Glinz, Hans (³1970): *Deutsche Syntax*. Stuttgart: Metzler.

Glück, Helmut (³2005): *Metzler-Lexikon Sprache*. Stuttgart [u.a.]: Metzler.

Gohl, Christine/Günthner, Susanne (1999): Grammatikalisierung von *weil* als Diskursmarker in der gesprochenen Sprache. In: *Zeitschrift für Sprachwissenschaft* 18.1, 39–75.

Grewendorf, Günther (1983): Reflexivierung in deutschen A.c.I.-Konstruktionen. Kein transformationsgrammatisches Dilemma mehr. *Groninger Arbeiten zur Germanistischen Linguistik* 23, 120–196.

Grewendorf, Günther/Hamm, Fritz/Sternefeld, Wolfgang (¹³1999): *Sprachliches Wissen. Eine Einführung in moderne Theorien grammatischer Beschreibung*. Frankfurt/M.: Suhrkamp.

Günthner, Susanne (1999): Entwickelt sich der Konzessivkonnektor *obwohl* zum Diskursmarker? Grammatikalisierungstendenzen im gesprochenen Deutsch. In: *Linguistische Berichte* 180, 409–446.

Haider, Hubert (1984): Mona Lisa lächelt stumm – Über das sogenannte deutsche „Rezipientenpassiv". *Linguistische Berichte* 89, 32–42.

Haider, Hubert (1985): Über sein oder nicht sein: Zur Grammatik des Pronomens ‚sich'. In: W. Abraham (ed.), *Erklärende Syntax des Deutschen*. Tübingen: Narr, 223–254.

Haider, Hubert (1993): *Deutsche Syntax – generativ*. Tübingen: Narr.

Haider, Hubert (1994): Fakultativ kohärente Infinitivkonstruktionen im Deutschen. In: A. Steube, G. Zybatow (eds.), *Zur Satzwertigkeit von Infinitiven und Small Clauses*. Tübingen: Niemeyer, 75–106.

Hartmann, Dietrich (1994): Particles. In: R. E. Asher (ed.), *Encyclopedia of language and linguistics*, Vol. 6. Oxford: Pergamon Press, 2953–2958.

Heidolph, Karl E./Flämig, Walter/Motsch, Wolfgang (1981): *Grundzüge einer deutschen Grammatik*. Berlin: Akademie-Verlag.

Helbig, Gerhard (1982): *Valenz – Satzglieder – semantische Kasus – Satzmodelle*. Leipzig: VEB Enzyklopädie.

Helbig, Gerhard (1983): Was sind „weiterführende Nebensätze"? In: G. Helbig, *Studien zur deutschen Syntax*. Band 1. Leipzig: VEB Enzyklopädie, 168–187.

Helbig, Gerhard (1984): Was sind Objektsprädikate, Objektsprädikative und prädikative Attribute? *Deutsch als Fremdsprache* 21, 346–350.

Helbig, Gerhard (1987): Zur Klassifizierung von Konstruktionen mit *sein* + Partizip II (Was ist ein Zustandspassiv?). In: *Das Passiv im Deutschen. Hrsg. vom Centre de Recherche en Linguistique Germanique*. Tübingen: Niemeyer, 215–233.

Helbig, Gerhard ([4]1999): *Deutsche Grammatik. Grundfragen und Abriß*. München: iudicium.

Helbig, Gerhard/Helbig, Agnes (1990): *Lexikon deutscher Modalwörter*. Leipzig: VEB Enzyklopädie.

Helbig, Gerhard/Buscha, Joachim ([21]2005): *Deutsche Grammatik. Ein Handbuch für den Ausländerunterricht*. Berlin u.a.: Langenscheidt.

Helbig, Gerhard/Schenkel, Wolfgang ([8]1991): *Wörterbuch zur Valenz und Distribution deutscher Verben*. Tübingen: Niemeyer.

Hentschel, Elke (2003): Es war einmal ein Subjekt. *Linguistik online* 1/03. (http://www.linguistik-online.de/13_01/hentschel.html)

Hentschel, Elke/Weydt, Harald (1995a): Das leidige *bekommen*-Passiv. In: H. Popp (ed.), *Deutsch als Fremdsprache (Festschrift f. G. Helbig)*, München: iudicium, 165–183.

Hentschel, Elke/Weydt, Harald (1995b): Die Wortarten des Deutschen. In: V. Ágel, R. Brdar-Szabó (eds.), *Grammatik und deutsche Grammatiken. Budapester Grammatiktagung 1993*. Tübingen: Niemeyer, 39–60.

Heringer, Hans-Jürgen (1989): *Lesen – lehren – lernen: Eine rezeptive Grammatik des Deutschen*. Tübingen: Niemeyer.

Hermanns, Fritz (1987): Ist das Zustandspassiv ein Passiv? Versuch, einer terminologischen Ungereimtheit auf die Spur zu kommen. In: *Das Passiv im Deutschen. Hrsg. vom Centre de Recherche en Linguistique Germanique*. Tübingen: Niemeyer, 181–213.

Hetland, Jorunn (1992): *Satzadverbien im Fokus*. Tübingen: Narr.

Hoffmann, Ludger ed. (2007): *Handbuch der deutschen Wortarten*. Berlin: de Gruyter.

Höhle, Tilman N. (1978): *Lexikalische Syntax. Die Aktiv-Passiv-Relation und andere Infinitkonstruktionen im Deutschen*. Tübingen: Niemeyer.

Höhle, Tilman N. (1982): Explikation für „normale Betonung" und „normale Wortstellung". In: W. Abraham (ed.), *Satzglieder im Deutschen*. Tübingen: Narr, 75–153.

Höhle, Tilman N. (1986): Der Begriff „Mittelfeld". Anmerkungen über eine Theorie der topologischen Felder. In: H. E. Weiß, H. Wiegand, M. Reis (eds.), *Akten des VII. Kongresses der Internationalen Vereinigung für germanistische Sprach- und Literaturwissenschaft*. Göttingen 1985. Bd. 3: Textlinguistik contra Stilistik? Tübingen, 329–340.

Höhle, Tilman N. (1992): Über Verum-Fokus im Deutschen. In: J. Jacobs (ed.), *Informationsstruktur und Grammatik*. Linguistische Berichte Sonderheft 4/1991–92, 112–141.

Homberger, Dietrich (2003): *Wörterbuch zur Sprachwissenschaft*. Stuttgart: Reclam.

Hundt, Markus (2001): Grammatikalisierungsphänomene bei Präpositionalobjekten in der deutschen Sprache. *Zeitschrift für Germanistische Linguistik* 29, 167–191.

Hundt, Markus (2002): Formen und Funktionen des Reflexivpassivs im Deutschen. *Deutsche Sprache* 30, 124–166.

Jacobs, Joachim (1988): Fokus-Hintergrund-Gliederung und Grammatik. In: H. Altmann (ed.), *Intonationsforschungen*. Tübingen: Niemeyer, 89–134.

Jacobs, Joachim (1992): Einleitung zu *Informationsstruktur und Grammatik*. In: J. Jacobs (ed.), *Informationsstruktur und Grammatik*. Linguistische Berichte Sonderheft 4/1991–92, 7–16.

Jacobs, Joachim (1994): *Kontra Valenz*. Trier: Wissenschaftlicher Verlag. (Fokus 12)

Jacobs, Joachim (2003): Die Problematik der Valenzebenen. In: V. Ágel et al. (eds.): *Dependenz und Valenz. Dependency and Valency. Ein internationales Handbuch der zeitgenössischen Forschung*. 1. Halbband. Berlin: de Gruyter, 378–399.

Jung, Walter/Starke, Günther ([10]1990): *Grammatik der deutschen Sprache*. Leipzig: Bibliographisches Institut.

König, Ekkehard (1991): Gradpartikeln. In: A.v. Stechow, D. Wunderlich (eds.), *Semantik. Semantics. Ein internationales Handbuch der zeitgenössischen Forschung*. Berlin/New York: de Gruyter, 786–806.

Kunze, Jürgen (1997): Typen der reflexiven Verbverwendung. *Zeitschrift für Sprachwissenschaft* 16, 83–180.

Lambrecht, Knud (1994): *Information structure and sentence form. Topic, focus and the mental representation of discourse referents*. Cambridge: Cambridge University Press.

Lauterbach, Stefan (1993): *Genitiv, Komposition und Präpositionalattribut: Zum System nominaler Relationen im Deutschen*. München: iudicium.

Leirbukt, Oddleif (1997): *Untersuchungen zum* bekommen-*Passiv im heutigen Deutsch*. Tübingen: Niemeyer.

Leiss, Elisabeth (1992): *Die Verbalkategorien des Deutschen*. Berlin: de Gruyter.

Lenerz, Jürgen (1977): *Zur Abfolge nominaler Satzglieder im Deutschen*. Tübingen: Narr.

Lenerz, Jürgen (1985): Zur Theorie syntaktischen Wandels: Das expletive *es* in der Geschichte des Deutschen. In: W. Abraham (ed.), *Erklärende Syntax des Deutschen*. Tübingen: Narr, 99–136.

Lötscher, Andreas (1981): Abfolgeregeln für Ergänzungen im Mittelfeld. *Deutsche Sprache* 9, 44–60.

Lühr, Rosemarie (1985): Sonderfälle der Vorfeldbesetzung im heutigen Deutsch. *Deutsche Sprache* 13, 1–23.

Mackowiak, Klaus (1999): *Grammatik ohne Grauen: keine Angst vor richtigem Deutsch*. München: Beck.

Maienborn, Claudia (2007): Das Zustandspassiv: Grammatische Einordnung – Bildungsbeschränkung – Interpretationsspielraum. *Zeitschrift für Germanistische Linguistik* 35, 84–116.

Maienborn, Claudia (2007): Das Zustandspassiv: Grammatische Einordnung – Bildungsbeschränkung – Interpretationsspielraum. *Zeitschrift für Germanistische Linguistik* 35, 84–116.

Molnár, Valéria (1991): *Das TOPIK im Deutschen und Ungarischen*. Stockholm: Almqvist und Wiksell. (Lunder germanistische Forschungen 58)

Molnár, Valéria (1993): Zur Pragmatik und Grammatik des TOPIK-Begriffes. In: M. Reis (ed.), *Wortstellung und Informationsstruktur*. Tübingen: Niemeyer, 155–202.

Musan, Renate (2008): *Satzgliedanalyse*. Heidelberg: Winter.

Olsen, Susan (1982): On the Syntactic Description of German: Topological Fields vs. X-bar-Theory. In: W. Welte (ed.), *Sprachtheorie und angewandte Linguistik*. Festschrift für A. Wollmann. Tübingen: Narr, 29–45.

Önnerfors, Olaf (1997): *Verb-Erst-Deklarativsätze. Grammatik und Pragmatik*. Stockholm: Almqvist & Wiksell.

Oppenrieder, Wilhelm (1989): Selbständige Verb-Letzt-Sätze: Ihr Platz im Satzmodussystem und ihre intonatorische Kennzeichnung. In: H. Altmann et al. (eds.), *Zur Intonation von Modus und Fokus im Deutschen*. Tübingen: Niemeyer, 163–244.

Oppenrieder, Wilhelm (1991): *Von Subjekten, Sätzen und Subjektsätzen*. Tübingen: Niemeyer.

Pasch, Renate (1994): Benötigen Grammatiken und Wörterbücher eine Wortklasse „Konjunktionen"? *Deutsche Sprache* 22/2, 97–116.

Pittner, Karin (1991): Freie Relativsätze und die Kasushierarchie. In: E. Feldbusch, R. Pogarell und C. Weiß (eds.), *Neue Fragen der Linguistik. Akten des 25. Linguistischen Kolloquiums, Paderborn 1990*. Band 1. Tübingen: Niemeyer, 341–347. (Linguistische Arbeiten 270)

Pittner, Karin (1995a): Regeln zur Bildung von freien Relativsätzen. *Deutsch als Fremdsprache* 32/4, 195–200.

Pittner, Karin (1995b): Valenz und Relevanz – eine informationsstrukturelle Erklärung für „obligatorische" Adverbiale. In: R. J. Pittner, K. Pittner (eds.), *Beiträge zu Sprache und Sprachen. Vorträge der 4. Münchner Linguistik-Tage der Gesellschaft für Sprache und Sprachen (GESUS) e.V*. München: lincom europa, 95–106.

Pittner, Karin (1999): *Adverbiale im Deutschen. Untersuchungen zu ihrer Stellung und Interpretation*. Tübingen: Stauffenburg.

Pittner, Karin (2003): Kasuskonflikte bei freien Relativsätzen – eine Korpusstudie. *Deutsche Sprache* 31/3, 193–208.

Pittner, Karin/Berman, Judith (2006): *Video ist total schrott aber single ist hammer*. Jugendsprachliche Nomen-Adjektiv-Konversion in der Prädikativposition. *Deutsche Sprache* 33, 233–250.

Primus, Beatrice (1999): Rektionsprinzipien. In: H. Wegener (ed.), *Deutsch – kontrastiv*. Tübingen: Stauffenburg, 135–170.

Prince, Ellen (1981): Toward a Taxonomy of the Given-New-Information. In: P. Cole (ed.), *Radical Pragmatics*. New York: Academic Press, 223–255.

Pütz, Herbert (1988): Über Objektsprädikate: Neuere Ableitungen, Bedeutungsvielfalt, Abgrenzung. In: J. O. Askedal, C. Fabricius-Hansen, K. E. Schöndorf (eds.), *Gedenkschrift für Ingerid Dal*. Tübingen: Niemeyer, 182–201.

Pütz, Herbert (^{2}1986): *Über die Syntax der Pronominalform* es *im modernen Deutsch*. Tübingen: Narr.

Ramers, Karl-Heinz (^{2}2007): *Einführung in die Syntax*. München: Fink.

Rapp, Irene (1996): Zustand? Passiv? Überlegungen zum sogenannten „Zustandspassiv". *Zeitschrift für Sprachwissenschaft* 15, 231–265.

Reinhart, Tanya (1981): Pragmatics and linguistics: an analysis of sentence topics. *Philosophica 27*, 53–94.

Reis, Marga (1980): On justifying topological frames: ‚positional fields' and the order of nonverbal elements in German. *drlav papers* 22, 59–85.

Reis, Marga (1982a): Zum Subjektbegriff im Deutschen. In: W. Abraham (ed.), *Satzglieder im Deutschen. Vorschläge zu ihrer syntaktischen, semantischen und pragmatischen Fundierung*. Tübingen: Narr, 171–210.

Reis, Marga (1982b): Reflexivierung im Deutschen. In: *La linguistique à la session1982 de l'agregation d'allemand*. Univ. Nancy.

Reis, Marga (1985): Mona Lisa kriegt zuviel – vom sogenannten ‚Rezipientenpassiv' im Deutschen. *Linguistische Berichte* 96, 140–155.

Reis, Marga (1986): Subjekt-Fragen in der Schulgrammatik? *Der Deutschunterricht* 38, 64–89.

Reis, Marga (1997): Zum syntaktischen Status unselbständiger Verbzweit-Sätze. In: Ch. Dürscheid, K.-H. Ramers, M. Schwarz (eds.), *Sprache im Fokus. (Festschrift für Heinz Vater zum 65. Geburtstag.)* Tübingen: Niemeyer, 121–142.

Reis, Marga (2000): Anmerkungen zu Verb-erst-Satztypen im Deutschen. In: R. Thieroff et al. (ed.), *Deutsche Grammatik in Theorie und Praxis*. Tübingen: Niemeyer, 215–227.

Reisigl, Martin (1999): *Sekundäre Interjektionen. Eine diskursanalytische Annäherung*. Frankfurt/M.: Lang.

Schulz, Dora/Griesbach, Heinz (^{12}1995): *Grammatik der deutschen Sprache*. München: Hueber.

Schumacher, Helmut/Kubczak, Jacqueline/Schmidt, Renate/de Ruiter, Vera (2004): *VALBU – Valenzwörterbuch deutscher Verben*. Tübingen: Narr.

Sommerfeldt, Karl-Erich/Starke, Günther (^{3}1998): *Einführung in die Grammatik der deutschen Gegenwartssprache*. Tübingen: Niemeyer.

Sternefeld, Wolfgang: (2006): *Syntax: eine morphologisch motivierte generative Beschreibung des Deutschen*. 2 Bände. Tübingen: Stauffenburg.

Tesnière, Lucien (1959): *Eléments de syntaxe structurale*. Paris: Klincksieck.

Thurmair, Maria (1989): *Modalpartikeln und ihre Kombinationen*. Tübingen: Niemeyer.

Trabant, Jürgen (1983): Gehören die Interjektionen zur Sprache? In: H. Weydt (ed.), *Partikeln und Interaktion*. Tübingen: Narr, 69–81.

Uhmann, Susanne (1998): Verbstellungsvariation in *weil*-Sätzen. Lexikalische Differenzierung mit grammatischen Folgen. In: *Zeitschrift für Sprachwissenschaft* 17/1, 92–139.

van de Felde, Marc (1978): Zur mehrfachen Vorfeldbesetzung im Deutschen. In: M.E. Conte, A.G. Ramat, P. Ramat (eds.), *Wortstellung und Bedeutung: Akten des 12. Linguistischen Kolloquiums, Pavia 1977*. Tübingen: Niemeyer, 131–141.

Vater, Heinz (1995): Zum Reflexiv-Passiv im Deutschen. In: H. Popp (ed.), *Deutsch als Fremdsprache. An den Quellen eines Faches (Festschrift für Gerhard Helbig)*. München: iudicium, 185–193.

Wegener, Heide (1985a): *Der Dativ im heutigen Deutsch*. Tübingen: Narr.

Wegener, Heide (1985b): ‚Er bekommt widersprochen' – Argumente für die Existenz eines Dativpassivs im Deutschen. *Linguistische Berichte* 96, 127–139.

Wegener, Heide (1989a): Der dativus ethicus – eine Modalpartikel der besonderen Art. In: H. Weydt (ed.), *Sprechen mit Partikeln*. Berlin/New York: de Gruyter, 56–73.

Wegener, Heide (1989b): Rektion, Valenz und Selektion. Zur Abhängigkeitsstruktur der Dative im Deutschen. *Zeitschrift für Germanistik* 10, 19–33.

Wegener, Heide (1990): Komplemente in der Dependenzgrammatik und in der Rektions- und Bindungstheorie. Die Verwendung der Kasus im Deutschen. *Zeitschrift für Germanistische Linguistik* 18, 150–184.

Wegener, Heide (1991): Der Dativ – ein struktureller Kasus? In: G. Fanselow, S. Felix (eds.), *Strukturen und Merkmale syntaktischer Kategorien*. Tübingen: Narr, 70–103.

Wegener, Heide (1998): Die Kasus des EXP. In: M. Vuillaume (ed.), *Die Kasus im Deutschen. Form und Inhalt*. Tübingen: Stauffenburg, 71–84.

Wegener, Heide (1999): Zum Bedeutungs- und Konstruktionswandel bei psychischen Verben. In: H. Wegener (ed.), *Deutsch kontrastiv*. Tübingen: Stauffenburg, 171–210.

Wegener, Heide (2001): Verbs of affect from a synchronic and a diachronic perspective. In: H. Dehé, A. Wanner (eds.): *Structural aspects of semantically complex verbs*. Frankfurt/M.: Lang, 219–248.

Weinrich, Harald (^{4}2007): *Textgrammatik der deutschen Sprache.* Darmstadt: Wissenschaftliche Buchgesellschaft.

Welke, Klaus (1988): *Einführung in die Valenz- und Kasustheorie.* Leipzig: Bibliographisches Institut.

Welke, Klaus (1990): Schwierigkeiten beim Schreiben einer Einführung in die Valenztheorie: Ergänzungen und Angaben. *Zeitschrift für Germanistik* 11, 5–11.

Welke, Klaus (1992): *Funktionale Satzperspektive.* Münster: nodus.

Welke, Klaus (2007): *Einführung in die Satzanalyse. Die Bestimmung der Satzglieder im Deutschen.* Berlin: de Gruyter.

Weydt, Harald/Hentschel, Elke (^{3}2003): *Handbuch zur deutschen Grammatik.* Berlin: de Gruyter.

Willkop, Eva-Maria (1988): *Gliederungspartikeln im Dialog.* München: iudicium.

Wöllstein-Leisten, Angelika et al. (1997): *Deutsche Satzstruktur.* Tübingen: Stauffenburg.

Wunderlich, Dieter (1985): Über die Argumente des Verbs. *Linguistische Berichte* 97, 183–227.

Zaefferer, Dietmar (1987): Satztypen, Satzarten, Satzmodi – Was Konditionale (auch) mit Interrogativen zu tun haben. In: J. Meibauer (ed.), *Satzmodus zwischen Grammatik und Pragmatik.* Tübingen: Niemeyer, 259–285.

Zifonun, Gisela (1992): Das Passiv im Deutschen: Agenten, Blockaden und (De-)Gradierungen. In: L. Hoffmann (ed.), *Deutsche Syntax. Ansichten und Aussichten.* Berlin: de Gruyter, 250–275.

Zifonun, Gisela et al. (1997): *Grammatik der deutschen Sprache.* Berlin: de Gruyter.

Sachregister